雪謙文化

你可以更慈悲

頂果欽哲法王說明《菩薩37種修行之道》

The Heart of Compassion

原頌／嘉瑟・戊初・東美（Gyalse Ngulchu Thogme）
開示／頂果欽哲法王（Dilgo Khyentse Rinpoche）
文集總召集／賴聲川 譯者／項慧齡
審定／蓮師中文翻譯小組（賴聲川、丁乃竺、劉婉俐、楊書婷、項慧齡）

目次

〔推薦序〕

蓮花盛開的大智

寧瑪派—白玉傳承，貝諾法王

༄། དུས་གསུམ་རྒྱལ་བ་ཀུན་གྱི་ཐུགས་སྲས། ཨོ་རྒྱན་པདྨའི་རྒྱལ་ཚབ་ངེས་པ་དོན་གྱི་རྡོ་རྗེ་འཆང་ཆེན་པོ་༧སྐྱབས་རྗེ་དིལ་འགོ་མཁྱེན་བརྩེ་རིན་པོ་ཆེ་མཆོག་གི་གསུང་རྡོ་རྗེའི་ཚིག་རྐང་འདི་རྣམས་ནི། རང་ཅག་སློབ་འབངས་ཀུན་གྱི་བསོད་ནམས་ཀྱི་སྒོ་སྐལ་མཐོང་ཐོས་དྲན་པ་ཙམས་ཀྱིས་མ་རིག་མུན་པ་སེལ་ཞིང་ཐར་པའི་ས་བོན་འདེབས་པར་བྱེད་པའི་གསུང་མཆོག་རྨད་དུ་བྱུང་བ་རྣམས་ལས། དེང་ཆར་དཔར་བསྐྲུན་གནང་བའི་དགེ་ཚན་འདིས་ཡང་སྐྱེ་འགྲོ་ཀུན་གྱི་དུག་གསུམ་གྱི་རྣམ་རྟོག་ཞི་ཞིང་། བླང་དོར་གྱི་གནས་ལ་མཁྱེན་རྒྱའི་པདྨོ་རྒྱས་སྟེ་འདི་ཕྱི་ཀུན་དུ་དགེ་བའི་རྒྱུ་རུ་འགྱུར་ངེས་པ་དང་། དེའི་མཐུས་འཛམ་གླིང་ཁྱོན་ཀུན་དུ་ཞི་བདེའི་དཔལ་ལ་སྤྱོད་པའི་སྨོན་ལམ་དང་བཅས་དཔལ་སྤྲུལ་པདྨ་ནོར་བུས། ༢༠༠༧ ཟླ་ ༡༢ ཚེས་ ༢ ཉིན་སྤེལ།

三時諸佛之心子、烏金蓮師之紹裘、空性了義之金剛總持——此依怙主　頂果欽哲法王的金剛語偈誦文集，我等福德具足的弟子眾，僅僅見、聞、憶即能淨除無明昏闇，種下解脫種子。

稀奇珍貴的法語近來集結成冊，見聞者三毒與妄念止息，善惡取捨無誤，證得如蓮花盛開的大智，對於今生與來世有增廣的善德。願此功德力能促進世界和平、眾生吉祥！

巴楚貝瑪諾布
2007 年 12 月 2 日

〔推薦序〕

黑夜中的明燈

寧瑪派—多傑札傳承，達龍哲珠法王

（Taglung Tsetul Rinpoche）

眾所皆知的佛子——銀水（嘉瑟・戌初・東美）尊者著作之一切菩薩所應修持《菩薩 37 種修行之道》，乃是為了利益一切追尋解脫者，粹集「菩薩藏」所說言教，清楚講說，修學一切佛子菩薩行持之典籍。

如果每一人都能夠聽聞與思惟前譯派教法，明燈——怙主 頂果欽哲法王・饒薩達瓦著作的《你可以更慈悲》之宗旨解釋，必然可以明白所有「菩薩藏」之主旨，增長一切善相，敬請各位知曉。

達龍哲珠　敬書呈奉

2007.10.10.

〔中文版序〕

傳承和體現

雪謙．冉江仁波切（Shechen Rabjam Rinpoche）

頂果欽哲仁波切他自己認為最重要也最感欣慰的，就是他所保存和出版的法教，不僅他個人能修持、體現和傳承，他人也可以依此來修持。矢志做為頂果欽哲仁波切的心靈傳人，我現在唯一的目標就是希望能夠保存他的法教，繼續完成他的心願。讓有緣閱讀《頂果欽哲法王文選》的所有讀者，都能依著自己需求與領悟，而得到欽哲仁波切給他們的心靈指導、實修建言和廣大開示。

很高興，在台灣的雪謙文化出版社能不間斷的將頂果欽哲仁波切的法教在台灣及亞太地區陸續發行出版。在此，我誠摯地感謝由賴聲川先生所召集的蓮師中文翻譯小組所有成員、雪謙文化出版社的工作同仁，以及所有協助《你可以更慈悲》出版的台灣朋友。因為你們的堅持和努力，使得更多人可以體驗到頂果欽哲仁波切的慈悲與智慧。

雪謙．冉江仁波切

2007.10.20.

〔中文版序〕

導言：
慈悲的力量

馬修·李卡德（Matthieu Ricard）

對一切眾生而言，避免痛苦、獲得快樂的渴望是不可或缺的。這種渴望是我們所有行為的驅力。我們的本性需要這種渴望。它激發我們的每一個行為、每一個話語以及每一個念頭，由於是如此的自然，因此我們完全沒有覺察到它，如同我們一輩子呼吸空氣，卻連想都沒有想過空氣一般。

然而，用自私自利的方式去尋求快樂，注定要落空。羅曼·羅蘭（Romain Rolland）寫道：「當自私自利的快樂是人生的唯一目標時，人生很快就變得毫無目標。」如果我們忽視其他人的快樂，那麼即使我們表面上顯露出所有快樂的樣子，我們也永遠不會感到真正的快樂。這不是要我們去忽略自己的快樂。我們想要獲得快樂的渴望，和任何其他人想要獲得快樂的渴望一樣正當合理。而且，為了要愛其他人，我們必須學習去愛自己。認清自己想要獲得安樂的願望，即是對他人的痛苦生起真誠同情心的第一步。了解這一點是重要的：讓其他人快樂，就是讓自己快樂。真正的快樂源自根本的良善（essential goodness，或本初善），也就是全心全意希望每個人去尋找生命的意義。這是一種遍在的愛，一顆善良的心永不改變的質樸天真。

認清與體驗存在心中的潛能

不論外在的環境是什麼，在內心深處，我們總是擁有慈心、悲心和內在寧靜的潛能。我們應該嘗試去認清和體驗這總是存在於我們心中的潛能。

生起菩提心（Bodhicitta），乃是慈悲的核心、生命的核心，以及佛教修道的核心。而菩提心即是為了能夠讓其他人從痛苦中解脫，而想要獲致證悟的利他願望。

當痛苦無法避免的時候，這麼做是明智的：把痛苦當做一輛轉化的車乘，讓我們敞開心胸，懷著慈悲對待那些和我們一樣受苦、甚至比我們更苦的人。修持悲心是讓我們處理痛苦最強而有力的方法之一。藉由悲心，我們掌控自己的痛苦，並且如此思惟：「除了我之外，其他人也受到類似艱難困苦的折磨，有時候遠比我所受的痛苦更甚。我多麼希望他們也能夠遠離痛苦。」這麼做之後，我們不再感到自己的痛苦是一種沉重的墮落。我們心中充滿了無我，不再問這個尖酸的問題：「為什麼是我？」

但是，當我們極力避免自己的痛苦時，我們為什麼應該承擔他人的痛苦？我們這麼做，不是毫無意義地增加自己的負擔嗎？佛教教法說，我們不是在增加自己的負擔。當我們只顧自己的時候，我們是脆弱的，容易受到迷惑、軟弱和焦慮的折磨。但是當我們對其他人的痛苦生起強烈的同情感時，我們的軟弱就被勇氣取代，抑鬱被愛取代，狹窄封閉則被取代為對周遭所有人的坦誠開放。我們的慈悲愈來愈增長，使我們欣然去舒緩他人的痛苦，同時不再那麼看重自己的痛苦。

為了達到這個目標，我們必須先對一切眾生生起強烈溫暖和慈悲的感受。這種感受隨時都能在我們的日常活動中生起。此外，這種態度大幅增加我們為了他人福祉而努力的熱忱與意願。我們也將能夠超越個人的痛苦，達到個人的痛苦是微小而覺察不到的境界。

無私的愛是人性的最高展現；這個人性並未受到自我的摧殘、障蔽和扭曲。無私的愛開啟一扇內在的門，使妄自尊大和恐懼失去效用 。它讓我們歡喜地佈施，感恩地領受。

愛的相反，也就是仇恨，是最具毀滅性的心態。一旦仇恨佔了上風，我們就不再是自己的主人，也無法思及慈悲。我們盲目地跟從具毀滅性的串習。仇恨總是始於一個簡單的念頭。正是在這個時刻，我們要運用這些教法所解釋的技巧來驅除負面的情緒。簡而言之，思量他人犯罪的負面結果，應該增長我們對一切眾生的無量慈心與無量悲心，而不是增長對少數人的仇恨。

其他人對我們及我們所愛的人表現出慈善或侵犯的態度，通常會左右我們的慈悲。這是為什麼我們很難對那些傷害我們的人生起悲心。然而，佛教的悲心是奠基在這樣的希望之上：全心全意希望一切有情眾生無一例外地離於痛苦及痛苦之因，尤其是離於仇恨。受到利他慈心的驅使，人們可以進一步希望一切眾生，包括罪犯在內，離於痛苦及痛苦之因，例如仇恨和貪婪。

使利他慈心成為第二天性

由於利他慈心是直接對治仇恨的解藥，因此我們愈發展慈心，想要傷害其他眾生的慾望將愈來愈衰滅，最後消失無蹤。這不只是壓制仇恨，而是要把心轉向與仇恨完全相反的事物，即慈與悲。遵循佛教的修行法門，你首先認清自己想要獲得快樂的渴望，接著把這種渴望推及於你所愛的人，最後擴展到所有的人、朋友、陌生人和敵人。漸漸的，利他心和慈善將充滿你的心，直到它成為你的第二天性。你用這種方式來修學利他的念頭，能夠使你遠離積習已久的瞋恨。這也將使你生起利益他人的真誠意願。

根據最近的神經科學研究指出，利他與慈悲，也就是關心他人安樂的直接行為，顯然如同喜悅與熱忱一般，是正面積極的情緒之一。這證實了心理學家所做的研究：在一群人之中，最具利他心的成員，也是對人生最感到心滿意足的人。以長期禪修者為對象的研究也指出，利他的慈心與悲心是可以透過多年密集訓練而獲得的技巧。藉由讓我們的心習慣於利他慈心，我們可以逐漸地消除仇恨，因為慈心與仇恨這兩種心態可以互生，卻無法同時存在。因此，我們愈發展慈心，仇恨在我們心理範圍內的生存空間將愈來愈少。所以，這麼做是重要的：先學習對治每一種負面情緒的解藥，再去發展培養這些對治解藥。這些是心靈的對治解藥，如同抗生素是治療身體的藥物。

在佛教之中，如果一個某個行為是以製造痛苦為意圖，那麼這個行為在本質上是不善的，如果是為了他人帶來真正的安樂，那麼這個行為在本質上就是善的。正是動機發心、利他或心懷惡意替行為染上「善」與「不善」的顏色，如同放置在布上的水晶，反映出布匹的顏色。佛教倫理不只是行為的方式，也是生活的方式。具有慈悲與智慧的人，因為他或她明智而心地善良，其行為將自然而然地合乎倫理道德。

因此，倫理道德和施行運用規範與原則沒有太大的關係，而是和充滿慈悲的本性有關。為了利益他人而行動的自發意願，乃是慈悲的一個面向。接著，利他的行為將自然而然地從這種態度中產生。因此，我們必須一再檢視我們的動機發心。如同法王達賴喇嘛所說的：「我們心胸寬大還是心胸狹窄？我們考量全局還是考量片面？我們的目光短淺還是遠大？……我們的動機發心充滿真正的慈悲？我們的慈悲只限於家人、朋友和那些親密的人？……我們需要去思考、思考、思考。」

充滿慈悲的倫理道德也表示超越自我中心，了解區分自我與他人的藩籬是心所造作出來的。在本質上，所有的現象，自我和他人，都緊密地相互連結。因此，我們必須設身處地，試著去想像自己的行為會讓他人有什麼樣的感受。

驅除自我的虛妄，從根本的脆弱解脫

如果「自我」真的存在，那麼根除自我將如同把心臟從胸膛取出一般痛苦。但是，如果我執基本上是一個錯誤的覺知，是我們痛苦的根源，那麼何不把它根除？ 佛教教法清楚地顯示，認定有一個堅實的自我，以及在此之後所產生的妄自尊大的感受，是如何地為瞋怒、貪愛、驕慢和忌妒的痛苦之箭提供了一個公開的標靶。

擁有能夠遇見兼具慈悲與智慧之人的順緣，是人生的決定性因素，因為典範的力量遠遠超過任何其他的溝通方式。真正的上師讓我們了解，我們能夠成為什麼樣的人，如果我們有能力，我們能夠成就什麼樣的事情，並且證明我們能夠擁有長久的自在與安樂。

我們既不完美，也不是全然的快樂。這是一個健康的認知與了解，可以讓我們對人生的輕重緩急有嶄新的看法，並產生一股能量，即佛教所謂的出離心。出離這個字眼常常遭到誤解，而它也真的表達出人們對自由的深刻渴望。

出離的想法通常會讓我們感到不自在。如果出離意味我們無法享有真正美好的事物，那麼要捨離一切將會是荒謬的。但是，如果出離只代表放棄痛苦的肇因，那麼誰不會興致勃勃地要盡快應用它？出離是讓人們從不滿中解脫，充滿決心地朝最重要的事物前進。出離關乎自由和 meaning 自性——離於迷妄和自我中心的痛苦的自由，meaning through insight and loving-kindness 透過觀照和慈愛（所了達）的自性（依據 longman 字典中 meaning 的解釋：the true nature and importance of something）。真正的出離如同鳥從開啟的籠子中飛出，翱翔天際。

就佛教而言，真正的自信是無我的本質。驅除自我的虛妄，即是讓人從根本的脆弱中解脫。真正的信心來自我們對心之本質的覺察，以及對轉化和 flourishing 開展的潛能的覺察。這種潛能即是佛教所謂的「佛性」（Buddha nature）；佛性是所有人所有眾生本俱的。這種認識賦予人們平靜的力量，不會受到外在環境或內在恐懼的威脅；這是一種超越迷惑和焦慮的自在。

在本質上，邪惡不過是脫離這種本初善的偏差，它是可以被糾正補救的。無量慈心和無量悲心是一切眾生真正自性的反映——我們隨時可以實現本俱「佛性」的「本初善」。

每個眾生都具有證得究竟知識智慧的能力，以及擁有內在轉化的潛能，如同一塊黃金即使被埋藏在地下，也不會改變它的純度。如同經典所說，如果我們沒有那種潛能，那麼想要成佛的願望，將如同想把煤炭漂白般無用。一般眾生的圓滿佛性被埋藏在無數層的障蔽底下。我們曾提及，由於我們執著自我和現象是存在的，因而產生負面的心理因素，這些心理因素形成了障蔽。因此，修道包含了消融隱藏使這真實本質隱藏的一切事物，讓我們能夠看見這真實本質。而發起菩提心，也就是生起以證悟為目標的利他心，即是個人和一切眾生獲得短暫與究竟自由安樂最有力的方式。

為我的根本上師啟發人心的教法撰寫這篇導言，我覺得既不足道又沒有資格。我的根本上師的學問與慈悲是深不可測的。我的字句如同在光天化日下劃一根火柴般無用。然而，在堪布彭措．多杰（Khenpo Phuntsog Tobjor）和台灣雪謙中心成員不斷要求之下，我寫下這幾個字句。這些是我所能記得、從摯愛上師那裡領受的深廣教法的隻字片語。

〔英文版序〕

導讀：
汲取欽哲仁波切的智慧和經驗

一九八四年，金剛持頂果．欽哲仁波切（Kyabje Dilgo Khyentse Rinpoche，1910-1991）在位於法國西南部多爾冬（Dordogne）的駐錫地「札西佩巴林」（Tashi Pelbar Ling）傳法；這一次所傳的法，可能是頂果．欽哲仁波切被記錄下來、有關大乘修行之最廣泛的教授。

這個教法是以藏傳佛教最受尊崇的一部法典——《菩薩三十七種修行之道》——為基礎；《菩薩三十七種修行之道》是由十四世紀的嘉瑟．戊初．東美（Gyalse Ngulchu Thogme, 1295-1396）所著。這個精簡甚深、由三十七個偈頌所構成的詩篇在藏語世界中家喻戶曉，並且從數個世紀以來，已經為無數的修行者帶來巨大的利益。《菩薩三十七種修行之道》容易背誦，被認為是大乘佛教另一部重要著作——寂天大師（Shantideva）之巨著《入菩薩行論》——的精華，並且一直是藏傳佛教所有傳承之偉大上師教授和論釋的主題。

頂果．欽哲仁波切的論釋汲取了他無比深刻的智慧和經驗。最重要的是，這些論釋是為了那些想要把這些教授在日常生活中付諸實修的人所設計。頂果・欽哲仁波切技巧嫻熟地讓人們看到，當佛教教法被正確地了解和應用的時候，佛教教法所有不同的面向和層次如何形成一個完整無缺的教法。

在準備這些教法的英文版本時，譯者得以要求頂果・欽哲仁波切做進一步的闡釋，而這些闡釋都被包括在本書的註釋之中。頂果・欽哲仁波切也指示譯者把許多額外的引言納入本書之中；這些引言擷自仁波切的根本上師雪謙・嘉察仁波切（Shechen Gyaltsap Rinpoche）針對《修心七要》（*Seven-Point Mind Training*）所著之廣論，以及取自許多其他的典籍。戊初・東美的傳記摘要也被納入本書，做為本續和論釋的一個序幕 。此一啟發人心的傳記是由戊初・東美的弟子帕登・耶喜（Palden Yeshe）所著。

本書口語和文字形式的教授是由馬修・李卡德（Matthieu Ricard）從藏文譯成英文。由約翰・康提（John Canti）負責最後的編輯工作。馬修・李卡德和約翰・康提都是蓮花光翻譯小組（Padmakara Translation Group）的成員。許多其他人在各個階段貢獻心力，給予珍貴的建議，我們在此獻上最大的感謝，其中要特別感謝約翰・紐漢（John Newnham）、泰瑞・克利佛（Terry Clifford）、薇薇安・克茲（Vivian Kurz）和卡蜜・海克斯（Camille Hykes）。

本書本續偈頌的翻譯是以許多不同的英文版本為基礎，其中包括一個由蓮花光翻譯小組早期的翻譯版本、康斯坦絲・威金森（Constance Wilkinson）的版本，以及馬修・李卡德的版本。針對這些偈頌有許多不同的詮釋方式，在此，我們以巴楚仁波切博學多聞的弟子明雅・昆桑・蘇南（Minyak Kunsang Sönam），也就是卻吉・札巴（Chökyi Trakpa）所做的論釋為依循的標準。

本書得以在印度出版印行，都要歸功於札達基金會（Tsadra Foundation）的慷慨佈施。

在頂果・欽哲仁波切首次講授《菩薩三十七種修行之道》的二十多年之後，我們很高興能夠把這些如寶藏般的教授獻給所有的修行者。

〔原頌作者簡介〕

嘉瑟·戊初·東美簡傳

以下關於嘉瑟·戊初·東美之生平，摘錄自帕登·耶喜[①]所著之傳記

偉大的聖哲嘉瑟·戊初·東美（Gyalse Ngulchu Thogme，1295-1396）出生在西藏中部蒼省（Tsang）的普中（Phuljung）；該地距離薩迦寺西南方數英里。他的父親貢秋·帕（Konchog Pal，意指「吉祥三寶」），以及他的母親恰札·布敦（Chagza Bumdron），都具有清淨的心，並對佛法懷有極大的信心。嘉瑟·戊初·東美在母親腹中期間，他的母親感受到極大的喜樂，她的悲心也變得更加深刻。他被取名為貢秋·桑波（Konchog Sangpo），意即「殊勝三寶」。

一旦嘉瑟·東美開始學習說話，很明顯地就可以看出他多麼充滿悲心。有一天，他坐在母親的腿上，看到一片樹葉被風捲起，在天空中翻飛。他開始痛哭。

母親問他為什麼哭泣。他用一根手指指著正在消失的樹葉說：「一隻動物被風吹走了！」

另一次，在他開始走路之後，他走到戶外，才不過幾分

① 這本關於嘉瑟·東美的傳記《點滴甘露，殊勝菩薩東美之生平》（*Drops of Ambrosia, the Life of the Precious Bodhisattva Thogme*），是由他的一個親近弟子所撰寫。這個弟子自稱為「懶散的帕登·耶喜」（the slothful Palden Yeshe）。這本傳記，以及嘉瑟·東美針對《入菩薩行論》所做的論釋《殊勝語之汪洋》（*The Ocean of Noble Speech*）及其著作《教導總匯》（*Miscellaneous Instructions*），可見於一本在印度複製，由昆桑·塔傑（Kunzang Topgye）在不丹出版的手稿之中。帕登·耶喜也把嘉瑟·東美的撰述集結成為一本《修心口傳》（*The Great Oral Transmission of the Mind Training*）。

鐘就全身赤裸地回到家中。母親問他衣服到哪裡去了。

「外面有一個人覺得冷，」他回答。

她走到外面去看是什麼人，結果看見兒子把衣服披在一株結霜的樹叢上。他還小心地把石頭壓在衣服的四個角落，避免衣服飛走。

與朋友玩遊戲時，嘉瑟・東美從不在意落敗。事實上，如果其他人輸了，他反而覺得難過。與其他的孩子一起去撿乾柴時，即使自己空手而歸，他也會替有所收穫的孩子感到高興。如果他找到一些乾柴，其他孩子沒有，他則擔心那些孩子會受到父母的責備而幫助尋找，或給予自己尋獲的乾柴。他製作小小的佛塔來當做遊戲，或假裝自己正在領受或傳授教法。

手握幾頁佛書會使他立即把任何悲傷轉為喜悅。但是當人們任憑自己的衣物掃過佛經或對佛經顯露出任何不敬，他則會感到傷心難過。

簡而言之，如同所有偉大的人物，當其他人受苦時，嘉瑟・東美感受到更深的痛苦，當其他人快樂時，他感受到更深的快樂。

嘉瑟・東美三歲時，母親過世；五歲時失去父親。祖母扶養他，直到他九歲那年過世為止。從那個時候一直到十四歲，嘉瑟．東美由母舅仁千．札西（Rinchen Tashi，意指「吉祥寶石」）照料，教導他讀書和寫字。對於舅舅帶領他走上修行的道路，嘉瑟．東美總是心懷感激。

有一天，嘉瑟．東美對舅舅說：「從現在開始，放棄對今生的執著，只要修持佛法。我會去托缽化緣來提供你的飲食。這是我報答你的仁慈的方式。」

嘉瑟．東美持守諾言。從那個時候開始，他們兩人就如此過活。

十四歲那年，嘉瑟．東美了解到，輪迴的喜樂如同一團灼熱的紅色餘燼，因此而受了沙彌戒，並被取了法名桑波．帕（Sangpo Pal，意指「殊勝光輝」）。

一個僧侶的活動包含了聞、思、修，因此從十五歲開始，嘉瑟．東美從各個學派的眾多上師那裡領受教法①。在學習方面，嘉瑟．東美從不鬆懈怠惰，因此他很快變得非常博學多聞。他不但能記憶所研習的大部分法典——有時候，他只要聽聞一次，就過耳不忘——並且能夠毫無困難地深入其中的含意，在公開場合回答關於教法最精要的問題。他的老師稱他為「無著第二」（無著，梵文 Asanga，藏文 Thogme，是一個偉大的印度班智達，以學識廣博著稱②），並且從那個時候開始，他成為眾所周知的「東美．桑波」（Thogme Sangpo，意指「殊勝無著」）。那時，他才十九歲。

① 舉例來說，這些上師包括洛奔貢噶．嘉岑（Lopön Kunga Gyaltsen）、堪千．強秋．森帕．蘇南．札巴（Khenchen Changchup Sempa Sonam Trakpa，1273-1345)、滂．羅卓．天帕（Pang Lodrö Tenpa）、多波巴．謝洛．嘉岑（Jonang Kunkhyen Dolpopa Sherap Gyaltsen，1292-1361）、布敦仁波切（Butön Rinpoche，1290-1364）、仁千．林巴（Rinchen Lingpa，1295-1374），以及大約三十位其他知名的上師。他領受了寧瑪、噶當、薩迦、噶舉等四大學派主要教法的口傳，以及來自時輪金剛和其他傳承之教法的口傳。

② 印度二勝六莊嚴之一。

他在經典和密續方面的學識有所增長，並且透過禪修，他對教法的意義生起純正之覺受。他是如此的真誠、發心和精進，因此在一個月的閉關之內，他所獲致的證量比其他人在三年內所達到的成就來得高深。

二十九歲那年，嘉瑟．東美在俄巴寺（Monastery of É）受了比丘具足戒。終其一生，他如楷如模地持守比丘之戒律，即使是最微小的誓戒都不曾輕忽。他了解到與動物皮毛有關的負面行為，因而小心地避免穿著動物皮毛製成的服飾。他開始定期講授基本的大乘佛教經典，例如《入菩薩行論》和《般若波羅密多經》，並撰寫許多論著，清晰地闡釋這些教法的甚深涵義①。嘉瑟．東美如太陽一般，對一切有情眾生散放出慈悲與智慧的光芒。

從他的智慧慈悲之大日照耀出教法、
辯論和著述之溫暖光芒，
驅散了無明之黑暗，
令佛陀教法之蓮花園盛放。

在研習和傳法的過程中，嘉瑟．東美曾遭遇一段非常窮困的時期。各種不同的人建議他去學習如何給予灌頂和施行儀軌，如此便能夠不費太多力氣地賺取金錢。對於這種顯然

① 他的著作包括針對《入菩薩行論》、《寶性論》和《大乘莊嚴經論》所做之論釋。這三本著作乃是根本且重要的大乘教法，就世俗和勝義二諦來解釋菩薩的修行、道路和層次。他也曾考慮撰寫關於《般若波羅密多經》和《阿毗達磨》的論著，但擔心它們可能會使法王卻傑．望羅（Chöje Wanglo）的論著相形見絀而作罷。他也針對色林巴（Serlingpa）的《修心七要》（*Seven Point Mind Training*）撰寫論釋（針對《修心七要》所做的解釋，可見於蔣貢．康楚．羅卓．泰耶匯集的《教誡藏》第四函）；這本論釋包含了菩薩戒；各種本尊的祈願文和讚頌；鼓勵修行的忠告；以及許多其他修持慈悲和了悟智慧的教導。

出自善意但卻是誤導的建議，嘉瑟．東美以撰寫《菩薩三十七種修行之道》來做回應，而這本書是整個菩薩道的摘要。

三十二歲時，嘉瑟．東美接受了度母寺（Monastery of Tara）住持的職位，直到四十一歲為止。但是當俄巴寺堅持邀請他擔任該寺住持時，他卻說俄巴寺應該另覓更好的人選。他推薦著名的堪布望羅（Khenpo Wanglo），而俄巴寺也正式加以任命，皆大歡喜。

終其一生，嘉瑟．東美的慈悲、柔和語、無瑕之行止——總是與他傳授的教法一致——以及他善巧地根據每一個人的自性與根器所傳授的教法，吸引了無數的眾生。

用佈施的旗幟迎接他們，
用柔和的語言吸引他們，
用如一的行止來激起他們的信心，
設身處地地給予他們圓滿之忠告。

他的佈施是無量無邊的。如同《大乘莊嚴經論》（*The Ornament of the Mahayana Sutras*）[①] 所說的：

一個菩薩是無所不佈施的：他的財富、他的身體——他佈施一切。

① 一部詳細說明菩薩道的重要大乘佛教經典。

從幼年時期開始，嘉瑟．東美正是如此毫不保留地佈施一切；他不顧自身的貧困，把自己所有的一切佈施給朋友和窮人。對於那些說「如果你佈施那麼多，你將一無所有，無法生存下去」，這些人充滿感情地試圖阻止去做佈施，嘉瑟．東美回答：「我不會餓死。即使我真的餓死了，我也不在乎！」

有一次，一個弟子前來探望，而嘉瑟．東美唯一擁有、能夠送給這個弟子的是一個珍貴稀有的佛塔。就在發生了這件事情之後，嘉瑟．東美的另一個弟子無法忍受看著上師把如此珍貴的法物佈施出去，因而去向那位弟子買回佛塔，供養給嘉瑟．東美。但嘉瑟．東美又把佛塔送給另一個人。同樣的事情一再發生了好幾次。從幼年時期開始，嘉瑟．東美就已經完全斬斷所有貪慾和執著的束縛。他是一個非常良善的人。

在戊初（Ngulchu）地區發生嚴重的糧食短缺期間，有人供養他一些青稞粉。很快地，嘉瑟．東美就開始把一整盤一整盤的青稞粉佈施給每一個前來乞食的乞丐。乞丐們一再前來乞討，直到他幾乎沒有剩下任何食物為止。

一個乞丐看見了這個情況，於是責備其他的乞丐說：「你們沒有看到他只剩下一杯青稞粉了嗎？一直這樣向他乞討不是不公平嗎？」

有一天，嘉瑟·東美送給一個乞丐一件產自西藏中部的精緻羊毛襯衣。隔年，同一個乞丐再度前來乞討時，嘉瑟·東美送給他一件新的羊毛披風。這個乞丐滿心歡喜，但嘉瑟·東美心裡卻想著，他應該送給這個乞丐更好的東西，而且不這麼做是不對的。於是嘉瑟·東美把自己的羊毛長斗篷遞給乞丐。然而乞丐卻定定地站在原地，不敢收下。

人們告訴嘉瑟·東美，對其他人過度慷慨、讓他們拿取他所擁有的任何物品，可能不會真的利益他人。對此，嘉瑟·東美毫不矯飾地回答：「我很高興人們儘可能歡喜地使用我的財物。」他又說：「法王蔣薩（Jamsar）說：『由於我絲毫不覺得自己是這些財產的主人，因此把這些財產全部取走的人也不算是一個竊賊。』偉大的喀什米爾班智達薩迦·師利①、果臧巴尊者②，以及許多其他聖眾立下誓願，絕不擁有任何財物。相較於他們的慷慨佈施，我的佈施就如一隻狐狸的躡足相較於一頭老虎之騰躍。然而，由於我試著去效法這些聖眾，因此當人們使用並取走我的物品時，他們不但沒有因為偷盜的過失而蒙羞，他們的安樂也真的有所增長。」

曾經居住在嘉瑟·東美住所附近的許多乞丐說，嘉瑟·東美總是對他們輕聲細語，從未聽他出言責備。有時候，嘉瑟·東美也說，他從來無法對任何人口出惡言。由於他總是按照他人的本性來調整他的言詞，因此到了某個程度，無論

① 喀什米爾班智達薩迦師利（Shakya Shri，1127-1225）創始了西藏寺院傳承的「上」傳承，之所以稱為「上」，乃是相較於大住持寂護（Shantarakshita）在西元八二七年開始的「下」傳承。寂護首先在西藏把比丘戒授予七個年輕人。「上」和「下」是就其地理出處而言；這兩個傳承首先從所謂的上西藏（西藏西部）和下西藏（西藏中部和南部）傳播。

② 法王果藏巴·貢波·多傑（Gyalwa Götsangpa Gonpo Dorje，1189-1258），竹巴噶舉傳承最卓越的聖者之一，投入多年時間在僻靜洞穴閉關，觀修慈悲、虔敬心和淨觀。他示顯許多奇蹟，留下許多鼓舞人心、關於禪修生活眾多面向的著作。

他說什麼，皆為教法。

薩迦地區爆發動亂時，蔣揚．東越．嘉岑（Jamyang Donyo Gyaltsen）及其兄弟[①]必須逃離到中藏更偏遠的東部。

喇嘛仁耶瓦（Lama Rinyewa）對嘉瑟．東美說：「所有這些惱人的事情發生時，我多少能夠運用正確的對治解藥來控制我的心，但我執著和瞋恨的念頭是那麼的多！你也會如此嗎？」

「在這個世界上，所有的喜樂和痛苦都只不過是心的造作，以及過去業行的結果，」嘉瑟．東美回答，「就我淺薄的見識而言，在世俗諦的層次，一切事物如同虛幻；在勝義諦的層次，一切事物都超越概念的造作，因此我完全沒有體驗到執著與瞋恨。」

四十二歲那年，嘉瑟．東美歸隱戊初的隱居所。他留在那裡直到六十五歲，全心全意地修行，顯示了他身、語、意每一個面向的圓滿無瑕。直到他圓寂之前，他日日夜夜採取盤腿的坐姿，很少躺臥下來。儘管如此，他的健康沒有受到影響，他的面容看起來總是青春洋溢，容光煥發。

在許多場合，他內在的證量透過神通和天眼通而顯露出來。有一次，他和一些友人前去會見蘇南．札巴[②]，在途中，他們來到一個名叫「香達」（Shangda）、乾燥如沙漠的地方。

① 蔣揚．東越．嘉岑（Jamyang Dönyö Gyaltsen，1310-1344），是丹儀．千波．桑波．帕（Danyi Chenpo Sangpo Pal）第六個妻子的次子。在此，「他的弟弟」可能指的是三子喇嘛．當帕．蘇南．嘉岑（Lama Dampa Sonam Gyaltsen，1312-1375）。

② 強秋．森帕．蘇南．札巴（Changchup Sempa Sonam Trakpa）或堪千．強秋．森帕（Khenchen Changchup Sempa），一個修心教法的偉大修行者。他出生於尼摩（Nyemo），成為卻隆（Chölung）的住持。

「我們在這裡吃點東西吧，」嘉瑟．東美建議。

友人提出異議。「這裡沒有水，」他們說。

他回答：「去撿一些乾柴來。我會解決水的問題。」

當他們撿完乾柴回來，發現嘉瑟．東美已經在沙地上挖了一個坑，裡面充滿了水。他們吃完飯之後，水仍然在那裡，但在此之後不久，則完全不見水的痕跡。

另一次，嘉瑟．東美給予長壽佛灌頂，在座的一些人看見他的臉如同雪峰般白燦地令人目眩。在祈請加持的時候，他的臉轉為橘紅色；在除障[①]期間，他的臉轉為暗紅色、呈現忿怒相，頭髮直直豎立。

另一次，一些特別虔敬的弟子看見他化現為十一面觀世音（Eleven-Faced Chenrezi）。

有一次，來自西藏中部的一支軍隊接近戊初的時候，嘉瑟．東美告訴所有的居民逃離戊初，但他們沒有聽從。他們說，既然上一次北方人獲勝，而且平安無事，所以這一次肯定也不需要擔心。

嘉瑟．東美堅持地說：「這一次你們必須逃走！」

但他們仍然沒有遷移。結果北方人落敗。來自西藏中部的軍隊入侵戊初時，每一個人都驚慌失措，聚集在嘉瑟．東美身邊。如同那五個羅剎（Rakshasas）在國王「慈愛的力量」（King Strength of Love）[②]的王國內無法傷害任何一

① 在灌頂之初，上師觀想自己是一個忿怒本尊，把所有障礙和障礙製造者從壇城驅除。

② 關於這個故事，參見第十八頌的論釋。

個人一般，這些殘酷無情的士兵揮舞著沾滿血跡的矛與劍出現時，他們只看到法王嘉瑟·東美的面容，瞋恨就平息了，心中充滿信心。他們向他頂禮，索取具有保護作用的金剛繩（protection cords）。他們想要領受他的加持，卻不敢接近。

「我們是邪惡之人，」他們說，「可能會玷污了你。」

「我可以容忍，」嘉瑟·東美回答，並給予他們加持。

一些士兵無法忍住淚水，從內心深處發出悔恨地哭泣，向嘉瑟·東美發露懺悔。每一個人都對嘉瑟·東美的先知卓見及其加持的力量生起強烈的信心。

嘉瑟·東美能夠毫不費力地承擔他人的病痛；這個情況發生了許多次，尤其在布敦仁波切和堪千·強慈[①]生病的時候，更是如此。嘉瑟·東美在無數次的禪觀中親見本尊，例如觀世音菩薩、度母及許多其他佛與菩薩，並直接從他們那裡聽聞佛法。據說，他從位於內薩（Nesar）的卡薩巴尼觀音像[②]那裡領受教法，也從位於恰果雄（Chagö Shong）的十一面觀世音像那裡領受教法；這尊十一面觀世音像如一個活生生的人一般對他傳法。

他夜以繼日地讓慈悲充滿在他的整個人之中。有時候，他看起來似乎已經昏厥過去。然而，他卻是在淨土的禪觀之中，向諸佛行供養，利益無數有情眾生。

嘉瑟·東美的修行已經臻至圓滿，能夠毫不費力地帶領

① 堪千·強慈（Khenchen Changtse），又名洛千·強秋·策摩（Lochen Changchup Tsemo，1303-1380），是波東寺（Bodong monastery）的住持，一位偉大的學者和禪修者，尤其是時輪金剛傳承。他是盼·羅擦·羅卓·天帕（Pang Lotsa Lodrö Tenpa，1276-1342）和覺南寺住持秋列·南賈（Cholé Namgyal）的弟子。他從他們兩位身上領受了時輪金剛的教法。他從偉大的薩迦派上師喇嘛·當帕·蘇南·嘉岑那裡領受了道果傳承的教授。

② 卡薩巴尼（Kasarpani）是觀世音的一個身相。

其他人達到成熟的境界。人們只需見他一次，就能夠生起信心、出離心、慈心和悲心，並且發展出證悟心（或菩提心，the mind of enlightenment）——也就是帶領一切眾生成佛的願望。對於那些親近嘉瑟．東美很長一段時間的人而言，他的影響力更加深遠。

最重要的是，嘉瑟．東美對眾生擁有如此的慈心，因此他從不在意承受任何肉體的艱困，甚至不在乎冒著生命的危險，即使這麼做只能夠為他人帶來微小的利益。

有一次，嘉瑟．東美十六歲的時候，一個曾經給予他一些物質援助的人，要求他前往薩迦去進行一項重要的任務，並在隔天返回。在前往薩迦的中途，年輕的嘉瑟．東美在沙原上看見一隻快要餓死的母狗即將吞食幼犬。他非常憐憫母狗，不知道能夠幫得上什麼忙，因而決定把母狗和幼犬全部帶回寺院，然後再連夜趕路前往薩迦。他把狗背在背上，出發前往寺院。這個過程非常艱難。最後，他終於返抵寺院，安頓了母狗和幼犬。再度出發前往薩迦之前，嘉瑟．東美心想他最好先喝一點水。就在那個時候，他碰到了委託他前往薩迦的人。

那個人看見嘉瑟．東美，非常驚訝地問：「嘿，你沒有去薩迦嗎？」當嘉瑟．東美解釋其中原委時，那個人咒罵他說：「你把這麼重要的事情置於不顧，反而在這裡大發慈悲！」

嘉瑟．東美遭受如此嚴厲的指責，連水都不敢喝，立即前往薩迦，連夜趕路，在清晨抵達。完成任務之後，他立刻折返，在日落之前返抵寺院。

委託人看見這個情況，感到驚訝，並乞求嘉瑟．東美原諒他出言責備。他又說：「你的所做所為真令人驚歎！」

另一次，嘉瑟．東美大約二十歲時，寺院所有的僧侶都要啟程前往秋拔（Chobar）。這個時候，嘉瑟．東美看見一個瘸腿的女人在寺院大門外哭泣。他問女人怎麼回事。她解釋，她是因為所有的僧侶都要離開、留下她一個人而哭泣。所有的僧侶都要離開，就沒有人施食給她了。嘉瑟．東美告訴她不要絕望，並承諾會回來接她前往。

嘉瑟．東美帶著他的財物前往秋拔，稍事休息之後，即帶著一條繩索出發。朋友們在遠處呼喚，問他要去哪裡。嘉瑟．東美說，他要返回寺院去接那個女人，但那些朋友都不相信。

嘉瑟．東美回到寺院時，他發現他無法同時背負女人及其財物。因此，他首先背著她的衣物和蒲團走了一段距離，然後再回去背負女人。如此輪流背負女人及其財物，嘉瑟．東美終於抵達秋拔。朋友們對此都感到驚訝不已。他們說，他們原先以為嘉瑟．東美只是回去收集木柴；他的行為真的了不起。

嘉瑟・東美大約三十歲時，一個生病的乞丐總是停留在他的門外附近。他的全身長滿蝨子。嘉瑟・東美總是把所有的食物和飲水佈施給這個乞丐，這一切都是在夜間秘密進行以避免張揚。但是有一天晚上，那個乞丐不在他慣常停留的位置，於是嘉瑟・東美四處尋找他的蹤跡。在破曉之際，嘉瑟・東美終於找到了乞丐，並且問他為什麼離開。

「一些人告訴我，我是那麼的令人作嘔，他們從我身邊經過的時候，甚至連看都沒辦法看我一眼。他們把我趕走，」乞丐說。

聽到這些話，嘉瑟・東美心中充滿慈悲而哭泣。那天傍晚，嘉瑟・東美把乞丐帶到房間，讓他吃飽喝足。接著，嘉瑟・東美把自己全新的袍子送給乞丐，並穿上乞丐的破爛衣服，用自己的身體來餵蝨子。

不久之後，嘉瑟・東美看起來好像染上了痲瘋病或某種其他的疾病。他虛弱無力，必須停止教學。朋友和弟子前來探視，納悶他是否染上重病。他們很快便看見嘉瑟・東美所陷入的情境。

「你何不再做一個好的修行者？」他們勸告嘉瑟・東美。

一些人引經據典地說：「如果你的悲心不是全然清淨的，就不要佈施你的身體。」

其他人則請求他：「為了你自己，為了我們，請不要繼續下去了，把這些蝨子除掉！」

但是嘉瑟．東美說：「由於時間沒有起始，我已經擁有過那麼多次的人身，但它們都被虛度了。現在，即使我今天就要死去，至少我已經做了一些有意義的事情。我不會除掉這些蝨子。」

嘉瑟．東美持續用身體餵蝨子十七天，但這些蝨子漸漸地自行死去，最後一隻蝨子也不剩。嘉瑟．東美替這些死亡的蝨子持誦咒語和陀羅尼咒，並用它們來製作「擦擦」[①]。每一個人都為嘉瑟．東美清淨的心和慈悲感到驚奇，並成為家喻戶曉的「嘉瑟．千波」（Gyalse Chenpo）——大菩薩。他撰寫了以下的祈願文，真實反映了他的想法：

> 願傷害我的身體和我的生命的人長壽，
> 沒有疾病或仇敵，
> 克服所有修道上的障礙，
> 迅速證得法身，離於生死輪迴。

有一次，嘉瑟．東美前往薩迦，從法王蘇南．嘉岑[②]那裡領受教法。在返回戊初途中，他遭受盜匪襲擊。一旦他抵達戊初之後，他對藥師佛、度母和其他本尊念誦了許多祈

① 擦擦（tsa tsa）是一個塑造的小型佛塔，佛陀證悟心的象徵，可以由陶土或其他物質塑造而成。一些擦擦填充了舍利；其他的擦擦，也就是此處所描述的擦擦，是由陶土、骨頭、人或動物遺骸的混合物製成，同時伴隨著祈願這些已逝的人或動物免於墮入輪迴下三道、並了悟佛性的祈願文。

② 喇嘛．當帕．蘇南．嘉岑，參見第29頁註①。

請文，把功德回向給那些盜匪。為了利益盜匪，他也供養僧團，從事其他善行。他說，在那群盜匪之中，有一個盜匪特別凶狠，當他想到那個盜匪的臉，他感到無限悲憫。

關於嘉瑟．東美仁慈的例子多得不勝枚舉。舉例來說，當他在色伊（Seryig）教學的時候，一個名叫布瓦（Bulwa）的人製造了許多誤解，讓他深感困擾。有一天，在他返回戊初之後，他的侍者說，布瓦已經到了。

嘉瑟．東美的第一個反應是自言自語地說：「我寧願他沒來！」但他立刻想到：「我每天都承諾要以德報怨，我為什麼要為了布瓦的來到而不開心？即使他下半輩子都要留在我的身邊，我也應該讓他隨心所欲。」

一旦嘉瑟．東美圓滿了閉關，布瓦立刻來到他的面前，懺悔他胡鬧的行為，立誓從今而後要依法行止。然而，布瓦不斷提出不合情理的要求，成為每一個人的負擔。人們告訴嘉瑟．東美，布瓦離開是比較好的。

但嘉瑟．東美說：「他會改善的，而且他的所做所為對我有幫助。」嘉瑟．東美讓布瓦做他想要做的事情，從不同方面利益他。嘉瑟．東美教導布瓦能夠理解的事情，給予他所需的一切。

嘉瑟．東美總是為所有與他結緣的人帶來快樂，即使是那些傷害他的人。有時候，他會為眾多訪客中斷閉關數日，教導修心和菩提心的修行法門。在這些時候，常常會出現彩虹、花雨和其他吉兆，讓人們心中充滿了喜悅和虔敬。

六十七歲那年，嘉瑟・東美決定去參謁位於拉薩、最殊勝珍貴的釋迦牟尼佛像①。他造訪拉薩、帕摩竹（Phagmo Dru）②、桑耶（Samye）、貢湯（Gungthang），以及許多其他地方，同時在這些地方傳授悲心的教法。據說，自從阿底峽尊者③入藏以來，沒有人像嘉瑟・東美這般利益眾生。僅僅看見嘉瑟・東美的面容，就足以讓人們生起無比的信心，以及無法抑制的、想從輪迴中解脫的強烈慾望。

嘉瑟・東美返回戊初十個月之後，他得知布敦仁波切④生病了，於是急忙前往夏盧寺（Shalu monastery）。一旦他念誦了長壽祈請文，舉行了長壽法會之後，布敦仁波切的健康就改善了。每一個人都說，嘉瑟・東美把布敦仁波切的病痛承擔在自己身上。

返回戊初之後，嘉瑟・東美進行嚴格的閉關。從這個時候一直到他圓寂之前的九個月期間，他每三個月會出關傳授修心和菩提心的教法；數千人從西藏各地蜂擁而來會見嘉瑟・東美。在聽聞了教法之後，大多數的人放棄了對今生俗務的掛慮，全心全力修持佛法，了悟空性和慈悲。

嘉瑟・東美的悲心如此強烈，因此他不但能夠幫助和轉化人道的眾生，也能夠幫助和轉化畜牲道的眾生。例如野

① 西藏最著名、最受人崇敬的佛像，受到世尊佛陀本人的加持。當年文成公主前來西藏，與西藏國王松贊甘布結親時，把這尊佛像從中國帶入西藏。

② 錫度強秋・嘉岑（Situ Changchup Gyaltsen，1302-1371）邀請嘉瑟・東美前往帕摩竹。錫度強秋・嘉岑是繼薩迦統治西藏之後，七位統治西藏的帕竹王（Phagdru）的第一位。

③ 阿底峽（982-1054）出身孟加拉皇室，首先在印度親炙偉大的金剛乘上師，例如梅紀巴（Maitripa）、羅侯羅笈多（Rahulagupta）、毘魯巴（Virupa）、法護（Guru Dharmaraksita）——這位觀修慈悲的偉大上師曾把自己的肉佈施出去，以及梅紀瑜伽（Maitriyogin，噶當派修心教法的大師，其他兩位是法護和法稱）——他能夠實際承擔他人的痛苦。然後他渡海至蘇門答臘，跟隨法稱，即色林巴十二年。在他返回印度的途中，他成為著名佛學院超戒寺（Vikramashila）的住持。他應耶喜・烏（Yeshe Ö）和強秋・烏（Changchup Ö）之邀入藏，並在西元一〇四〇年抵達西藏。他居住在西藏，直到七十三歲於拉薩南方的涅唐

卓瑪拉康（Nyethang Drolma Lhakhang）圓寂。他是噶當派的祖師，擁有無數弟子；在這些弟子之中，主要的弟子是印度的地藏（Kshitigarbha）、皮托巴（Pitopa）、法作慧（Dharmakaramati）、友密（Mitraguhya）和智慧（Jñanamati），以及西藏的庫敦．宗竹．永壤（Khutön Tsöndru Yudrung）、俄．卻庫．多傑（Ngo Chöku Dorje）、種敦巴（Drom Tönpa），以及岡波巴和所謂的「四瑜伽士」（four yogis）。

④ 布敦仁波切（Butön Rinpoche，1290-1364）：一個知識廣博的學者，撰寫了三十函的論釋，並重新整理兩百一十三函的《丹珠爾》（*Tangyur*）——由印度大成就者和班智達針對世尊佛陀的話語所作之論著。

⑤ 以脈（spiritual channels，梵文 nadi）、風息（energies，梵文 prana，或稱「氣」）和明點（essence，梵文 bindu）為重點的瑜伽修行。

狼、羊和鹿等彼此為敵的眾生，忘記了牠們的殘忍和恐懼；在嘉瑟．東美面前，牠們會和平地一起玩耍，帶著敬意聆聽教法。

有一次，一個觀修諸脈和風息⑤的隱士遇到修行的障礙。他的心失去控制，於是開始裸奔。他碰上一頭狂野的母羊；母羊繞著他團團轉，要用羊角戳他的臀部。那個隱士看到這個情況，恢復了自制，並了解到自己是怎麼回事。聽了這件事情之後，嘉瑟．東美逗趣地說，這頭母羊是一個專家，專門驅除大修行者的障礙。嘉瑟．東美生病時，這頭母羊顯示出許多痛苦憂傷的徵兆。在嘉瑟．東美圓寂三天之後，母羊跳到嘉瑟．東美隱居所的下方死亡。在嘉瑟．東美的身邊，如同置身觀世音的淨土普陀山（Potala Mountain）。

諸如堪布望羅等其他偉大的上師曾經說：「他是一個以人身示現的活佛！」並朝著嘉瑟．東美隱居閉關的處所做大禮拜。

嘉瑟．東美是如此寧靜、自制和仁慈，因此在他身邊的人自然而然地都不再執著於世間俗務。接著是他生命最後幾個月的光景：

在幫助了所有他要利益的人之後，
為了驅除他們認為事物永恆的信念，

以及為了在其他淨土的眾生，
雖然他已超越所有改變，
他仍然示顯出死亡的徵兆。

他首先示顯病兆來鼓勵弟子要精進修行——藉由讓他們感受到悲傷，來教導他們疾病如何能夠被當做修道的資糧。他說，他已經藥石罔效，但為了讓每一個人平靜下來，他仍然服用一些藥物，讓人們為他持誦祈願文和舉行法會。當堪千·強慈和法王尼頌（Nishön）籌備一個法會來請求嘉瑟·東美住世的時候，他的健康改善了，因此他讓每一個人透過他們所感受到的大樂來積聚功德——為他的住世而生起的喜樂。但在此不久之後，他再度顯現病兆。

某人問嘉瑟·東美，是否有任何方法可以延長他的壽命。他說：「『如果我的病痛能夠利益眾生，那麼願我受到疾病的加持！如果我的死亡能夠利益眾生，那麼願我受到死亡的加持！如果我的康健能夠利益眾生，那麼願我受到康復的加持！』這是我獻給三寶的祈願文。我全然相信，不論發生什麼事，都是三寶的加持，因此我是快樂的。我應該接受發生在修道上的任何事物，而不去嘗試做任何改變。」

嘉瑟·東美的親近弟子懇求他想一想，他們是否能夠提供藥物或任何有助於改善他健康的事物。

然而嘉瑟．東美說：「我的壽命已盡，我已病入膏肓。即使有醫術高明的醫師帶著如甘露的藥物來治療，也不可能發揮太大作用。」然後他又說：

如果這個虛幻的身體、這個我執著為「我
的」的身體病了——那麼就讓它病吧！
這個疾病使我耗盡過去累積的惡業，
得以從事修行，
幫助我清淨兩種障蔽[①]。

如果我是健康的，我感到快樂，
因為當我的身心安泰時，
我可以增長我的修行，
並且透過使我的身、語、意向善，
來賦予人身真實的意義。

如果我是貧窮的，我感到快樂，
因為我沒有要去保衛的財富，
而且我知道所有的瞋恨，
都萌芽自貪婪和執著的種子。

① 兩種障蔽或二障：由令人迷惑的情緒所引起的障蔽，即煩惱障；以及遮蔽究竟之學識的障蔽，即所知障。

如果我是富有的，我感到快樂，
因為我可以運用財富來從事更多善行，
而短暫和究竟的安樂，
皆是善行的結果。

如果我很快就要死亡，那就太殊勝了，
因為我相信，有著順緣的助力，
在任何障礙阻撓之前，
我應該能夠進入無謬之道路。

如果我長壽，我感到快樂，
因為沒有遠離溫暖、充滿利益的法雨，
經過很長一段時間，
我能夠完全成熟內在覺受之果。

因此，不論發生什麼事，
我都應該感到快樂！

他繼續說：「我一直把這些口訣教導傳授給他人，我必須自己來實修。如教法所說的：『所謂的疾病沒有真實的存在；疾病是令人迷惑的現象，是從事惡業所不可避免的結果。疾病是點出輪迴本質的老師，教導我們現象只不過是一個幻象，沒有真實的存在。疾病提供我們一個基礎，來對我們的痛苦生起忍辱，對他人的痛苦生起慈悲。如此的困境得以考驗我們的修行。』如果我死了，我將從疾病的痛苦中解脫。我想不起來我有任何沒有完成的工作。我也了解到，能夠以圓寂做為修行的句點，是多麼稀有的機會。這是我不希求任何療癒的原因。儘管如此，在我死之前，你們可以完成所有要做的法會。」

因此，嘉瑟．東美的弟子說，他們會為他舉行為期三年的法會。

但嘉瑟．東美只回答：「如果這麼做對你們有用處，那麼我可以忍受三年的痛苦。如果這麼做沒有用處，我活那麼久有什麼用？」

然而弟子懇求他：「請長久住世！」他們說：「除了繼續看見你的容顏，繼續聽見你的聲音，我們沒有其他願望。」

嘉瑟．東美說：「沒有可以盛舀物品的鍋子，一把杓子舀不出任何東西。雖然我沒有任何功德，但人們的信心和三寶的慈悲使我能夠利益一些眾生。我希望即使在我死後，我為這些眾生帶來的利益也不會消失。」

弟子再次堅持地說：「即使您要繼續在其他淨土為眾生帶來廣大的利益，」他們說，「我們將失去我們的怙主。請再住世久一點。」

「如果我完全沒有幫助你們的力量，」嘉瑟·東美說：「那麼我就沒有必要長久留在你們的身邊。解脫一切有情眾生是我的願望，因此如果我確實擁有任何力量，我怎麼敢遺棄那些仰賴我的人？然而，光是醫師的處方將無法治癒他的病人，如果你們不殷切地向世尊（Victorious Ones）祈請，應用他們的教法，他們將很難護衛你們，更別說我來保護你們了。所以，如實地修持你們領受的所有教法，你們將能夠如我一般地幫助他人。因此，你們不必為了我們將要分離而感到痛苦。即使我們分離了，你們也要依止三寶，向三寶祈請——還有任何比三寶更勝的皈依嗎？」

當親近的弟子請求他最後一次會見前來的眾人時，他加以拒絕地說，他憔悴的面容、生病的身體和虛弱破碎的聲音，只會增加他們的悲傷。然後，他給了最後的忠告：

為了持守三誓戒，
放棄所有執著，
以及事物是真實存在的信念，
用你的身、語、意來利益他人，
乃是真正殊勝的修行。

① 參見第十一頌，另一位偉大的菩提心大師朗里・塘巴的事蹟。

某人詢問嘉瑟・東美，來生他將前往哪一個淨土。他回答：「如果前往地獄道能夠幫助眾生[①]，我將開心地前往地獄道。如果前往淨土無法幫助眾生，那麼我一點也不想前往任何淨土。但我沒有選擇前往何處的能力，因此我只全心全意地向三寶祈請，讓我投生成為一個能夠利益眾生者。這是我唯一的願望。」

十月八日黎明，嘉瑟・東美要求弟子們協助他坐直，轉動他的身體。然後他把雙手置於心間，恭敬地祈請。他哭泣了很長一段時間。弟子們問他為什麼哭泣。他回答，他擁有某種禪觀。弟子們要求他說得詳細一點。度母示現了，嘉瑟・東美說，由於度母面向南方，他覺得背對度母來祈請是不恰當的，所以他要求他們協助他改變身體的位置。然後，想到眾生所受的痛苦，他感到難以忍受而流下許多眼淚。

兩天之後，嘉瑟・東美快樂地說：「今天我為喀什米爾班智達修了一個法，他非常欣慰。」

「他現在在哪裡？」弟子們問。

「在兜率天淨土（Tushita Buddhafield），」他回答。

嘉瑟・東美擁有無數的禪觀和吉祥的夢境，而且時時刻刻都保有周遭環境即是淨土的淨觀。很明顯地，他也完全掌控他的生命。有一次，他的脈搏幾乎消失，他說，他還沒有要走。事實上，他又多活了三個月。

然後有一天，他的脈搏比往常有力，每一個人都感到欣喜時，他卻說：「我的脈搏像我這張嘴巴一樣能言善道，但這次我不會留下來。」兩天之後，嘉瑟・東美離開人世。

那個月十九日的黎明，嘉瑟・東美要求弟子們協助他坐得更直，然後他說：「我覺得這樣非常舒服，完全不要移動我的身體。」

從那天早晨到隔天傍晚，嘉瑟・東美一直採取蓮花坐姿，他的心專一地安住在平等捨之中，並在那個狀態中離開人世，進入極樂。

在那段期間，他的弟子們擁有各種禪觀和覺受。一些弟子看見一群天眾前來邀請嘉瑟・東美前往色究竟天（Akanishta）的無上淨土；一些弟子看見空行和空行母邀請他前往阿彌陀佛的極樂淨土，或前往聖救度母（Arya Tara）的藍綠遍佈淨土（Buddhafield of the Turquoise Array）。

在嘉瑟・東美圓寂和舉行荼毘大典、收集舍利中間這段期間，大地震動①，天空出現彩虹。雖然天空完全清澈明朗，卻落下如花般的細雨，並聽得到空氣中的聲響。他即將圓寂時，不只是人類，連動物也顯示出絕望的徵兆，甚至大地都為之哀悼——花朵凋萎、泉水乾涸、土地失去它自然的壯麗。

① 一個偉大的菩薩誕生或圓寂時，發生輕微的地震被認為是吉兆。

在嘉瑟・東美圓寂九天之後，許多來自西藏各地的上師為他舉行荼毘大典，法會也再延長了七天。在荼毘大典之後，人們收集他的舍利。

隨著各自的業行，一些弟子找到殊勝的、如藥丸般的舍利；一些弟子找到右旋的小舍利；另一些弟子則找到上有各種本尊形狀的骨骼。弟子們把舍利帶回家，安置在珍貴的舍利盒和佛像之內，做為供養和禮敬的對象。

這些文字摘錄自嘉瑟．東美的生平傳記；這本傳記是由「懶散的帕登．耶喜」在帕坎甘登（Pangkhan Gahden）的山間閉關處所寫。由於擔心擷取部分生平來加以翻譯是不妥的，因此我們尋求頂果．欽哲法王的建議。法王仁慈地說，如此精簡地呈現嘉瑟．東美的生平事蹟並無不妥，如同從一大塊糖蜜剝下來的一片糖蜜，兩者同樣甜美可口。這些摘錄的文字同樣能夠燃起讀者的信心。

〔本書作者簡介〕

金剛持頂果．欽哲仁波切簡傳

金剛持頂果．欽哲仁波切（Kyabje Dilgo Khyentse Rinpoche，1910-1991）是最後一代在西藏完成教育與訓練的偉大上師之一。他是古老的寧瑪傳承的主要上師之一，是實修傳承（Practice Lineage）的傑出持有者。在他的一生之中，曾閉關二十二年，證得許多受持法教的成就。

他寫下許多詩篇、禪修書籍和論釋，更是一位伏藏師（或「德童」，tertön）——蓮師埋藏之甚深教法「伏藏」的取寶者。他不僅是大圓滿訣竅（pith instructions of Dzogchen）的指導上師之一，也是窮畢生之力尋獲、領受和弘傳數百種傳承的持有者。在他那個世代中，他是利美運動（Rimé，不分派運動）的傑出表率，以能依循每一教派本身的傳承來傳法而聞名。事實上，在當代上師中，只有少數人不曾接受過他的法教，包括至尊達賴喇嘛等多數上師都敬他為根本上師之一。

集學者、聖哲、詩人和上師之師於一身，仁波切以他的寬容大度、簡樸、威儀和幽默，從未停歇對緣遇人們的啟迪。

頂果・欽哲仁波切於一九一〇年出生在西藏東部的丹柯河谷（Denkhok Valley），其家族是西元九世紀赤松德贊王的嫡系，父親是德格王的大臣。他還在母親腹中時，即被著名的米滂仁波切（Mipham Rinpoche）指認為特殊的轉世。後來，米滂仁波切將他取名為札西・帕久（Tashi Paljor），並賜予特殊加持和文殊菩薩灌頂。

在幼年時期，仁波切便表現出獻身宗教生活的強烈願望。但他的父親另有打算。由於他的兩位兄長已離家投入僧侶生涯：一位被認證為上師轉世，另一位想成為醫師，仁波切的父親希望最小的兒子能夠繼承父業。因此當仁波切被幾位博學大師指認為上師轉世時，他的父親無法接受他也是祖古（tulku）——轉世喇嘛——的事實。

十歲那年，這個小男孩因嚴重燙傷而病倒，臥床幾達一年。多聞的上師們都建議，除非他開始修行，否則將不久人世。在眾人懇求之下，他父親終於同意這個孩子依照自己的期盼和願望來履行使命。

十一歲時，仁波切進入西藏東部康區的雪謙寺（Shechen monastery）；這是寧瑪派六大主寺之一。在那裡，他的根本上師雪謙・嘉察（Shechen Gyaltsap），正式認證他為第一世欽哲仁波切蔣揚・欽哲・旺波（Jamyang Khyentse Wangpo，1820-1892）的意化身，並為他舉行陞座大典。蔣揚・欽哲・

旺波是一位舉世無雙的上師，與第一世蔣貢・康楚（Jamgön Kongtrul）共同倡導全西藏的佛教文藝復興運動，所有當今的西藏上師都從這個運動中得到啟發與加持。

「欽哲」（Khyen-tse）意指慈悲與智慧。欽哲傳承的轉世上師是藏傳佛教發展史上的幾位關鍵人物，其中包括赤松德贊王、九世紀時與蓮師一起將密法傳入西藏的無垢友尊者（Vimalamitra）、密勒日巴尊者的弟子暨噶舉派祖師岡波巴（Gampopa），以及於十八世紀取出龍欽心髓（Longchen Nyingthig）的吉美・林巴（Jigme Lingpa）。

在雪謙寺的時候，仁波切有很多時間住在寺院上方的關房，跟隨他的根本上師學習和修行。在這段期間內，雪謙・嘉察授予他所有寧瑪傳承的主要灌頂和教法。仁波切也向許多其他偉大的上師學習，包括巴楚仁波切的著名弟子卓千・堪布・賢噶（Dzogchen Khenpo Shenga）。卓千・堪布・賢噶把自己的重要著作《十三部大論》（*Thirteen Great Commentaries*）傳授給他。仁波切總共從五十多位上師處領受廣泛的教法。

在雪謙・嘉察圓寂之前，欽哲仁波切向他敬愛的上師許諾：他將無私地教導任何前來請法之人。此後，從十五歲到二十八歲之間，他大多數的時間都在進行嚴格的閉關，住在偏遠的關房和山洞裡，有時只住在離出生地丹柯河谷不遠山區裡突出山岩的茅棚中。

頂果・欽哲仁波切後來伴隨宗薩・欽哲・卻吉・羅卓（Dzongsar Khyentse, Chökyi Lodrö，1896-1959）多年。宗薩・欽哲也是第一世欽哲的轉世之一。從卻吉・羅卓處領受了《大寶伏藏》（*Rinchen Terdzö*，*the collection of Revealed Treasures*）的許多灌頂之後，仁波切告訴卻吉・羅卓，他希望將餘生用於閉關獨修。但是卻吉・羅卓回答：「這是你將所領受的無數珍貴教法傳下、授予他人的時候了。」從此，仁波切便孜孜不倦地為利益眾生而努力不懈，成為欽哲傳承的標竿。

離開西藏之後，欽哲仁波切遍歷喜瑪拉雅山區、印度、東南亞及西方各地，為眾多弟子傳授、講解佛法。他多半由妻子桑雲・拉嫫（Sangyum Lhamo）和孫子暨法嗣冉江仁波切（Rabjam Rinpoche）陪伴在側。

不論身處何地，仁波切總是在黎明前起床，祈請、禪修數小時後，再開始一連串的活動，直到深夜。他能夠安詳自在地完成一整天的沈重工作。無論他做什麼（他可以同時處理幾件不同的事情），似乎都與他自然流露的見、修、行一致。他的教法和生活方式已和諧地融為一體，渾然融入了修行道上的各個階段中。他也廣作供養，一生中總共供養了一百萬盞酥油燈。所到之處，他也資助眾多修行者和有需要的人們。其嚴謹的態度，只有極少數人知道他所做的善行。

仁波切認為，在聖地建塔興寺有助於防止戰爭、疾病和饑荒，並能促進世界和平，提升佛教的價值與修行。在不丹、西藏、印度和尼泊爾，他不屈不撓地啟建、重修了許多佛塔與寺院。在不丹，他依照先前為國家和平所做的預言，建造了數座寺院供奉蓮師，並蓋了一些大佛塔。漸漸地，他成為上至皇室下至平民、全不丹人最敬重的上師之一。仁波切重返西藏三次，重建毀於文革時期的雪謙寺，並為其開光。他也以各種方式捐助修復了兩百座以上的西藏寺院，尤其是桑耶寺（Samye）、敏珠林寺（Mindroling）和雪謙寺。在印度，他在佛陀成道的菩提樹所在地菩提迦耶（Bodhgaya）建造了一座新塔，並計畫在北印度其他七處與佛陀有關的偉大聖地建塔。

在尼泊爾，他把豐富的雪謙傳統搬入新家——位於波納斯大佛塔（stupa of Bodhnath）前的一座宏偉寺院。這座寺院成為他主要的駐錫地，可容納住持冉江仁波切所領導的眾多比丘。欽哲仁波切有一個特別的願望，希望這座寺院能成為以原有之純淨傳承來延續佛法的道場，如同他們先前在西藏所學習、修行般。他也投注相當大的心力教育傑出的年輕上師，使其能擔負延續傳統之大任。

西藏的佛典與圖書館歷經大規模的破壞之後，很多著作都只剩下一、兩個副本。仁波切花了多年時間，儘可能印行西藏佛教教法的特殊遺產，總共印製了三百函，包括蔣貢・康楚的《五寶藏論》(*five treasures of Jamyang Kongtrul*)。直到晚年，仁波切都還在尋訪他尚未取得的傳承，並把他所持有的傳承授予弟子。終其一生，在數不盡的教法之中，他曾經傳授兩次一百零八函的《甘珠爾》(*Kangyur*)，以及五次六十三函的《大寶伏藏》。

一九七五年，仁波切首次造訪西方。此後又造訪多次，其中包括三趟北美之行，並在許多不同的國家傳法，尤其是在他的歐洲駐錫地，位於法國多爾冬（Dordogne）的雪謙滇尼達吉林（Shechen Tennyi Dargyeling）。在那裡，來自世界各地的弟子從仁波切身上領受了廣泛的教法，有幾批弟子也在他的指導下，展開傳統的三年閉關修行。

透過他廣大的佛行事業，欽哲仁波切不吝地奉獻全部的生命來維續、弘揚佛法。讓他最感到欣慰的事，即是看到人們實修佛法，生命因發起菩提心和悲心而轉化。

即使在生命的最終幾年，欽哲仁波切非凡的精神與活力也甚少受到年歲的影響。但在一九九一年初於菩提迦耶弘法時，他開始示顯生病的初步徵兆。然而，在結束所有的教學課程之後，他仍然繼續前往達蘭莎拉（Dharamsala），順利地以一個月的時間，把一系列重要的寧瑪傳承灌頂和教法傳給法王達賴喇嘛，圓滿後者多年的祈請。

返回尼泊爾後，正值春季，仁波切的健康持續惡化，許多時間都花在默默祈請和禪修之中，每天只保留數小時會見需要見他的人。後來他決定前往不丹，在蓮師加持的重要聖地「虎穴」（Tigers' Nest，Paro Taktsang）對面閉關三個半月。

閉關結束之後，仁波切探視幾位正在閉關的弟子，開示超越生死、超越任何肉身化現的究竟上師之意。不久後，他再度示現病兆。一九九一年九月二十七日夜幕低垂時，他要侍者幫助他坐直。次日凌晨，他的風息停止，心識融入究竟空性之中。

本續

菩薩三十七種修行之道*

南無洛卡須瓦拉雅（南無觀世音菩薩）

雖然他看到一切現象沒有來去，
他一切努力只為眾生；
向無別於眾生怙主觀世音菩薩之無上上師，
我恭敬地用身、語、意來頂禮。

圓滿之諸佛——安樂和究竟寂靜之源——
因成就殊勝佛法而存在，
然而，成就佛法要仰賴修行的方法；
因此，我現在來解釋菩薩的修行。

1

現在我擁有這艘大船，如此難得的殊勝人身，
我必須載著自己和其他眾生渡過輪迴之汪洋。
為了渡至彼岸，

*註：過去有中譯版定名為「佛子行三十七頌」

日日夜夜心無散漫地聞思修，

乃是菩薩的修行。

2

在故鄉，

對親友的執著如浪奔騰洶湧，

對仇敵的瞋恨如大火般燃燒，

不在乎何是何非的愚癡黑暗戰勝一切。

捨棄故鄉，

乃是菩薩的修行。

3

離棄惡逆的處所時，

煩惱逐漸消失；

心無散漫時，

善行自然增長；

明覺變得更清晰時，

對佛法的信心隨之增長，

依止僻靜處，

乃是菩薩的修行。

4

多年的密友將分離，
努力掙取的財物將被留在身後，
心識這個過客將離開身體這個旅店，
放棄對今生的關注，
乃是菩薩的修行。

5

結交損友，三毒更強盛，
聞、思、修則退減，
慈與悲則消失，
避免不適合的朋友，
乃是菩薩的修行。

6

仰賴善知識，
一個人的過失將逐漸消失，
良善的品質將如一彎新月般逐漸盈滿，
視善知識比自己的身體更珍貴，
乃是菩薩的修行。

7

自身囚於輪迴的世間神祇還能夠保護誰？

皈依永不離棄之怙主——三寶，

乃是菩薩的修行。

8

佛陀教導，

下三道無可忍耐之痛苦，

乃是不善業之果。

因此，即使失去生命也絕不從事惡行，

乃是菩薩的修行。

9

三界之喜樂如草上之露珠，

瞬間即逝是其本質。

求取不變之無上解脫，

乃是菩薩之修行。

10

如果自無始以來，

所有曾經愛我的母眾正在受苦，

我的快樂有什麼用處？

因此，為了無量眾生而心向獲致證悟，

乃是菩薩的修行。

11

所有痛苦無例外地來自渴求自身的快樂，

圓滿成佛來自利益他人的念頭。

因此，真正予以自身的快樂來換受他人的痛苦，

乃是菩薩的修行。

12

如果一個人受到巨大貪欲的驅使

奪取了我所有的財富，

或慫恿他人這麼做，

那麼將我的身體、財物，

以及過去、現在、未來三世之功德回向給他，

乃是菩薩的修行。

13

如果有人即將斬下我的頭，

即使我沒有絲毫過錯，

透過悲心的力量，

擔負他所有的惡業，

乃是菩薩的修行。

14

即使有人用各種難聽的話貶損我，

並且在千萬個世界中到處張揚，

出於慈悲，

我讚美這個人的功德，

乃是菩薩的修行。

15

在大型集會之中，

某人用侮辱的語言揭露我隱藏的缺陷，

恭敬地向他行禮，

視其為法友，

乃是菩薩的修行。

16

被我視如己出地來關愛的人

待我為仇敵，

如母親愛生病的孩子一般更加愛他，

乃是菩薩的修行。

17

即使同儕或部屬

出於驕慢而竭盡所能地貶損我，

恭敬地視他們為頭頂上的上師，

乃是菩薩的修行。

18

即使遭受他人的捨棄和誹謗，

身染重病，

受到邪魔的侵害，

仍然擔負一切眾生的痛苦和過失，

不灰心喪志，

乃是菩薩的修行。

19

雖然我具有名望，受人敬重，

如財神般富有，

但去了解世間的財富和榮耀缺乏本質，

並且離於驕慢，

乃是菩薩的修行。

20

如果沒有克服自己的瞋恨，

愈去和外在的敵人交戰，

敵人的數量就愈多，

因此，用慈悲的軍隊來調伏自心，

乃是菩薩的修行。

21

感官的享受如同鹽水，

嘗得愈多，口愈渴，

立即捨棄所有會引生執著的事物，

乃是菩薩的修行。

22

一切生起之現象乃心之造作，

心的本質離於概念之限制 。

認清心之本質，

然後停留在這認識之中，

不造作，

不持有主體與客體的概念，

乃是菩薩的修行。

23

遇到讓我們欣喜的事物時，

視它們如夏日彩虹，

儘管美麗，但究竟不是真實，

捨棄貪戀和執著，

乃是菩薩的修行。

24

各種痛苦如夢中生子又喪子，

執著妄見為真實，令我們精疲力竭，

因此，遭遇逆緣時，

視它們為虛幻，

乃是菩薩的修行。

25

如果希望獲致證悟的人必須連身體都佈施出去，

更何況身外之物。

因此，不期望結果或回報地慷慨佈施，
乃是菩薩的修行。

26

如果一個人缺乏戒律而無法自利，
那麼想要去利他是可笑的，
因此，不留戀輪迴地持戒，
乃是菩薩的修行。

27

對於欲享善德的菩薩而言，
所有傷害他的人如同珍貴的寶藏。
因此，沒有怨恨地對所有人生起安忍之心，
乃是菩薩的修行。

28

僅僅為了自身的利益，
即使是聲聞緣覺也要精進修持，
如同火燒頭髮的人試圖滅火；
鑒於此，為了一切眾生而修持精進
——殊勝品質的根源，

乃是菩薩的修行。

29

知道透過以穩定「止」為基礎的深度「觀」，
煩惱能夠完全被降服，
修持能夠完全超越無色界的禪定，
乃是菩薩的修行。

30

只透過其他五種波羅密而缺乏智慧，
無法獲致圓滿證悟，
因此，培養結合善巧方便的智慧，
離於三種概念，
乃是菩薩的修行。

31

若不檢視自己的過失，
雖然表面上是修行者，
但行為可能違背佛法，
因此，不斷檢視自己的過失，
加以棄絕，

乃是菩薩的修行。

32

如果我受到負面情緒的驅使，

而論說其他菩薩的過失，

我將墮落沉淪，

因此，不去談論任何進入大乘之人的過失，

乃是菩薩的修行。

33

供養和敬重可能會帶來爭執，

使聞、思、修衰微，

因此，避免執著於朋友、施主之家，

乃是菩薩的修行。

34

尖刻的話語擾動他人的心，

毀壞自己的菩薩修行，

因此，放棄讓他人感到不悅的粗暴言詞，

乃是菩薩的修行。

35

當情緒變成串習，

很難用對治來戒除，

因此，懷著觀照和警覺，

緊握著對治的武器，

在執著及其他負面情緒生起的剎那加以摧毀，

乃是菩薩的修行。

36

簡而言之，不論身在何處，不論所做所為，

時時保持觀照和警覺，

自問:「我的心的狀態是什麼？」

並去利益他人，

乃是菩薩的修行。

37

為了解除無量眾生的痛苦，

透過離於三種概念的智慧，

把所有功德回向給一切眾生，

使其遠離痛苦，

願其獲致證悟，

乃是菩薩的修行。

為了那些希望修學菩薩道的眾生，
我遵循聖者的教法，
把經典、密續和論著教導的要點，
編寫成為菩薩三十七種修行之道。

由於我的了解淺薄，幾乎沒有學養，
這本著作不會受到博學者的青睞；
但它是以經典和聖者的教法為基礎，
所以我認為它真的是菩薩的修行。

但對於像我這麼愚笨的人來說，
要去理解菩薩偉大的事業是困難的，
於是恭請聖者原諒我的錯誤與矛盾之處。

透過從此生起的功德，
以及透過相對與究竟之無上菩提心的力量，
願一切眾生變得如觀世音菩薩，
超越輪迴與涅槃兩個極端。

為了自身和他人的利益，東美，一位教導經典與因明學的老師，在戊初的珍寶窟，作此《菩薩三十七種修行之道》。

這個版本的本續是以許多不同的英文版本為基礎，其中包括一個由蓮花光翻譯小組早期的翻譯版本、康斯坦絲・威金森的版本，以及馬修・李卡德的版本。針對這些偈頌有許多不同的詮釋，在此，我們以巴楚仁波切博學多聞的弟子明雅・昆桑・蘇南，也就是卻吉・札巴所做的論釋為依循的標準。

論釋

導言

佛陀的教法描述了許多不同的道與乘。殊途同歸地，所有的道與乘都帶領修行者從輪迴的痛苦中解脫，最後獲致證悟。但在所有的道與乘之中，大乘的教法最為深奧。儘管大乘的教法廣大而浩瀚，偉大的上師們卻以精簡的口訣教導來傳授這些教法的精義，而且能夠輕易地付諸實修。本書所要解釋的口訣教導與菩提心（bodhicitta）有關；菩提心是指為了利益他人而求取證悟的決心。

在任何場合，當上師傳授教法時，我們──包括傳法上師和聽眾在內──應該向過去、現在、未來三世諸佛念誦祈願文，並領受他們的加持。接著，我們應該祈請八大修道車乘（Eight Great Chariots）[①]的所有偉大上師賜予加持；八大修道車乘是從印度傳入西藏的主要佛教傳承。你，做為一個聽眾，應該確定自己擁有正確的發心，也就是為了其他眾生而前來領受教法，以獲致證悟。你的所作所為都包含這種態度，即是菩提心的基礎。

有情眾生如同虛空般無限。我們曾經活過的生世也是無限的──因此，在所有這些無數的生世之中，我們必定曾經和每一個其他眾生結下各種因緣。事實上，每一個眾生一定

① 八大修道車乘：(1) 舊譯寧瑪派（Ngagyur Nyingma）(2) 噶當派（Kadam）(3) 噶舉派（Kagyu）(4) 香巴噶舉派（Shangpa Kagyu）(5) 薩迦派（Sakya）(6) 施身法暨希解派（Chö and Shiché）(7) 時輪金剛（Kalachakra）(8) 烏金念竹（Orgyen Nyendrub）。

至少有一次曾經是你的母親。下至最微小的昆蟲，每一個眾生所要和所嘗試去做的，都是去享受真正的快樂和自由，去避免痛苦。但絕大部分的眾生完全沒有覺察到，快樂是善業之果，痛苦是惡業之果。在努力追求快樂的過程中，他們把所有時間都用於從事惡業，因此事與願違，只為他們帶來更多痛苦。當你如此思惟，你的心中自然而然地生起大悲。

然而，就實際的層面而言，你對眾生生起悲心，對眾生是沒有用處的。因此，你做什麼才能夠真正地幫助眾生？你現在擁有一個具備所有閒暇和優勢的人身（即「暇滿人身」），尤其擁有極大的幸運來接觸無上的佛法，並開始修持佛法。你已經遇見一個真正的上師，正要領受能夠使你在一個生世之內 (這輩子) 成佛的教法。為了善用這個殊勝難得的機會，你不但要聆聽教法，也必須將它們付諸實修。如此一來，你的悲心才能發揮作用，最後你將能夠帶領一切有情眾生證悟成佛。然而在目前，儘管你強烈地想要幫助他人，但你是一個初入佛門的修行者，仍然缺乏協助眾生的能力。因此，要能夠真正地利益他人所需採取的第一個步驟，即是透過修心和轉化你的心來讓自己臻至圓滿。

以目前的狀況來看，你的心強烈地受到執著與瞋恨的影響——執著於朋友、親戚和任何令你心滿意足的人；仇恨任何違反你的願望、避免你獲得財富、舒適和歡樂、因而被你視為仇敵的人。在你的迷妄之中，你竭盡所能地去利益自己和你喜愛的人，並且努力去戰勝、消滅所有被你視為仇敵的人；你如此厭惡這些人，甚至無法忍受聽到他們的名字。從無數的生世以來，你一直被拖進輪迴的惡海之中，被執著和瞋恨的巨流帶著走。執著和瞋恨是輪迴之因，是我們永無止盡地在輪迴中流浪的原因。

仔細思量你所謂的朋友和敵人指的是什麼。當你仔細檢視它的時候，很明顯的，沒有什麼是永遠的朋友或敵人。那些你認為是朋友的人，不總是你的朋友。事實上，他們在過去可能曾是你的敵人，或在未來可能成為你的敵人。這其中沒有什麼是確定的。你為什麼要如此強烈地執著於某些人？你所有的人際關係難道不都是短暫無常的嗎？不論人生發生了什麼事情，最後你都將面對死亡。到了那個時候，你別無選擇地要和每一個人分離，不論你對他們的感覺是執著還是瞋恨，都要分離。然而，在你的一生當中，你所做的每一件事情，所有那些受到執著與瞋恨驅動的行為，將形成一股業力，把你推往來生，使你在來生嘗到這些行為的業果。

因此，如果你想要走向成佛之道，你就要放棄對朋友親人的執著，以及對仇敵的瞋恨。用無分別的平等捨來看待一切眾生。在此時此刻，人們是你的朋友或敵人，都只是過去的因緣和業行的結果。把執著和瞋恨視為真實，只不過是一種迷妄；執著和瞋恨源自錯誤的和迷惑的覺知。這如同你誤把一條躺在昏暗道路上的繩索當做一條蛇，你或許感到害怕，但不表示你的恐懼具有任何真實的基礎。繩索從來不是一條蛇。

你為什麼感受到執著與瞋恨？它們源自何處？基本上，它們源自「你是一個真實存在的個體」的想法。一旦出現了這種想法，你就發展出各種概念，例如「我的身體」、「我的心」、「我的名字」。你認同這三件事物，任何令它們感到愉快的事物，你就執著於它。任何令它們感到不快或厭惡的事物，你都想要除掉它。最輕微的痛苦，例如被一根刺給刺傷或被火花燙傷，都會讓你感到不悅。如果某人冤枉你，你就竭盡所能地傷害對方，施以報復。你為他人所做的最微小的善行，讓你充滿了驕慢。只要這種自我珍愛的態度在你的心中根深蒂固，你將無法達到證悟。就最基本的層次而言，「自我真實存在」的想法即是無明，並且由此生起所有其他負面的情緒。

即使你發現自己處於最佳狀態，你也從不感到滿足。你總是想要更多。你幾乎不考慮他人的願望和欲求，你想要自己順心如意。如果你幫了一個人最小的忙，你會覺得自己做了一件相當了不起的事。你如此專注於自己的快樂和福祉，忽略他人的快樂和福祉，即是你在輪迴中流浪的原因。如寂天大師[①]所說：

世間所有的喜悅，
來自希望他人快樂。
世間所有的痛苦，
來自希望自己歡樂。

① 寂天（Shantideva），印度八十四位大成就者之一。他撰寫了著名的《入菩薩行論》和《學處要集》（Shikshamuccaya, the Collected Precepts）。這兩本重要的著作闡述了一個菩薩的理想和修行。

如果你擁有足夠的順緣來認清，成佛是唯一長久而真實的快樂，帶有輪迴動機的行為只會導致痛苦，那麼你一定要幫助每一個人認清這一點。如果你訓練和調伏你的心，你對「朋友」和「仇敵」的概念的執著都會消失。你會把每一個人視為你的父母、兄弟和姊妹。

菩薩——那些修持大乘之道的修行者——的見地，是放下「自我真實存在」的概念。一旦「我執」不再存在，就不會有貪、瞋、癡、慢或疑（忌妒）。

佛陀不同的教法可分為兩個不同層次的取向：根基乘（the basic vehicle）或聲聞乘（Hinayana，或小乘），以及大乘。這兩者不互相牴觸。然而，當兩者被正確地修持時，大乘自然而然地包含了小乘的教法。大乘佛教包含了無數甚深的教法，但它們的精髓全都在於修心——去除心的執著與瞋恨，去除障蔽它、使其無法清晰感知的一切，以及回向所有善業之果來利益一切有情眾生。

求取證悟之心，也就是菩提心，即所作所為都是為了一切有情眾生之故——不論是做一個大禮拜、念誦一遍咒語，或生起一個善念，都是為了一切有情眾生。為了利益他人而成佛，乃是最殊勝珍貴的願望。

在所有關於菩提心的深廣教法之中，嘉瑟．戊初．東美所著的《菩薩三十七種修行之道》呈現了菩提心教法的精要。嘉瑟．戊初．東美本人即是觀世音菩薩，在十四世紀的西藏，以一個上師的身相化現。當你研習和反思這些教導時，如果你生起一個真誠利他的念頭，菩提心將毫不費力地從中誕生。一旦菩提心根植你心，你將擁有經乘、大乘、密咒乘和大圓滿等所有教法的基礎。

研讀本書的每一個偈頌時，要不斷檢視你的行為和發心，如此一來，你所從事的任何修行都將毫不費力地有所進展，開花結果。日以繼日、月以繼月地把你的心浸淫在這些教法之中，你將毫無困難、自然而然地覺醒，發展出一個菩薩具備的所有品質與功德，如同一隻蜜蜂在花間飛舞，吸吮每一朵花的花蜜而生產出蜂蜜一般。

啟敬偈

頂禮

本書以一個梵文的簡短頂禮為起始：

南無洛卡須瓦拉雅（Namo Lokeshvaraya，即「南無觀世音菩薩」或「南無世自在主」）。

南無（Namo）意指「我頂禮」；洛卡（loka）代表世界或宇宙；須瓦拉（ishvara）意指「全能之主」（the all-powerful master）。因此，第一行「南無洛卡須瓦拉雅」是指「我向宇宙之主頂禮」。

在此，宇宙之主是指觀世音菩薩。觀世音菩薩即悲心本身，以一個本尊的身相化現。他覺察一切有情眾生的痛苦；在藏文之中，他被稱為「間惹息」（Chenrezi），意指「遍觀者」。他不斷在十方淨土轉動大乘教法之法輪，化現為各種身相來協助眾生：化現為一尊佛、一位十地菩薩、一位本尊、一位上師，甚至一個凡人或動物。

諸如觀世音等偉大的菩薩，為了利益眾生而在世間化現。他們不像凡夫俗子，不是受到過去業力的驅使而投生。

相反的，他們化現為擁有淨信、準備走上解脫道的眾生，一如日月自然而然地映照在靜止清澈的水面上。菩薩可能化現為法友，或任何其他能夠幫助緣遇之人的身相。

以下是一個比較長的頂禮：

雖然他看到一切現象沒有來去，
他一切努力只為眾生：
向無別於眾生怙主觀世音菩薩之無上上師，
我恭敬地用身、語、意來頂禮。

具有般若智慧的上師了解，一切現象的本質超越來與去、永恆與虛無、存在與不存在、單一和多元等概念。他了解所有事物的真實本質，並且出於大悲，僅僅為了一切眾生而努力，帶領他們走上大乘之道。

無上的上師無別於觀世音菩薩——諸佛慈悲的化現。雖然他為了眾生而展現無數不同的身相，但觀世音菩薩的本質從未改變。他完全地證悟，已經證得本初智慧。他的心是諸佛無二、不變的證悟心——即究竟的法身（dharmakaya）。

如我所說的，觀世音菩薩在世間顯現，不像凡夫俗子那般是過去業行和煩惱的結果，而是為了利益眾生。在印度，他化現為一個菩薩，請求釋迦牟尼佛轉動法輪。在第七世紀的西藏，他化現為偉大的國王松贊甘布[①]，使佛教在雪域奠定基礎。在我們身處的時代，法王達賴喇嘛和大寶法王噶瑪巴是觀世音菩薩的化現。蓮師[②]也是觀世音的化身。觀世音菩薩在他充滿奇蹟、自我解脫的生世之中，化現為無數身相。蓮師和觀世音菩薩持續以無數身相化現，利益一切有情眾生。此一不息的事業之流將持續下去，直到輪迴中沒有眾生為止。三藏（Tripitaka）——佛陀之經論的集結——其中一些經典詳細描述了觀世音菩薩圓滿解脫之生平，例如《寶篋經》（*Sutra Designed as a Jewel Chest*），以及《悲華經》（*Sutra of the White Lotus of Compassion*）[③]。

觀世音是無限悲心的展現；這種悲心住於一切諸佛的心中。他也擁有許多其他為人所知的名號，例如：尊聖天王、不空羂索、浚斷輪迴、大悲調伏眾生、調御丈夫海、卡薩巴尼、獅子吼、心性休息，以及世間自在[④]。身為人類，如果我們對觀世音菩薩生起虔敬心和信心，我們將能夠領受到他的加持，證得所有觀世音的證悟功德。

觀世音菩薩的六字明咒——嗡嘛呢唄美吽（Om Mani Padme Hung）——是觀世音的一個化現。在任何時候，任何一個人，甚至一頭無知的野獸，看見這六個種子字或聽到六字明咒的咒音，解脫的種子就會在他或她的心中播下，使他

① 西藏國王松贊甘布（King Songtsen Gampo，609-698），西藏三位偉大的佛教徒國王的首位，是觀世音的化身。

② 蓮花生大士或蓮師（Guru Padmasambhava，the Lotus Born Guru），是法身佛阿彌陀佛、報身佛觀世音、化身佛釋迦牟尼佛的化身。他清淨無瑕地從一朵蓮花中出生，把經典和密續的教法帶入西藏，並封藏了無數伏藏。在特定的時空下，這些伏藏被取出，利益後世的眾生。

③ 參見參考書目。

④ 這些名號對應觀世音的各種面向。如《唵嘛呢唄美吽：證悟者的心要寶藏》（The Heart Treasure of the Enlightened Ones）所解釋的，尊聖天王（King of the Sky）、不空羂索（Bountiful Lasso）、浚斷輪迴（He who Dredges the Depths of Samsara）、大悲調伏眾生（Greatly Compassionate Transformer of Beings）、以及調御丈夫海（Ocean of Conquerors），可以被視為色、受、想、行、識五蘊的清淨相；而卡薩巴尼（Kasarpani）、獅子吼（Lion’s Roar）、心性休息（Unwinding in Ultimate Mind）以及世間自在（Sovereign of the Universe）則代表身、語、意和法身的清淨相。

或她免於墮入下三道。觀世音菩薩六字明咒的種子字，即使是由一個普通人來書寫，也不是尋常的種子字，而是已經受到觀世音菩薩的智慧心加持的種子字。這些種子字是由觀世音的加持所構成，具有解脫的力量。

如同虛空提供山巒和陸地存在的空間，觀世音菩薩和一切諸佛的智慧與慈悲能使眾生證得解脫。諸佛的慈悲不是有限的或有所偏好的——並未受到喜歡和不喜歡，或偏愛的束縛。他們的慈悲如天空般遍在。如同一個母親知道她的孩子是否安好、飢餓、陷入危險或寒冷一般，觀世音菩薩總是明瞭眾生需要從輪迴的下三道中解脫；觀世音菩薩總是明瞭哪些眾生可以走上大乘的道路，以及哪些眾生已經能夠被帶領至阿彌陀佛的極樂淨土。觀世音菩薩的慈悲沒有藩籬或延遲。他的慈悲事業是毫無造作而自然的。即使是一陣清新的夏日微風，也是諸佛的事業。

不像尋常眾生的事業，諸佛的事業不需要任何造作或目標。如同水天生擁有濕潤物品和溶解塵污的特質，觀世音菩薩每一個微小的行為，甚至他的一個手勢，都能夠帶領他人趨向解脫。這是觀世音菩薩在證悟之前，所發下的強大祈願的結果。沒有諸佛的無限慈悲和智慧，就不可能從輪迴中解脫。視你的根本上師——那個正確無誤地教導你要做什麼、不要做什麼的人——無別於觀世音菩薩，並懷著極大的虔誠和恭敬來向其頂禮。

在這個頂禮之後，嘉瑟・東美表達他要解釋菩薩戒律的意圖：

圓滿之諸佛——安樂和究竟寂靜之源——
因成就殊勝佛法而存在，
然而，成就佛法要仰賴修行的方法；
因此，我現在來解釋菩薩的修行。

透過知曉和應用這些戒律，你將逐漸了解佛陀教法的真諦，並在修道上有所進展。

一個良善、利他的心，乃是健康、長壽和財富等短暫快樂的根源，以及從輪迴中解脫、獲致不變之證悟等究竟大樂的根源。所有輪迴、戰爭、飢荒、疾病、天災的痛苦，都源自瞋恨和其他內在的毒藥。當有害的念頭盛行，人們只想到傷害彼此的時候，世界福祉日益衰退。如果人們的心充滿了助人的願望，世界福祉會穩定增長。

為了獲得短暫的和究竟的安樂，你首先要生起菩提心的發心，也就是為了一切有情眾生而獲致證悟的心，而此一菩提心源自於慈悲。接著，你必須結合善巧方便與智慧： 修持

六波羅密和了悟空性。龍樹（Nagarjuna）在《寶鬘論》（或「寶行王正論」，*Ratnamala*）中說：:

> **如果你立志證悟，**
> **它的根本是如須彌山一般穩固的菩提心、**
> **遍在的慈悲，**
> **以及無二的智慧。**

當佛陀還是個行走於證悟道上的菩薩時，他甚至投生為鳥類和野獸，對其他鳥獸解說佛法。他鼓勵牠們放棄傷害彼此，生起慈悲和求取證悟的願望。佛陀清淨、利他之心的力量，使周圍鄉村的作物總是豐收，居民免於疾病，沒有一個眾生墮入下三道。去欣賞一個利他的念頭所產生的不可思議的力量和作用，是重要的。

一個佛已經把這種利他心發展極致，降服了眾生的頭號大敵──貪、瞋、癡、慢、疑。當佛陀坐在菩提樹下時，一支由兩萬一千個惡魔組成的軍隊，向他發射一陣陣如雨落下的武器來使他分心，阻止他獲致證悟。但佛陀只觀修慈悲，並透過禪修的力量，使如雨般落下的武器轉變成為清新芬芳的花雨。

佛陀擁有如此的力量，乃是因為他的身、語、意已完全地、和諧地與佛法的真諦融合為一，並浸滿慈悲。佛法住於佛陀的心中，透過他的慈悲而生起，並且被傳達給他人，做為指示解脫道的教法。佛陀自然而然地化現為一個指引者，帶領所有因為無明而盲目的人脫出輪迴。佛陀的慈悲是如此的：假如一個人正在攻擊他，同時另一個人正在供養他，佛陀既不會對前者產生絲毫仇恨，也不會對後者產生絲毫好感。

那些依照佛陀的意思來修持大乘佛法的人，即是所謂的菩薩[①]。如果你修持大乘的教法，在最好的情況下，你可以達到觀世音和文殊師利等大菩薩的層次，或像具有洞見和神通的佛陀兩大弟子舍利弗和目犍連[②]。即使你無法在今生修行到圓滿的程度，你至少將投生成為未來佛彌勒佛的主要弟子之一。

諸佛已經完全降服了無明及其他煩惱等敵人；諸佛也常常被指稱為「世尊」（Victorious Ones）這個同義字。而在眾多法本之中，包括這些教法的藏文本續，菩薩被稱為「世尊之子」[③]。那麼，誰是諸佛之子？以釋迦牟尼佛為例，他的身之子，乃是他的骨肉——王子羅睺羅（Prince Rahula）；他的語之子，乃是所有聽聞他的教法，證得阿羅漢[④]果位的人，例如舍利弗、目犍連、十六位阿羅漢及其他偉大的人物；這些人成為佛陀教法的持有者。最重要的是佛陀的心之子；他

① 菩薩是已經了悟現象之空性，以及了悟沒有「自我」存在的眾生。他們離於一般的情緒和煩惱。菩薩有十個層次或十地。第十一地是圓滿成佛；當煩惱障和所知障二障被徹底根除時，即達到了第十一地，也就是圓滿成佛的境界。就較廣泛的意義而言，一個菩薩是指修持大乘佛教教法的眾生。

② 據說，舍利弗（Sariputra）特別具有深刻洞見的天賦，而目犍連（Maudgalyayana）則特別具有神通的天賦。

③ 藏文「嘉瑟」（Gyalsé），梵文Jinaputra，字面意義是「智子，世尊之子」（child of the Victorious Ones），但為了可讀性的緣故，在本書中，都被翻譯成為它的同義字「菩薩」。

④ 阿羅漢（Arhat），藏文「札瓊巴」（drachompa），意指「克敵者」，而此處的敵人，也就是負面情緒。

們是觀世音和文殊師利等大菩薩，實踐他們崇高的發心，帶領一切有情眾生獲致證悟。正如一個偉大的君主會從一千個孩子之中，選擇一個擁有最完美品質的孩子做為繼承人，一個佛也把圓滿結合智慧與慈悲的菩薩視為真正的繼承人。

佛法的教法擁有極大的力量，但是除非你正確地修持它們，否則那力量將僅僅只是從未被展現的潛力。如果一個人擁有一個工具，卻不使用那個工具，那麼將不會成就太多事情。一個不被使用的工具本身，是沒有什麼用處的。但是如果你如實地把教法付諸實修，那麼當佛法在你的心識流中誕生成長時，你所有的過患將自然而然地消失，你所有的正面品質將自然而然地盛放，如同高昇的朝陽逐漸把愈來愈強的光芒照耀整個世界一般。

一個人可以用許多方式去學習一個菩薩的修行。但是，聽聞教法、深思教法，以及透過禪修來消化吸收教法，總是必要的。諸如《菩薩三十七種修行之道》的口訣教導包含了所有關於持戒（戒）、禪定（定）和智慧（慧）等菩薩教法的精髓。如果你能夠理解、實修這些教法，你將能夠輕易地走向解脫道。

第一部
前行

這部分解釋如何進入修道，第二部則包含了如何根據一個人的根器——下等、中等或上等根器——來實際地遵循修行的道路。

前行包含了七個主題。

首先，你必須讓這個稀有難得的人身具有意義。

1

現在我擁有這艘大船，如此難得的殊勝人身，
我必須載著自己和其他眾生渡過輪迴之汪洋。
為了渡至彼岸，
日日夜夜心無散漫地聞思修，
乃是菩薩的修行。

此時此刻，你足夠幸運，沒有投生在沒有閒暇修持佛法的八種狀態之一，並具有修持佛法的十種優勢。

沒有閒暇去修持佛法的八種狀態（即「八無暇」）分別是：(1) 投生地獄道；(2) 投生為餓鬼；(3) 投生為畜牲；(4) 投生為野蠻人；(5) 投生為長壽之天神；(6) 擁有錯誤之見解（邪見）；(7) 投生在無佛住世的黑暗時期；以及 (8) 天生身體

機能缺陷。

在有利於修持佛法的十種優勢（即「十滿」）之中，有五種優勢與個人有關（即「內圓滿」）。它們是：(1) 投生為人；(2) 投生在佛法興盛的中土；(3) 具足五根；(4) 沒有過著與佛法相牴觸的生活方式；以及 (5) 對教法具有信心。

另外五種優勢仰賴外在的環境（即「外圓滿」）。它們是：(6) 有佛住世；(7) 此佛曾經教授佛法；(8) 佛法仍然存在於你身處的時代；(9) 你已經進入佛法；以及 (10) 你已經被一個上師接受。

龍欽・冉江[①]也詳細說明了使你遠離佛法的八種亂境（eight intrusive circumstances），以及限制你的天生潛能去獲致解脫的八種惡習（eight incompatible propensities）[②]。

使你遠離佛法的八種亂境是：(1) 極為受到五毒的困擾；(2) 極為愚癡，因此很容易被不良的朋友帶入歧途；(3) 落入邪門外道；(4) 即使對佛法有些興趣，卻因為怠惰而散漫；(5) 過著錯誤的生活方式，受到惡業的影響；(6) 受到他人的奴役或控制；(7) 為了世俗的因素而修持佛法——只是為了免於危險，或恐懼你可能會缺乏食物或其他的基本需求；以及 (8) 為了獲得財富或名聲而去修持類似佛法的假佛法。

限制你的天生潛能去獲致解脫的八種惡習是：(1) 被家庭、財富和職業所束縛，因而沒有閒暇去修持佛法；(2) 具有

① 龍欽・冉江・赤美・宇色（Gyalwa Longchen Rabjam, Trimé Öser，1308-1369），也就是著名的龍欽巴（Longchenpa），寧瑪派最重要的上師。他所著的《七寶藏》（*Seven Treasuries*）闡釋了「九乘」（the nine vehicles），尤其針對大圓滿做了詳細說明。

② 龍欽巴所著之《如意寶藏》（*Wish-Granting Treasury*）說明了這十六種修持佛法必須避免的情況。

非常邪惡的本性，使你的行為墮落，因此即使你遇見一位上師，也很難使你的心轉向佛法；(3) 對輪迴的痛苦沒有恐懼，因此沒有看破輪迴，或沒有從輪迴中解脫的決心；(4) 缺乏信心，因此沒有遇見上師和接受教法的傾向；(5) 以從事負面的行為為樂，對此毫無內咎悔恨，因而背離佛法；(6) 對佛法沒有興趣，如同狗沒有興趣吃草，因此無法生起任何正面的品質；(7) 違犯了別解脫戒和大乘的戒律，因此除了墮入惡趣（輪迴的下三道）之外，無處可去；在下三道之中，沒有閒暇修持佛法；以及 (8) 已經進入殊勝的金剛乘的道路，卻違背了與上師和金剛兄弟姊妹之間的三昧耶戒，因而遠離了獲致解脫的天生潛能。

如果你具足十滿八暇，同時避免這十六種額外的情況，你將免於修行的任何障礙，並且獲致證悟。擁有這個殊勝難得的人身，如同擁有一艘裝備完善、可以渡過汪洋、前往金銀島的船隻。寂天大師在《入菩薩行論》中說：

乘著人身之船，
越過煩惱之海。

你獲得這個殊勝難得的人身，並非偶然。它是你在過去一個生世，曾經聽聞佛陀的名號、曾經皈依佛、累積善業，以及生起一些智慧的結果。你不一定會再度獲得這艘船隻。如果你在今生沒有修持佛法，你肯定不會在來世獲得人身。因此，忽視這樣的機會非常愚蠢。不要白白浪費這個人身，要日日夜夜地修行。

「十滿」的第一滿，即是投生為人。想一想在輪迴中眾生的數量。讓我們用簡單的比較方式來加以說明。如果地獄道眾生的數量如同地球表面的灰塵，餓鬼道眾生的數量將如同恆河中的沙礫；畜牲道眾生的數量將如同一大桶西藏啤酒[1]中的小米；阿修羅道眾生的數量將如同一場暴風雪中的雪花。人道和天道眾生數量，則如同一根手指頭上的灰塵。而且，人道眾生的數量遠比天道眾生的數量來得少——人道眾生的數量寥如晨星。

從你投生為人的機率來看，你就能夠輕易地了解這樣的機會多麼微小：你不只出生在一個有佛法的地方，你也對佛法感興趣——而你真的把佛法付諸實修的機會就更微小了。那是非常稀有的。看看有興趣修持佛法的人是多麼少。看看這個世界上有多少國家，以及在多少國家之中，佛法是一個活生生的傳統。即使在這樣的一個國家之中，有多少人被啟發去修行；在這些從事修行的人之中，有多少人的修行會有成果？大多數的人把生命虛度在毫無意義、自私自利、沒有價值的活動之上。

① 用發酵的小米釀造。

你或許會想：「在五十歲之前，我將繼續從事凡俗的活動，等到我五十歲，我將致力修持佛法。」如此的想法顯示了你欠缺洞察力，忽略了死亡將毫無預警地到來的事實。如俗話所說的：

死期不確定；
死因不可預測。

今晚活在這個世界上的人，有多少人會在黎明到來之前死去？擁有一個人身，如同擁有巨大的財富；我們應該立刻使用這個人身。此時此刻即是修持佛法的時機。嘉瑟・東美說：

不在秋天為冬天做準備的人
被認為是一個傻子。
我們死亡時，
佛法將幫助我們，
我們知道死亡是確定的——
因此不在此時修持佛法，
是非常愚笨的。

每一天提醒自己，如果你不聞、思、修教法，不念誦祈願文和咒語，在死亡時，你將無依無靠。死亡是確定的。如果你等到死亡降臨時才開始修行，那就太遲了。

想一想你為什麼修行。為了無病長壽，或增加財富和影響力而去修行，是狹小的目標。你要為了自己和他人從輪迴痛苦中解脫而修行。

為了徹底了解修持佛法的必要，去了解輪迴痛苦的程度是重要的。在六道輪迴之中，下從地獄道，上至天道，除了痛苦之外，沒有別的。據說，輪迴充滿了三種痛苦：苦上之苦（即「苦苦」，suffering upon suffering）、變動無常的痛苦（即「壞苦」，suffering of change），以及五蘊聚合、無所不在的苦（即「行苦」，all-pervasive suffering of the composite）。

下三道主要受到「苦苦」的折磨；「苦苦」是指永無止盡的痛苦循環，一個痛苦之上有另一個痛苦：地獄道的炎熱與冰寒；餓鬼道的飢渴；以及畜牲道的心理黑暗、愚癡和恐懼。

上三道（或三善道、三善趣）特別容易遭受「壞苦」。在人道之中，有四種根本的痛苦：生、老、病、死。這四種輪迴之流，力量強大到足以把我們帶走——我們束手無策，完全無法逆轉它們的流勢。除此之外，當我們得不到想要的事物，不論是食物、衣服、財富或影響力，我們痛苦；當我們得到不想要的事物，例如批評、肉體的疾病或令人不悅的情況，我們感到痛苦；當我們無法和所愛的人廝守，我們痛苦；當我們必須和不喜歡的人在一起，我們感到痛苦。在自我中心地追求快樂時，大多數的人犯下了惡業。不幸的是，這些只製造更多的痛苦和迷惑。阿修羅道的眾生飽受爭鬥和忌妒之苦。至於天道的眾生，在他們充滿喜樂和享受的壽命終止時，他們嘗到變動的痛苦，並再度墮入下三道。

無色界的眾生面臨「行苦」。無色界的眾生住於甚深的、充滿大樂的禪思狀態之中，一旦促成這種寧靜狀態的善業耗盡時，他們將再度承受輪迴的痛苦。他們尚未盡除無明，因此尚未根除五毒。

當諸佛用全知之眼看著輪迴時，他們不把輪迴視為一個有趣的處所。他們敏銳地覺察到眾生的痛苦有多麼劇烈，眾生如此努力去追求短暫的目標是多麼沒有意義。重要的是，我們要愈來愈清晰地相信，無上證悟是唯一值得去達成的目標。

觀修輪迴的痛苦，將使你自然而然地生起從輪迴中解脫的強烈願望。與其毫無意義地浪費精力，你將專心一意地修持佛法。

即使去聽聞教法，也是一件非常希罕的事情，只會在數劫中發生一次。你現在接觸佛法，不只是巧合。它是你過去善業的結果。 這樣的機會不應該被浪費。如果你的心與佛法相契合，你將不會經歷任何難題，但如果你不斷專注於凡俗的追求，你的問題將會增加，而且一無所成。龍欽・冉江說：

我們的活動如同孩童的遊戲。
如果我們從事活動，它們就不會終止；
如果我們停下來，它們就會結束。

看破輪迴而想從中解脫的決心，乃是一切佛法修行的基礎。除非你清楚地決定要離棄輪迴，否則不論你念誦了多少祈願文、從事了多少禪修、閉關了多少年，都是枉然。你或許擁有長壽的人生，但它將沒有價值。你或許累積了大量的財富，但它將毫無意義。唯一真正值得去做的，即是漸漸地趨近證悟，遠離輪迴。仔細思量這一點。

觀修死亡和輪迴的痛苦，你將不會想要把任何時間浪費在毫無意義、令人分心的事物之上，例如努力致富、擊敗敵人，或把人生投注在保護和促進你所執著的人的利益之上。你將只想修持佛法。

一個臥床的病人只想恢復健康，不希望一直生病。同樣的，一個渴望脫離輪迴痛苦的修行者，將善用所有能夠達到這個目標的方法，例如皈依、生起為了其他眾生而獲致證悟的菩提心、行善等，並時時懷著從輪迴中解脫的堅定決心。

偶爾希望你能夠從輪迴中解脫是不夠的。從輪迴中解脫的這個想法，必須夜以繼日地充滿在你的思惟之流裡。一個被囚禁在監獄中的犯人，總是想著各種不同離開監獄的方法——如何能夠翻越圍牆，要求有權有勢的人居中斡旋，或用錢賄賂某一個人。因此，你也要了解輪迴的痛苦與過患，懷著深刻的出離心，不斷地思惟獲得解脫的方法。

過去一些偉大的上師在思量人身之稀有難得時，他們甚至不想睡覺；他們無法忍受浪費一分一秒。他們把全副心力投注於修行。

釋迦牟尼佛初轉法輪時，他教導四聖諦。第一聖諦是苦諦，我們應該認清有痛苦。第二聖諦是集諦，痛苦有一個起因，我們必須放棄這個起因。這個痛苦的起因是負面的情緒或煩惱。雖然諸如此類的心的障蔽狀態有許多種，但貪、瞋、癡[①]、慢、妒是五種主要的障蔽。第三聖諦是道諦，有一條道路可以帶領眾生遠離痛苦，因此眾生必須遵循這條道路。第四聖諦是滅諦，即痛苦可以被止息。透過這四聖諦，釋迦牟尼佛激勵我們放棄俗務，努力從輪迴中解脫。

在尋找脫離輪迴的方法時，第一個步驟是去聽聞教法——解釋如何脫離輪迴的教法。釋迦牟尼佛說，除了獲得這些珍貴殊勝的知識之外，光是聽聞佛法被傳授的聲音——即使

① 癡（無明）包括：(a) 基本的無明，沒有認識本初明覺和現象之空性；(b) 一種愚鈍的心理狀態，主要是缺乏辨別何者當為、何者當捨，才能夠從輪迴中解脫的洞察力；(c) 疑慮，對因果業報法則、前世和來生的存在等等有所懷疑。(d) 障蔽的見地，相信五蘊形成一個自我，相信現象有一個真實的、本俱的和獨立的存在等等。

是召集大眾前來聽聞教法的鑼聲和螺聲——也具有不可思議的加持和利益，能夠使眾生免於墮入下三道。透過聽聞教法，即使是那些缺乏五根而無法徹底了解教法意義的人，至少將得到些許了解佛法之功德。即使是一個如何修持佛法的一般概念，都已是珍貴殊勝的了。

第二個步驟是去思考你所聽聞的教法，試著去發現其中的精義。檢視你的心，去看看它是否真的如教法所描述的，以及你是否能夠專注於一個禪修的對境。

第三個步驟是，一旦你對佛法的精義有了清晰的概念，你必須透過內在覺受來了解佛法的意義，把它融合成為你的一部分。這就叫做禪修。

當你遵循這三個步驟，修行的品質將自然而然地生起，你也將了解教法的真諦。這些品質將自然地盛放，因為你內在的佛性被揭露出來了。所有眾生都具有佛性或如來藏，卻被障蔽所掩蓋，如同黃金被埋藏在土地之下。當你聞、思、修佛法時，你將能體現所有本俱的佛性品質。當一片田野被細心地整理、播下種子，具備所有的有利條件，例如溫度、濕度和暖度，種子將發芽，生長成為作物。

佛法經典包含了許多甚深、詳細的教法。它們涵蓋了各種主題，例如五種傳統的科學①。然而，許多人無法詳細地聞、思、修所有這些法典。 但在這本法典之中，所有教法之

① 即五明：醫藥（醫方明）、邏輯（因明）、語言（聲明）、工藝（工巧明）和玄學（內明）。

精髓都毫不保留地被呈現出來，並且以教導一個菩薩應該如何修行的形式來傳達。

運用這些教導，全心全意地修行。一再地思考教法的意義，竭盡所能地加以實修。最後，你可能會希望前往僻靜的山間閉關，深刻地觀修這些教法。

俗話說，儘管困難，但沒有什麼是無法熟能生巧的。如果你持續修持這些教法，一定會有所成果。

第二，捨棄故鄉——三毒之源

2

在故鄉，
對親友的執著如浪奔騰洶湧，
對仇敵的瞋恨如大火般燃燒，
不在乎何是何非的愚癡黑暗戰勝一切，
捨棄故鄉，
乃是菩薩的修行。

捨棄故鄉是指捨棄貪、瞋，以及彌漫在貪瞋之中的癡。一般而言，貪、瞋、癡三毒在你和故鄉的家人、朋友的關係之中最為活躍。因此，保護你所執著的人，增加他們的財富和快樂，太容易成為你主要的關注。如果你對不斷追求凡俗的目標有絲毫的猶豫，那也只是猶豫該怎麼做，才能夠達到目標——你應該繼續目前所做的事情，還是把一些努力轉移到一些新的、更有利潤的方向？結果，你永無止境地從事毫無意義的活動，白白浪費了珍貴的人生。同樣的，在這種情況之下，衝突更容易生起。爭執和扭曲的信念常常引發瞋恨；這種瞋恨會世世代代地滲入一個家庭或地區之中。事實上，即使你能夠活到七十歲或七十歲以上，你也無法期望你能夠征服所有的敵人，滿足所有親近你的人。

許多人認為，勝過競爭對手，照顧你關心的人事物和朋友，是度過人生的有用的、聰明的方式。但是，只有當你完全沒有覺察到這麼做的後果，你才會追逐這些目標。沒有看見把人生浪費在這種目標之上是多麼沒有意義，簡直是無明。

因此，與其留在容易讓你生起執著與瞋恨的人事物旁邊，不如前往一個完全未知的處所；在那個地方，沒有什麼會引起負面的情緒。你的心不會被打擾，你將能夠把時間和精力用於修持佛法。話說：

走到數百哩之外，

遠離是非地；

切勿在煩惱充斥之地停留片刻。

同樣的，如龍欽・冉江所說的：

凡庸的俗務如同一個沼澤，
吞沒一頭尋找清涼地的大象。

深情的親友如同獄卒，
把你拘留在輪迴之中。

今生的歡樂如同一根骨頭，
被一隻無牙的老狗啃咬。

對於感官覺受的愛恨糾纏，
如同昆蟲落入的蜂蜜。

被恐懼攫住的你，
把它們全都拋棄！

一旦你把家園、故鄉、家人、朋友和俗務拋在身後，你將了無執著。你將如同鳥禽般自由。但是，如果你開始在陌生、不熟悉的環境中製造新的執著，你很快就會發現，你又無法修持佛法。如同一直移動的月亮，不要停留在一個地方太久。隨著時間的逝去，透過修持佛法，你將會明白，對任何一個人生起瞋恨是一個錯誤。你對眾生也將只有善念和善的發心。因此顯而易見的，執著於任何人事物也是毫無意義的。你將了解到，所有執著的對境如夢如幻。

第三，建議居住在僻靜處——所有良善品質的來源

3

離棄惡逆的處所時，
煩惱逐漸消失；
心無散漫時，
善行自然增長；
明覺變得更清晰時，
對佛法的信心隨之增長，
依止僻靜處，
乃是菩薩的修行。

當你住在僻靜處時，負面情緒會逐漸消失，自制和節度會隨之增長。嘉瑟・東美說道：

在一個僻靜處，
沒有要擊敗的敵人，
沒有要保護的親人，
沒有要景仰的上司，
沒有要照料的僕人。
因此，嘛呢巴，
在那個地方，
除了調伏你的心之外，
你還必須做些什麼？

沒有受到親友的打擾，沒有因為要從商或耕田來謀生而分心，你將能夠專心一意地修行，使身、語、意有所增長。你的心將變得自制、寧靜、明晰，對教法的真諦充滿篤定無疑的信心。這是為什麼所有過去的聖哲都住在荒野、僻靜處、山間來修行。如寂天大師所說：

因此，貪欲和需求使我們感到厭離，
現在讓我們隨喜在僻靜處，
在那些地方，

所有的爭鬥和衝突都止息了，

只有綠林的平和與寂靜。[①]

①《入菩薩行論》英文版，第一二二頁。

話說：

如風如鳥一般不執著於獲得，

如一頭害羞的動物居住在荒野。

如實行止，你將住於安寧無擾之中。

如果你希望全心全意地修持佛法，不要不斷地被執著與瞋恨的波浪推來拋去，那麼放棄執著與瞋恨，前往一個僻靜處。把你的心轉向內在，發現你的缺點，加以根除，並發展你所有本俱的良善品質。滿足於僅僅足夠維持生命的食物、僅僅足夠蔽體的衣著，如此你的修行將日復一日、月復一月、年復一年地有所進展。

一旦你遠離所有令人分心的情境，你的修行將使你在修道上前進。這是為什麼過去所有的瑜伽士都如同乞丐，從一個僻靜處流浪至另一個僻靜處。即使只在一個寧靜偏僻的處所停留一個月，將足以使你的瞋恨被利益他人的願望所取代，使你對朋友的執著被無常與死亡逼近的強烈感受所取代。

如阿底峽尊者所說的：「在你獲得定力之前，散漫會損害你的修行。居住在森林和山間的僻靜處。遠離令人沮喪的活動，你將能夠全心全意地修持佛法。在死亡時，你將沒有悔恨。」

種敦巴[1]說：「這個末法時代不是凡夫俗子從外表幫助其他眾生的時代，而是居住在僻靜處，修持菩提心的愛與慈悲的時代。」[2]

迷妄和串習的力量是如此強大，因此剛開始，修持佛法似乎非常困難，但這些困難將逐漸消失。一旦你了解教法的精髓，修行將沒有困難。你的努力精進將為你帶來喜樂。它如同發展任何一項技藝——隨著你嫻熟其中的重點，它就變得愈來愈容易，你的信心、能力和努力與日俱增。

不論你從事了什麼樣的禪修或思考，它都不會白白被浪費。在死亡時，它所帶來的利益將出現在你的心續之中，幫助你投生在一個佛法興盛、靠近一個真正上師的處所。一個生世接著一個生世，你將逐漸從一個下等的修行者變成一個中等的修行者，從一個中等的修行者變成一個上等的修行者。聞的核心是思，思的核心是修。隨著你愈來愈深入教法的意義，佛法不可思議的功德將變得更加清晰，如同你飛得愈高，太陽就顯得更加明亮燦爛。

你變得寧靜平和，乃是你已經完全融會貫通所聞之佛法

① 種敦巴（Drom Tönpa Gyalwai Jungne，1004-1064），阿底峽尊者最親近的西藏弟子。種敦巴追隨阿底峽十八年。他創建了瑞廷（Reting）寺，並且在六十歲圓寂之前，於該寺停留、教學七年。

② 參見《普賢上師言教》英文版（*The Words of My Perfect Teacher*），第二三七頁。

的徵兆。你離於煩惱，乃是你已經完全融入禪修的徵兆。隨著聞通向思，思轉化成為修，你對今生充滿迷妄的活動的渴望將會減少，轉而心嚮佛法。

你依止佛法所從事的任何事情，不論它是微小或不重要，都將帶來利益。如同《賢愚經》（*Sutra of the Wise and the Foolish*）所說的：

> **切勿輕忽微小之善行，**
> **認為它們無所助益；**
> **因為假以時日，**
> **滴水將溢滿巨壺。**

同樣的，即使你每天只修行一個小時，但只要懷著信心和熱忱來修行，良善的品質將逐漸增長。規律地修行能夠輕易轉化你的心。從了解世俗諦，你終將全然地確信勝義諦的意義。

「散漫」是生起這種品質的主要障礙。散漫能夠在每一個剎那生起。如果你讓時間毫無意義地逝去，那麼在死亡時，你將後悔沒有修持佛法。但到了那個時候，一切都已經太遲，悔恨將沒有任何幫助。此時此刻即是前往一個僻靜處，把你從上師那裡領受的教法付諸實修的時機。如此一來，生命的每一剎那都將變得珍貴殊勝而充滿意義，並使你更加遠離輪迴，更加趨近解脫。

第四，思量無常，以放棄對今生的掛慮

4

多年的密友將分離，
努力掙取的財物將被留在身後，
心識這個過客將離開身體這個旅店，
放棄對今生的關注，
乃是菩薩的修行。

凡庸的、世俗的關注只會在今生和來世帶來痛苦和失望。輪迴的表象是非常不穩定、不斷變動和無常的，如同閃電劃過夜空。思量一切現象無常（諸法無常），有助於使你的心轉向佛法。如俗話所說：

有生就有死，
有聚就有散，
有累積就有耗盡，
有高升就有低落。

在我們的迷妄之中，我們視事物是永久且真實存在的。但在實相之中，現象是無常的，缺乏任何真實的存在。我們想要去相信朋友、伴侶、財富和影響力都將永久，但在本質上，他們注定會改變。因此，如此專注於這些人事物是沒有意義的。

在整個宇宙之中，和合現象之無常是顯而易見的。舉例來說，讓我們看看在這個地球之上，四季如何變化。在夏季，四處可見鮮綠豐茂的樹葉，景色有如天堂。到了秋天，青草枯黃，花朵結成果實，樹木開始落葉。在冬季，大地覆蓋白雪。等到溫暖的春天來臨，積雪開始融化。在早晨，天空可能佈滿雲朵，到了下午則一片清朗。河川可能乾涸或氾濫。表面堅固的大地可能會搖晃震動，土地可能會滑動下陷。我們無法在外在世界的任何一個地方，找到一個穩定的現象。

人也是如此。我們每一個剎那都在改變。我們每分每秒都在改變，從年輕到老邁，從老邁到死亡。我們的意見、想法和計畫不斷地改變和逐步形成。我們從不確定一旦開展某個計畫，是否就必定能完成，也不確定它是否會如我們所願地展現。龍欽・冉江說：

我們想要和所愛的人長相廝守，

但我們一定會與他們分離。

我們想要永遠停留在一個宜人的處所，

但我們一定要離開。

我們想要永遠享受舒適和歡樂，

但我們一定要失去它們。

看一看，從你非常年幼開始，你已經認識了多少人？在這些人之中，有多少人仍然健在？此時此刻，你或許仍然和父母、朋友、伴侶等人在一起。但你無法逃避這個事實：在死亡時，你將離開他們，如同從奶油中抽出的一根毛髮，毛髮上不會沾附一丁點的奶油。

你死亡的時間是不確定的，而促使死亡降臨的因素是無法預測的。如同一隻在蛇口中的青蛙，你已經在死神的口中了。死亡會無預警地在任何時刻降臨，而且各種原因都會導致死亡。有些人早逝，有些人老死，有些人死於疾病，有些人死於戰亂，或死於橫禍，例如落下懸崖。有些人死於睡夢之中，有些人在行走、飲食中死亡。有些人死得平靜，有些人則執著親人和財物而死得痛苦。無論如何，我們都必須死亡。吉美・林巴（Jigme Lingpa）說：

在暑熱之中熱得難受的人，

欣喜於秋天清澈涼爽的月光，
卻不會為了這樣的想法而感到驚懼：
在他們的生命之中，
有一百個日子已經逝去了。

生命如葉片尖端的露珠般纖弱。沒有任何事物能夠阻止死亡，如同沒有人能夠阻止落日所投射出來、逐漸加長的陰影。你可能非常美麗動人，但你無法誘惑死亡。你或許非常有權勢，但你無法左右死亡。即使是最驚人的財富，也無法讓你購買多幾分鐘的生命。對你而言，死亡是確定的，如同對一個心臟被刀子刺穿的人而言，死亡是必定無疑的。

目前，你發現自己很難忍受被棘刺扎到或太陽熱度等輕微的不適。那麼在死亡時，你如何能夠忍受你必須面對的極度痛苦？死亡不像火焰即將熄滅，或水逐漸浸透土地。心識持續下去；死亡時，你的心識必須拋棄你的身體，唯一伴隨心識的，只有你過去所行之善業和惡業所留下的業的印記。之後，你的心識被迫在中陰的不同路徑中流浪。中陰是介於死亡與投生之間的過渡狀態，是一個令人驚懼的未知地，有時候非常黑暗、見不著光，沒有一刻平靜。在中陰期間，你有時候會聽到恐怖的聲響，或看到可怕的事物。如同一個被帶到行刑場的罪犯，你或許會被閻王的使者推來拉去；他們大聲叫嚷：「宰了他！」「把他帶到這來！」那不是一個舒適悠閒的地方。

繼中陰的可怖痛苦之後，是來世的痛苦。過去所行惡業的結果，將是你必須承受的痛苦。自無數的生世以來，你忽略佛法，造下了惡業。如同佛陀在《正法念處經》(*Sutra of the Sublime Dharma of Clear Recollection*)①所指出的，如果你堆積你在過去無數生世的所有四肢，即使只有你投生為一隻螞蟻的四肢，所堆積出來的高度都比地球上最高的山峰來得高。如果你匯集你在過去生世沒有達成目標而流下的眼淚，它們會形成一個比地球上所有海洋加起來更大的汪洋。

有一次，一個康巴人去見岡波巴②最重要的一個弟子竹達・邱陽（Drubthop Chöyung），供養他一塊衣料，並向他請法。雖然他數度懇切地請求，但竹達・邱陽加以推遲。那個康巴人再度堅持，竹達・邱陽終於握住那個康巴人的手說了三次：「我會死，你會死。」然後竹達・邱陽又說：「這是我的上師的所有教導，這是我的所有修持。只要觀修這個。我保證沒有什麼比這個更棒的了。」

果藏巴說：

觀修死亡與無常，

你將斬斷你和故鄉的聯繫，

① 《正法念處經》解釋我們應該如何辨別什麼樣的行為和語言是合適的，什麼樣的言行是不合宜的，以及我們應該如何時時留意言行。

② 岡波巴（Gampopa, Sönam Rinchen，1079-1153），出生於西藏東部。他起先被訓練培養成為一個醫師，因而有「達波・哈傑」(Dagpo Lharje，達波的醫師）這個名號。「達波」是他居住多年的地區的名稱。在他的妻子和兩個孩子死於流行病之後，岡波巴在二十六歲那年受戒出家。在研習和修持噶當派的教法之後，他在三十二歲那年遇見密勒日巴，成為密勒日巴最重要的弟子。他主要的弟子是第一世噶瑪巴杜松・千巴（Dusum Khyenpa，1110-1170）、帕摩・竹巴（Phagmo Drupa，1110-1170）和達瑪・旺秋（Dharma Wangchuk）。

斬斷你和親人的糾結執著，

斬斷你對食物和財富的貪戀。

死亡的念頭使你的心轉向佛法，鼓舞你精進修行，最後幫助你認清法身的光燦明晰。你修法的重點應該總是放在觀修死亡。

當你想到輪迴時，如果你覺得自己彷彿搭上一艘正在下沉的船隻，彷彿落入一個致命的蛇窟，或者彷彿是一個即將被劊子手斬首的罪犯，那麼這些肯定是你已經放棄了事物常住的信念之徵兆。這種對無常的真正了悟開始在你的心中顯露[①]。如此的結果是，你將不再陷入朋友與敵人的分別之中。你將能夠突破毫無意義的散漫巨浪。你的努力精進將變得穩固強大，你的所作所為都將以佛法為方向。你的良善品質將前所未有地盛放。

身體是心的僕人，它可以行善或行惡。你可以使用這個身體，做為達成解脫的工具，或讓你跳入更深的輪迴。切勿浪費時間。善用你現在所擁有的機會，去遇見上師和修持佛法。在過去，修行者透過聽聞死亡無常的教法、牢記和深思這些教法、透過禪修來融入這些教法而獲致證悟。如俗話所說的：

① 觀修無常有三根本、九思量，進而獲得三種肯定的結論。要去思量的三根本是：(1) 死亡是肯定的；(2) 造成死亡的原因是不確定的；(3) 死亡時，除了佛法之外，任何事物完全沒有用處。九思量是：針對第一根本「死亡是肯定的」，(1) 在過去，沒有一個人曾經逃離死亡；(2) 身體是聚合而成的，注定要瓦解；(3) 生命分分秒秒地消逝。針對第二根本「造成死亡的原因是不確定的」，(1) 生命非常脆弱；(2) 身體沒有任何持久的本質；(3) 許多因素能夠引起死亡，而只有極為少數的因素能夠延長或維繫生命。針對第三根本「死亡時，除了佛法之外，任何事物完全沒有用處」，(1) 死亡時，親人和朋友將沒有用處；(2) 財富和食物將沒有用處；(3) 我自己的身體將沒有用處。三種肯定的結論是：(1) 我們應該修持佛法，因為它肯定能夠在死亡時幫助我們；(2) 我們必須即刻修持佛法，因為我們不知道我們什麼時候會死亡；(3) 我們應該把所有的時間用於修持佛法，因為其他事物沒有任何用處。

我們現在應該懼怕死亡，
因而能夠在死亡的時刻變得無畏無懼，
但我們現在反而漫不經心，
當死亡來臨時，
我們將痛苦地搥胸頓足。

阿底峽說：

拋下一切遠走。
不做任何事情，
不貪戀任何事物。

切勿過度關心今生的俗務。只要專注於佛法。每一天，都以生起獲致證悟的願望做為開始。在傍晚，檢視你在白天所做的每一件事情，懺悔負面的行為，並且回向所做之善行，以利益一切有情眾生。立下隔天要做得更好的承諾。

婆羅門優婆覺多（Upagupta）每一次生起一個負面念頭時，他會放一個黑卵石，每一次生起一個正面的念頭，他會放一個白卵石。剛開始，他累積的黑卵石佔大多數。但漸漸的，透過觀照和警覺，他很快發現他只聚集白色的卵石。

第五，避免不適合的朋友，避免結交製造逆緣的朋友

5

結交損友，三毒更強盛，

聞、思、修則退減，

慈與悲則消失，

避免不適合的朋友，

乃是菩薩的修行。

一顆水晶被放置在一塊布上的時候，不論那塊布是白色、黃色、紅色或黑色，水晶都呈現出那塊布的顏色。同樣的，你最常結交的朋友，不論適合與否，將大大地影響你的人生和修行的方向。

就這個內涵而言，不良的同伴是指兩種不同的關係：和謬誤的上師之間的關係，以及和不適合的朋友的關係。

如果你信賴的上師是一個擁有邪見、舉止失當的人，你將毀了今生和來世，完全錯失了通往解脫的道路。當一個忠誠的弟子開始和這樣的一個騙子建立關係，沒有認清那個騙子的真面目，那麼他累積的所有功德，以及他的整個人生，都將被白白浪費。如同偉大的上師蓮花生大士所說的：「沒有先檢視上師，就把自己交託出去，如同飲鴆。」

至於不適合的朋友，在此指的是那些會增加你的貪、瞋、癡三種負面情緒的人，以及慫恿你去犯下惡業的人。當你和某些人在一起的時候，你或許會發現，你的缺點和煩惱只增不減，這顯示那些人或許不是真正的朋友。有一句諺語說：「當你和一個騷動的人在一起，你將被散漫席捲而去；當你和一個貪得無饜的人在一起，你將失去所有；當你和一個貪圖舒適的人在一起，你將被瑣事佔據；當你和一個過度活躍的人在一起，你的定力將會分散。」

一個不適合的朋友是一個喜愛消遣娛樂、完全埋首於凡庸的世俗活動、一點也不在乎達到解脫的人——一個對三寶沒有興趣或沒有信心的朋友。你花愈多的時間和這樣的人相處，貪、瞋、癡三毒就更加滲透你的心。即使你剛開始不同意他們的想法和行為，但如果你花大量的時間和不適合的朋友相處，你最後將受到他們的壞習慣影響。你從事正面行為的決心將會消減，你將浪費你的人生。這樣的人將阻止你投入任何時間來聞、思、修——聞、思、修三者乃是解脫的根本。他們將使你喪失你已經發展出來的品質，尤其是慈悲——慈悲是大乘佛教教法的精髓。一個不適合的朋友如同一個拙劣的船長，把船隻駛上岩石。這樣的人是你最惡劣的敵人。你應該遠離這些人。

相反的，和那些體現或渴求柔和、慈悲的人在一起，將鼓勵你去生起那些品質；而這些品質是修道所不可或缺的。受到他們的啟發鼓舞，你將對一切有情眾生充滿慈心，了解執著與瞋恨的壞處。真正的法友是那些從同一個上師那裡領受教法、脫離俗務、致力在僻靜處修行的人。結交這樣的朋友，你將自然而然地受到他們良善品質的影響，如同鳥群環繞著金山飛翔，沐浴在金色的光芒之中。

第六，依止上師，他的示現為你的修道進展創造了順緣

6

仰賴善知識，
一個人的過失將逐漸消失，
良善的品質將如一彎新月般逐漸盈滿，
視善知識比自己的身體更珍貴，
乃是菩薩的修行。

若不追隨一個真正的、具格的上師，要從輪迴中解脫而獲致證悟是不可能的。如此一個上師的行為（身）、語言（語）和思想（意），總是圓滿地符合佛法。他教導你在修道上必須做些什麼，才能夠成功地有所進展，以及什麼是你必須避免的障礙。最重要的是，他鼓勵你專心地修持佛法，只從事良善的、利益他人的行為。他幫助你放棄所有不當的行為舉止，而不虛偽做作；他提醒你覺察無常，停止執著於輪迴。

一個真正的上師如同能夠使船隻迅速越過汪洋的船帆。如果你信任他的話語，你將會輕易地找到脫離輪迴的道路——這是上師如此珍貴的原因。俗話說：「供養一滴油給上師身體上的一個毛細孔的功德，勝過對一切諸佛所行之無數供養的功德。」

當世尊佛陀是一個菩薩的時候，為了領受僅僅四句的殊勝教法，他的上師考驗他的決心。由於上師告訴他要這麼做，菩薩（世尊佛陀）沒有任何猶豫地在自己身上刺穿了一千個孔，置入一千個燈芯，並且全部點燃。

所有過去有成就的修行者，都是透過遵循一個上師來獲致證悟。在尋找上師之前，他們先聽聞不同上師的生平事蹟。當他們聽到一個上師特別啟發人心的事蹟時，他們會在把自己交託給那個上師之前，先從遠處檢視那個上師的功德。一旦他們對那個上師生起全然的信心，他們就會來到那個上師的面前，服侍他，專心一意地把他給予的教導付諸實修。

僅僅倚賴自己的想法，完全地獨立自主，你無法獲致證悟。緣覺佛[①]能夠自行獲致證悟是千真萬確，但事實上，他們在目前的生世沒有上師，並不代表他們在過去的生世沒有上師。在無數的生世之中，緣覺佛確實有護持上師，領受他們的教法。因為經典和密續的每一個修行法門，都一定需要由一個具格的上師加以闡釋。

如果你現在渴望遇見一個真正的上師，那是因為你從過去生世以來，一直心向佛法的緣故。密勒日巴聽說了瑪爾巴的名號，但一直要等到他真的遇見了瑪爾巴，他的心才安定下來[②]。上師站在道路的重要關卡之上；在那個關卡上，你不是向上提升，就是向下沉淪。你應該從上師那裡領受教法，讓他的教導透過直接的覺受而成熟。

實現上師的願望有三個主要的方法。最佳的方法是把他的教導付諸實修，用你整個人生來體驗教法的精髓，並且獲致證悟。次佳的方法是用虔誠的身、語、意來服侍上師。服侍上師時，你將被他輕易顯現的功德所轉化，如同一塊尋常的木頭在檀香樹林之中，將逐漸充滿檀香木的香氣。第三個取悅上師的方法是向他行物質的供養。

心中懷有許多疑慮，或性格品質不是非常細膩的人，如果留在上師身邊，或許會發現自己對上師生起錯誤的見解。如果真是如此，那麼最好領受上師的教導，然後到其他地方修行。話說，留在一個證悟的上師身邊，如同靠近一團火

① 緣覺佛或辟支佛（Pratyekabuddhas）是指「那些為自己成佛的人」。緣覺和聲聞（shravakas）構成根基乘的僧伽。

② 瑪爾巴（Marpa Lotsawa Chökyi Lodrö，1012-1097），噶舉傳承的祖師，出生於西藏南部。他首先師事卓米・羅擦瓦（Drogmi Lotsawa），然後前往印度三次，去會見他的根本上師，大成就者暨班智達那洛巴，以及梅紀巴、庫庫日巴（Kukuripa）和智藏（Jñanagarbha）等其他上師。密勒日巴（Jetsun Milarepa, Shepai Dorje，1040-1123）是他最重要的弟子，或許也是一個完美弟子、修行者和上師的最著名範例。

焰。如果你對上師具有足夠的信心，他將燃盡你的無明和障蔽。如果你的信心不足，你將被燙傷。

仔細地修持上師的教導，你將能夠毫無障礙地在修道上前進，如同一個盲人找到一個完美的嚮導，帶領他通過一個危險的斷崖絕壁。沒有一個真正的上師的忠告，而想在一個僻靜處修行，對你不會有所幫助；你和野鳥、野獸之間沒有太大的區別。

即使是上師簡短數字的教導，都能夠帶領你獲致證悟。因此，留意並珍視上師所傳授教法的一字一句。思考教法的意義，並且加以觀修。時時檢視你理解教法、付諸實修的方式，是否發揮了對治內在迷惑的功效。保持恆常與堅定的虔敬心——上師是實現所有願望的寶石（上師是如意寶）。

曾經有一個人說：「阿底峽，傳授我你的教法！」阿底峽回答：

哈！哈！

那聽起來真棒！

但若要傳授你口訣教導，

我需要你身上的一樣東西，

信心！信心！

信心是修道上不可或缺的事物。如果你沒有信心，即使你追隨釋迦牟尼佛本人，也不會對你有所幫助。要在大乘佛教的修道上有所進展，必須仰賴上師，因此在你達到究竟的目標之前，絕對不要與上師分離。上師是那個能夠使你了悟無生空性（unborn emptiness）之真諦的人。

如果你對上師有信心，你將領受到他證悟的身、語、意的加持。孜孜不倦地凝視著上師，因為在這個世界上，一個真正的上師是稀有難得的，而仍然能夠看見一個真正的上師，更是稀有難得。不斷觀想上師在你的頭頂之上，懷著渴慕的虔敬心向他祈請[①]。在經典和密續之中，這是最甚深、最必要的修行。追隨一個上師是一切成就之根本。如果你把上師視為真正的佛，距離證悟就不遠了。

珍愛上師勝過自己、勝過任何其他人，乃是菩薩的修行。

① 與這些教法有關的上師相應法，參見附錄一。

第七，皈依，佛教教法的入門

7

自身囚於輪迴的世間神祇還能夠保護誰？

皈依永不離棄之怙主——三寶，

乃是菩薩的修行。

前六個偈誦已經解釋了生起菩提心的前行。你了解到你現在擁有的人身的重要與稀有難得，你也了解到死亡的迫近。你對這個世界大失所望，不抱幻想，決定棄絕令人分心的環境和令人迷惑的影響力，並且努力依止一個真正上師的教導來調伏你的心。此時此刻，你已經準備跨入佛法的門檻，皈依三寶。

人們自然而然地尋找皈依，尋找某個人或某一件事物來保護他們免於悲傷和痛苦。一些人轉向有權有勢的人，希望藉此獲得財富、歡樂和影響力。其他人尋求自然力量的保護，例如星辰或山峰。一些人尋求鬼魂力量的協助。然而在這些錯誤的皈依對象之中，沒有一個是離於無明和輪迴的，因此他們無法提供究竟的皈依。他們的慈悲，如果他們擁有任何慈悲的話，是偏袒而有限的。

真正的皈依只能由本身完全自由自在的事物提供——離於輪迴的束縛、離於單方面的涅槃（one-sided nirvana）之有限寂靜的事物。這種真正皈依的特質，只能夠在擁有究竟之智慧、無分別之慈悲、無礙之能力的佛、法、僧三寶中尋獲。

佛是三寶的第一寶。佛的特殊品質可以從三個面向來看；在梵文之中，這三個面向被稱為「三身」（three

kayasy），即法身或究竟身（dharmakaya，absolute body）、報身或圓滿樂受身（sambhogakaya，body of perfect endowment），以及化身或顯現身（nirmanakaya，manifestation body）。這三身是一個本體的所有面向。

法身是究竟、不可思議、空虛廣袤的智慧。佛的證悟智慧心充滿了明覺、慈悲和能力。它超越所有的戲論，它的展現是五種本初智慧。報身是這五種本初智慧的自然展現，以五確實（five certainties）的形式生起——圓滿的上師、圓滿的教法、圓滿的時間、圓滿的地點，以及圓滿的眷屬。在自性上，報身從過去、現在到未來都保持不變不息，超越增長與消減。諸佛隨著眾生不同的需求與能力示現為化身，因此化身有無數種不同的形相。

對於十地（ten bhumis）菩薩其中一地的菩薩，諸佛以報身的面向來顯現。對於具有大功德與大幸運的凡俗眾生，諸佛示顯為無上的化身，例如釋迦牟尼佛。對於擁有較少功德的眾生，諸佛化現為具有人之身相的法友。對於那些對三寶沒有信心的眾生，諸佛化現為無數有益的身相，例如動物、輪子、橋梁、船隻、清新的微風、藥草等。透過他們無量無邊的事業，諸佛不斷地化現來利益眾生。

諸佛本質的這三個面向，不是三個分別的本體。並非好像他們是三個不同的人。在這三個面向之中，只有法身佛是究竟的皈依。但要去證得法身皈依，我們必須仰賴由化身佛傳授的教法。

在我們目前的時代，釋迦牟尼佛是無上化身的面向。釋迦牟尼佛是將在此劫出現的一千零二個佛（即「賢劫千佛」）中的第四佛。在這一千零二個佛獲致證悟的前夕，他們立下了利益眾生的宏願。釋迦牟尼佛造了五百篇祈願文，祈願他能夠在這個墮落艱困的時代幫助眾生。所有其他的佛讚美釋迦牟尼佛如同一朵白蓮——一朵出污泥而不染的蓮花。

釋迦牟尼佛化現為印度的王子，但他從未離開法身。他展現了一個佛的十二聖行（twelve deeds），在菩提迦耶（Bodhgaya）的菩提樹下證悟。在報身的層次，他在無量的菩薩眷屬前面化現為大日如來。

諸佛知道你的信心和虔誠，也知道你皈依的那一刻。不要認為諸佛在遙不可及之處，聽不到、注意不到你的祈請和願望。諸佛如天空般無所不在。

法是三寶中的第二寶。法是佛陀傳授的教法，教導眾生如何透過修行來達成他所獲致的證悟。在這個世界上，釋迦牟尼佛教授三種教法，稱之為「三藏」（Tripitaka）或「三籃」（Three Baskets），即律藏、經藏和論藏。釋迦牟尼佛在不同的時間和地點，從不同的觀點來傳授這些教法，即眾所周知的「三轉法輪」。初轉法輪時，釋迦牟尼佛教導世俗諦；

二轉法輪時，他教導世俗諦和勝義諦；三轉法輪時，他教導究竟的、不可改變的勝義諦。

僧（或「僧伽」，Sangha）是三寶中的第三寶。僧是佛陀的追隨者所組成的群體。它包含了八大菩薩、十六阿羅漢、繼佛陀之後的七位老宿，以及所有教授佛陀之教法、修持佛陀之教法的人。

佛陀是向你顯示證悟道的人。沒有他，你除了留在無明的黑暗中之外，別無選擇。因此，你應該把佛陀視為上師。法是道路，直接通往證悟的無誤道路。僧是由同伴所組成；他們陪伴你走上這條非凡的道路。擁有旅伴總是好的；他們能夠幫助你避免危險和陷阱，在你置身遙遠、不熟悉的土地時，確保你能夠平安抵達。

根據密咒乘的說法，三寶也具有內在的面向。這些面向是三根本，也就是上師、本尊（meditation deity，或「依當」Yidam），以及空行母（Dakini，或「女性智慧本源」）。根是所有生長物的基礎。如果根是強壯、品質優良的，樹木將會成長，果實將輕易地成熟。上師是一切加持的根本；本尊是一切成就的根本；空行母和護法是一切事業的根本。雖然這些詞彙不同，但三根本相對應於三寶。上師是佛，本尊是法，空行母和護法是僧。

上師也可以被視為三寶的化現。上師的意是佛，上師的語是法，上師的身是僧。因此，上師是一切加持之源，能夠驅除障礙，使我們在修道上有所進展。

從究竟的層次而言，法身是佛，報身是法，化身是僧。上師兼具法身、報身和化身，上師是佛。

根據個人的根器，皈依的發心可以分為三個不同的層次。這三種不同的發心層次定義了三乘。懷著有限發心的人，即聲聞乘或根基乘的修行者，因為懼怕痛苦而尋求皈依——尋求皈依來遠離遍布輪迴下三道的痛苦。那些擁有較廣大發心的人，也就是大乘的菩薩，因為懼怕自私自利的態度而尋求皈依；他們為了遠離自私自利的態度而尋求皈依，並且懷著幫助自己和所有其他眾生離於輪迴的廣大發心。金剛乘的修行者尋求皈依來遠離迷妄的恐懼，讓自己和所有其他眾生離於輪迴的迷妄和煩惱的枷鎖；他們為了認清自己本俱的佛性而尋求皈依。

同樣的，皈依的時間長短也有不同。小乘的修行者在眼前的生世皈依。在大乘佛教之中，這樣的時間長短被認為是不夠的；大乘的菩薩皈依，直到他們自己和所有眾生都圓滿成佛，獲得正等正覺為止。

一個以臣民的福祉為優先的國王，會被認為是一個崇高的國王；而犧牲臣民的利益，只顧自身福祉和舒適的國王，會被評斷為厚顏無恥。同樣的，你不應該用心胸狹窄、只顧自己獲得證悟的態度來皈依。在你所有過去的生世之中，你已經和一切有情眾生結下因緣，而在某些生世，所有眾生必定曾經是你慈愛的父母。你應該為了他們的利益而皈依。你皈依時，想著所有這些眾生都和你一起皈依，即使是那些不知道三寶的眾生也和你一起皈依。

皈依是通往佛陀所有教法的門戶，因此也是通往所有道乘之修行法門的入口。如同你必須跨越一扇門來進入房屋，經乘、密咒乘或大圓滿之究竟乘的每一個修行法門，都以皈依做為門檻。如果你觀想本尊、念誦咒語，卻對三寶沒有全然的信心，那麼你將不會獲得任何成就。在大圓滿的教法之中，認清一切現象之真實本質，乃是究竟之皈依；透過這究竟的皈依，你將證得三身。

就皈依而言，信心是不可或缺的事物；信心是皈依的精髓。皈依不只是念誦一段皈依文。皈依必須發自你的內心深處，發自你的骨髓。如果你對三寶具有全然的信心，他們的加持將永遠呈現在你的心中，如同日月立即被映照在清澈靜止的水面上一般。如果沒有用放大鏡來聚光，那麼即使整個大地都平均地沐浴在溫暖的陽光之中，乾草也無法被陽光點燃。同樣的，只有當你的信心和虔敬心被放大鏡集中起來的時候，諸佛溫暖、無所不在的慈悲光芒，才能夠使加持在你的心中熊熊燃燒，如同乾草起火一般。

隨著信心的發展，就能夠區分出四個相繼層次的信心。當你遇見一個上師，聽聞經典，知悉諸佛菩薩的非凡功德，或閱讀過去偉大上師的生平事蹟，你發現這個世界上有如此這般的人物時，一種栩栩如生的喜悅感在你心中生起。這是第一種信心，也就是清晰的信心（vivid faith，淨信）。

當你憶念偉大的上師時，你的心中充滿了深刻的渴望，想要更加了解這些偉大的上師，領受他們的教法，發展出修行的品質，此即第二種信心，也就是渴求的信心（eager faith，願信）。

隨著你思考教法，修持教法，並且加以融會貫通，你對教法的真諦、對佛陀無量無邊的圓滿生起全然的信心。你了解到，即使佛陀展現了無餘涅槃（parinirvana），但他沒有像凡夫俗子那般死去，而總是存在於究竟無窮的法身之中。你清楚地了解因果業報的法則，以及依照這個法則來行動的必要。在這個階段，你沒有疑慮。這是第三種信心，也就是具有信心的信心（confident faith，篤信）。

當你的信心堅定穩固，即使犧牲性命也不動搖，這就是第四種信心，也就是不退轉的信心（irreversible faith，不退轉信）。

為了真誠地皈依，你應該具備這四種信心，尤其是不退轉的信心。信心和虔敬心讓你成為一個完美的容器，可以盛接上師傾注的加持甘露，如此一來，你的良善品質會如同逐漸盈滿的新月一般穩定增長。虔敬心如同一個熟練的、能夠完成所有工藝的手一般珍貴。它如同一個實現所有需求的巨大寶藏，能夠治癒所有疾病的萬靈丹。把你的心（heart）與意（mind）交託給三寶，如同把一顆石子擲進深水。

沒有信心，皈依毫無意義。這如同種植一粒被燒毀的種子，不論留在條件完美的土壤裡多久，它永遠都不會發芽。沒有信心，你將永遠無法發展出正面的品質。即使佛陀親自出現在你的面前，沒有信心，你也無法認出他的品質，甚至可能對他產生錯誤的見解——如同在佛陀的時代，一些邪門外道的老師對他產生錯誤的見解。如此，你將錯過受益於佛陀的機會。

在皈依之後，你必須小心謹慎地持守皈依的戒律。你必須避免三件事情，必須從事三件事情。

你必須避免的三件事情是：(1) 在皈依佛之後，你不應該皈依世俗的神祇，以及這個世界上有權有勢的人；(2) 在皈依法之後，你應該放棄所有形式的暴力，不論是思想、語言或行為的暴力；(3) 在皈依僧之後，你不應該和那些以完全錯誤的方式來過活的人一樣，過著相同的生活方式，也不應該不相信因果業報法則。

你必須做的三件事情是：(1) 在皈依佛之後，你應該敬重代表佛陀的任何物品，包括繪畫和塑像，即使是已經破損失修的佛之代表物，也要待之以敬，並且把它們安置在高處；(2) 在皈依法之後，你應該敬重所有的經典，敬重的範圍甚至向下延伸至單一字母，因為字母是佛法的支柱。千萬不可跨越佛書。佛陀曾說，在這個末法時代，他會以經典的形式來顯現；(3) 在皈依僧之後，你應該敬重僧眾，以及所有遵循佛法的修行者。

為了取得佛法，菩薩們經歷了無數的艱辛。在成佛之前的許多生世之中，佛陀曾是一位菩薩，投生為偏遠國家的國王。在那裡，幾乎沒有幾個上師。他甚至願意找遍整個鄉間以搜尋一位只知道四句真實教法的人。為了考驗這位菩薩國王的決心，諸佛化現為流浪的隱士。為了從隱士們那裡領受僅僅四句的教法，例如：

棄絕惡行。
修持善業。
調伏你的心。
此乃佛之教法。

這位菩薩國王隨時願意放棄他的王后、子嗣和整個王國，以便把這四句教法付諸實修而獲致證悟。

如此程度的犧牲並非總能輕易辦到，但你一定能夠在從事一整天的活動當中，時時憶念三寶，不論你是快樂或悲傷。如果你看到美麗的風景、花朵或任何美妙的事物，用心意供養給三寶。順緣生起時，把它們視為三寶的加持和仁慈。毫無怨言地把所有的疾病和障礙視為三寶偽裝起來的加持，這能夠使你清淨過去所造之惡業。當你遭遇極大的危險或可怕的情境時，呼喚三寶給予協助。在那個時刻，三寶的加持將護衛你。當你用這種方式來修持皈依，皈依將成為你心續本俱的一部分。

從你的內心深處為了一切有情眾生來皈依，從此時此刻一直到所有眾生都獲致證悟為止。此乃真正的菩薩道。

第二部
正行

在七個前行主題之後，第二部分是正行，為具有下等、中等、上等根器的眾生解釋修行的道路。

第一，下等根器眾生的修道

此由放棄惡行所構成；而放棄惡行乃是出於懼怕充斥於輪迴下三道的痛苦。

8

佛陀教導，
下三道無可忍耐之痛苦，
乃是不善業之果。
因此，即使失去生命也絕不從事不善業，
乃是菩薩的修行。

一旦你皈依三寶，行止符合三寶的教法是重要的。不論發生了什麼事，不斷努力去從事更多正面、具有利益的行為，避免從事任何負面的行為。積極地從事十善業，避免從事十不善業。舉例來說，這不只代表避免殺業，也要去護生、去救贖即將被屠宰的牲畜，去釋放被捕捉的魚隻等等。

有四種不善法（black dharmas）要避免，四種善法

（white dharmas）要持守。這四種不善法是： (1) 欺騙那些值得敬重的人；(2) 使某個人懷疑其善行的價值而感到悲傷；(3) 去批評詆毀聖哲； (4) 欺瞞自己的過失和品質，並且欺詐他人。

四種善法是：(1) 即使冒著生命的危險也不說謊；(2) 敬重讚美菩薩；(3) 不欺詐，仁慈對待一切眾生； (4) 帶領一切眾生走上證悟道。

懺悔你所犯下的每一個惡行，即使是在睡夢中所犯下的惡行。不要為了如何在日常生活中行止而感到迷惑。努力使你的行為符合上師的教導。據說，阿底峽尊者從未讓一天度過而不懺悔他可能犯下的惡行。一旦懺悔之後，惡業就相對地容易被清淨。

造作許多惡業的人，即使他富裕有權勢，仍將無法避免墮入輪迴的下三道。從事許多善業的人，即使是最卑微的乞丐，將在一切諸佛的帶領之下，從中陰前往西方極樂淨土，或投生上三道。如俗話所說的：

善業惡業，
報應不爽。

死亡時所發生的事情

符合你的所作所為。
如果你的行為良善有益，
將有安樂，投生三善道。
如果你的行為邪惡有害，
將有痛苦，投生三惡趣。

此時此刻，
在你能夠選擇快樂或痛苦的時候，
切勿沉溺於惡行，
竭盡所能地行善，
不論其大小。

沒有一個行為會消失得不留痕跡。諸如殺生等惡業所製造的印記永遠不會消失，直到你嘗到它不可避免的業果，或用正面的對治解藥來抵銷它為止[①]。另一方面，即使是供養一朵花給三寶，或念誦一次六字明咒（或「嘛呢咒」，Mani mantra），都能夠帶來不可思議的功德。因此同樣的，即使是看似最微不足道的惡行，都會有一個惡果——因此應該立即被清淨。

佛陀的所有教法都說，每一個行為都有一個結果。這是因果業報不爽的法則。

① 關於因果業報法則，要記住四件事情：(1) 業果是確定不爽的；(2) 業果容易增長；(3) 你所經驗到的任何事物，沒有一個不是你過去行為的結果；(4) 你的行為所播下的業的種子，絕對不會被消耗，也絕對不會自行消失。

一些人認為，行為不會帶來業果，即使是一個殺害了數千人的兇手，也不會面對業果。他們爭論，地獄道不會真正地存在，因為從來沒有人從地獄回來告訴我們地獄的情況。他們把因果業報之無謬駁為捏造虛構，否認有前世和來生。然而，他們完全錯誤。目前，與其相信你有限的看法，何不依止佛陀的智慧？佛陀洞見一切眾生之過去、現在、未來三世。你可以信賴佛陀的話語。舉例來說，諸佛曾經讚美念誦一次嘛呢咒的利益，但如果你對那些利益存有疑慮，或認為持咒的結果要等到數劫之後才會顯現，那麼你只是讓自己離證悟更加遙遠。

懷疑和猶豫是達到共與不共之成就的主要障礙。如果你懷疑上師，你將無法領受他的加持。如果你懷疑教法，不論投入多少時間來研習與禪修，你的努力將沒有結果。

即使是最微小的善行，也要努力去完成，沒有任何的保留或猶豫。同時，即使是最微不足道的惡行，也要避免從事。如偉大的蓮師所說的：

> 雖然我的見解比天高，
> 但我對行為所做的觀照，
> 以及行為的結果，
> 卻比麵粉來得微小。

當你對空性的了悟變得如天空般廣闊時，你將更加相信因果業報的法則，並了解你的行為舉止是多麼重要。世俗諦在勝義諦之內發揮作用。對一切現象之空性的徹底了悟，從未讓任何人去認為善行不會帶來快樂，或惡行不會帶來痛苦。

從空性中生起的一切現象，都是虛幻的因與緣合和的結果。現象之所以能夠有無窮的展現，僅僅是因為萬事萬物的本質是空。如龍樹所說的：

唯有萬物空，
萬物才可能。

太空的存在，使整個宇宙得以在其中展開，而宇宙的開展不會對太空造成任何形式的改變。雖然彩虹顯現在天空之中，但彩虹不會讓天空產生任何不同，天空只是讓彩虹有顯現的可能罷了。現象使空性（emptiness）生色，但從不會使空性腐敗墮落。如果你徹底了解現象透過緣起而顯現的方式，那麼在座上禪修時，要了解空性見（the view of emptiness）也將不會困難。在座上禪修之後，進入座下禪修之時，你將清楚地認識行為（業）及其結果（業果）之間的直接關係。這將使你能夠輕易地區分正面的行為（善業）與負面的行為（惡業）。

你的見解能夠、也應該盡可能地崇高——這是沒有危險的，因為證悟是究竟見解的全然了悟。但在同時，你的行為舉止應該盡可能地建立在了知因果業報的基礎之上。如果你失去了對行為的這種基本態度，如果你忘記了所有的常識，把崇高的見解做為隨心所欲、我行我素的藉口，那麼你就如同尋常人一般，正在從事違背佛法的世俗活動。如果你讓情緒牽著你的修行離開正道，朝著那個方向走去，你很可能會陷入輪迴的沼澤之中。

一個廣闊無邊的見解和一個小心謹慎的行為態度之間，從不會相互牴觸。你對你的所作所為愈是小心謹慎，你就愈容易了悟空性；你的見解愈深奧，你對因果關係的理解就愈清晰。

從不混淆、顛倒什麼應該從事和什麼應該避免，乃是菩薩的修行。

第二，中等根器眾生的修道

這牽涉了脫離輪迴的歡樂，把努力放在獲致解脫之上。

9

三界之喜樂如草上之露珠，
瞬間即逝是其本質。
求取不變之無上解脫，
乃是菩薩的修行。

一旦你了解空性與現象緣起之雙運，你將清楚看見這個世界是多麼的惑人，充滿欺詐，如同一個老人被迫去玩孩童的遊戲，你將發現這些遊戲令你感到非常厭倦。

一旦你了解到，把人生花在執著朋友、策劃去征服敵人和競爭對手是愚蠢透頂的事，你將發現執著於朋友、征服敵人和對手是乏味的。一旦你發現，讓自己永遠受到串習的影響和制約毫無意義，你將對自己受到串習的影響制約感到厭煩。一旦你明白，全神貫注於未來、失去對當下的觀照與警覺是全然的迷妄，你就會對全神貫注於未來、失去對當下的觀照與警覺感到厭倦。

即使你能夠貫徹所有虛幻的目標和野心，獲得某種成果，但它們能夠帶來永久的結果嗎？你將認清，在所有的目標和野心之中，沒有什麼是永久的。你或許是一個王位的繼承人，但顯而易見的，沒有一個國王曾經無限期地掌握權力——如果沒有其他的事物奪取他的權力，那麼死亡將奪走他的權力。你或許是一個最令人畏懼的將軍，但不論投入多少次戰爭，你永遠無法征服所有的敵人。你或許擁有巨大的權勢、影響力、名聲和財富，但它們全都空虛且毫無意義。

剛開始，世俗的享受令人愉悅，但隨著時間的消逝，它們卻成為痛苦持續增加的來源。如果你把一條濕潤的皮革纏繞在手腕，剛開始沒有問題，但等到皮革乾燥縮水，它就緊繃得令人感到疼痛。用一把刀子把皮革切開，是多麼令人感到輕鬆！

如果你把心轉向佛法，真誠地修持佛法，即使一天只有一小時，但經過生生世世，你將逐漸清淨你的染污，讓自己從輪迴中解脫。這充滿意義。如同蓮師所說：

不論你多麼勤奮，
世俗的活動都沒有盡頭；
但若你修持佛法，
將迅速成就一切。

不論它們看起來多麼美好，
輪迴中的事物總是以災難終結；
但修持佛法的果實，
永遠不會衰敗。

自從無始以來，
你已經積聚、助長了業、負面情緒和串習，
因而迫使你在輪迴中流浪。
如果你繼續如此，
解脫何時才會到來？

如果你在死亡時才看清這一切，
就太遲了——
當頭顱已被斬下，
藥物還有什麼用處？

認清輪迴的痛苦，
轉向涅槃之寂靜。

如果你認清迷妄的真面目，你將了解到，在這個凡俗的世界上，在整個輪迴之中，沒有什麼是有價值的①。即使是世界上最崇高的天神，例如梵天（Brahma）和帝釋天（Indra），他們的身體散放出光芒，可以照亮整個天空，他們擁有無價的珠寶飾物，享受無與倫比的權勢與昌盛，但是當業——讓他們擁有如此崇高地位的業——耗盡時，他們除了墮入輪迴的下三道，別無其他的選擇。

① 在輪迴中，有六種基本的痛苦：(1) 朋友和敵人是易變不定的；(2) 我們似乎永遠擁有得不夠；(3) 我們一再死亡；(4) 我們一再轉世；(5) 我們一再地在輪迴中起起伏伏；以及 (6) 我們在本質上是孤獨的。

證悟者知道上三道的眾生並不比地獄道的眾生來得好。下等根器的眾生知道下三道的痛苦，而希望投生上三道。中等根器的眾生知道整個輪迴中的一切都是令人不滿足的，而且都以痛苦為終結。他們把輪迴視為一座失火的大宅院，在這個宅院之中，沒有一處可以停留。

認清輪迴的本質，你就會對輪迴產生厭倦，而如此的厭倦將激發你努力尋求解脫。透過努力尋求解脫，你將獲得解脫。輪迴從來不會自行消失。你自己必須積極地想要根除輪迴。

如果你認識到輪迴的痛苦，你將認清煩惱和煩惱所產生的負面行為是痛苦的根源；你會認清執著於自我的概念是煩惱的根源。如果你能夠去除那種執著，痛苦就會止息。解脫意味著讓你自己脫離煩惱和負面行為的束縛。而讓自己脫離這種束縛的方法是修持佛法──去修學戒律（戒）、禪定（定），以及讓你了悟自我和現象不存在的智慧（慧）。戒律是禪定的基礎，禪定是智慧的基礎。如果你適當地修持佛法，即使一天只有一小時，無數生世和無數劫以來所造作惡業的結果將能夠被清淨。

隨著你持續地修持佛法，即使修持的時間不多，仍將逐漸能夠在解脫道上向前邁進。最後，你將證得永不消逝的真正大樂。

嘉瑟．東美說：

你將不會同時成就佛法
和凡俗今生的目標——
如果這是你的願望，
毫無疑問的，
你正在欺騙自己。

嘉瑟．東美也說：

對於修持佛法而言，
最大的障礙莫過於沉迷在今生的成就。

諸如密勒日巴等過去偉大的修行者了解到這一點之後，他們離開家鄉，居住在僻靜處，於洞穴內禪修，幾乎沒有任何蔽體的衣物或維持生命的食物。然而，密勒日巴和其他偉大的修行者證得全然的了悟——了悟如天空般的法身、究竟之自性、究竟之證悟。那種了悟是他們唯一的財產。這是為什麼密勒日巴尊者被全世界的人，甚至被不篤信宗教的人敬為真正修行者的最佳典範。密勒日巴用一生的時間坐在一塊岩石上禪修，身上只穿著一片簡單樸素的棉布。密勒日巴尊者要前往故鄉時，他的上師瑪爾巴告訴他：「孩子，如果你不放棄對今生的關注，混淆佛法和今生的事務，你的佛法就一去不回了。就這樣了。孩子，思量輪迴的痛苦。」密勒日巴曾經以道歌的形式來給予忠告，描述「惡魔」的特徵：

親人情感的表露，
是惡魔持續拖延你的修行的乞求：
切勿信賴它們，
斬斷所有的束縛！

食物和財富是惡魔的密探：
如果你上了它們的癮，一切都會出錯——
放棄所有如此這般的執著！

感官的歡樂是惡魔的陷阱：
毫無疑問的，
它們將引誘你落入圈套——
拋棄一切的貪戀！

年輕的伴侶是惡魔的女兒：
他們肯定會蠱惑你、迷醉你——

小心提防它們！

你的故鄉是惡魔的監牢：
你很難從中逃離——
現在就逃跑！

在最後，你必須離開，把一切留在身後——
因此現在就拋下一切！
如此比較有道理。

孩子，如果你聽從我的話語，
把它們付諸實修，
你將享受無上佛法之財富。

放棄對今生俗務的所有關注，是一個非常深刻的教法。如果你告訴一個人萬事萬物的本質是空，而他的心尚未準備就緒，那麼他將無法接受這個說法。他會想：「這個老頭子瘋了！」一般人認為空性的教法深不可測。同樣的，如果你要這個時代的人放棄俗務，不論出家眾或在家眾，他們會想：「這個老頭子精神錯亂了！」你所說的話的真正意義不會深入他們的心。但是，這是千真萬確的：如果你強烈地執著於歡樂，求取事物、名聲和讚譽，那麼不論你多麼努力地研習和禪修，把高深的教法融合成為你的一部分，甚或成為一個上師，都對你完全沒有幫助。

能放棄對今生的所有關注而品嘗佛法修行之全然喜悅，這樣的人非常稀少。如果你開始教導人們要對親戚、財物、房屋、土地和今生的其他享受感到厭離，那麼人們會開始看起來像一隻頭被棍子敲了一記的驢子。他們的臉會變得陰鬱，他們會感到不自在，寧願沒有來聽聞教法。

蒼巴．嘉惹[①]說，為了出離世間，我們必須持守十一個誓願：

不要迎合遵從一般人的態度，而要獨居。
遠離你的故鄉。
要覺得你已經享有足夠的感官歡悅。
保持最謙卑的狀態，
就能不在意別人的看法。
在你的心中部署一個密探——
從事能夠根除對所愛之人執著的禪修。
不去留意人們說些什麼，
讓他們想說什麼就說什麼。
不要感到憂傷，

① 卓貢．蒼巴．嘉惹（Drogön Tsangpa Gyare，1161-1211）是證悟的出離者的典型。他遵循羅瑞巴（Gyalwa Lorepa，1187-1250）在禪觀中給予的預言，開啟通往「擦里」（Tsari）這個密地的大門。在擦里，他擁有一個勝樂金剛（Chakrasamvara）的禪觀；勝樂金剛預言，他的教法與傳承將播及一隻老鷹飛行十八天的距離。他和他最親近的繼承者果藏巴，以及果藏巴的弟子揚貢巴（Gyalwa Yangönpa）是竹巴噶舉極為有成就的上師。

即使風把你珍視的一切帶走。
對今生了無悔恨，
彷彿你是一個垂死的乞丐。
不斷念誦「我一無所需」這個咒語。
穩穩握住控制你命運的韁繩。
讓自己被真正修行之雲圍繞。

當人們接觸到那些已經出離世間、披上袈裟、終其一生研習和禪修的人，人們敬重他們為真正的僧伽，並且盡可能地提供協助。

這種自然而然的敬重，乃是佛法本俱之善的清晰展現。

第三，上等根器眾生的修道

這包含了觀修空性和慈悲，以獲致超越輪迴與涅槃的解脫。這又分成三個部分：

1. 願菩提心，能夠喚起無上菩提心；
2. 行菩提心，觀修菩提心的兩個面向；
3. 修持這些法門的戒律。

1. 願菩提心

10

如果自無始以來，

所有曾經愛我的母眾正在受苦，

我的快樂有什麼用處？

因此，為了無量眾生而心向獲致證悟，

乃是菩薩的修行。

萬事萬物的究竟本質是本然清淨的，離於所有的造作，超越任何存在和不存在的概念。但在世俗諦之內，自我和他人、痛苦和快樂以無限的形式來顯現。這些表象沒有任何真實的存在，但眾生卻相信它們是真實的，因而在輪迴之中流浪迷惑。

願菩提心有兩個面向：對眾生生起的慈悲，以及通往證悟的智慧。這兩個面向，也就是利益眾生的願望和獲致證悟的願望，都無法單獨展現菩提心。一方面，如果你不以獲致究竟之證悟為目標，那麼不論你利益眾生的願望有多麼強烈，都無法超越一般的仁慈和慈悲。另一方面，如果僅僅為了自己而希望獲致證悟，那麼你將無法超越小乘佛教修行者的有餘涅槃（limited nirvana）。這兩個面向是不可或缺的。

《現觀莊嚴論》(*Ornament of True Realization*)陳述了這一點:

菩提心是為了他人的利益,
而生起獲致證悟的願望。

自從無始以來,在你相續的生世之中,無量無數的眾生都曾是你的父母,曾經愛你、照顧你,到了隨時能夠為了你而犧牲性命的地步。忘記他們難以形容的慈愛,忽略他們所受的痛苦,你就是冷酷無情。因此,為了你自己的解脫來修持佛法,而枉顧其他眾生所受的束縛,也是冷酷無情。

你真的要放棄所有這些深陷如此巨大痛苦的眾生?一個富足快樂的兒子,生活愜意舒適,錦衣玉食,而他的父母身著破爛衣衫,貧困飢餓,沒有遮風避雨的屋舍,那麼這個兒子會被每一個人視為厚顏無恥。然而,這和沒有去照顧六道輪迴中的所有眾生——所有曾經是你的慈愛父母的眾生——有什麼差別?如果你懷有如此自我中心的態度,不為其他眾生的快樂而努力,那麼你將成為一個讓所有偉大人物感到羞恥的對象,將偏離大乘的道路。如同嘉瑟·東美所說的:

如果你不有擔當地肩負一切眾生的痛苦,
那麼領受無上之大乘教法有什麼用處?

就像過去的諸佛菩薩生起菩提心，立下帶領一切有情眾生獲致證悟的願望，現在該是你生起大悲心和菩提心了。大乘佛教的教法是佛法的精髓，而菩提心則是大乘佛教的精髓。一旦菩提心在心中生起，你就是真正的佛子，諸佛將懷著極大的喜樂看顧你。在你所有未來的生世之中，你將遇見大乘佛教的上師，利益其他眾生。你的事業將結合所有菩薩如海般的事業，以無量無數的方式利益眾生。這些菩薩充滿慈悲，以無量無數的身相顯現，甚至化現為鳥禽和野獸。如此的覺醒態度會利益你周圍的環境。

一個菩薩平等地利益一切有情眾生，而沒有朋友和敵人的區別。佈施食物、衣服等物品給其他眾生，只能夠為他們帶來短暫而有限的紓解；這麼做不會在眾生死亡的時刻幫助眾生，也不會在眾生死亡之後幫助眾生。但是如果你能夠使一切有情眾生接觸佛法，就可幫助他們獲得立即的利益，也能夠使他們在未來的生世獲得利益。修持佛法能夠使眾生脫離輪迴，獲致證悟。因此，這是真正報答父母仁慈的方式。其他的方法是不夠的。

切勿為了自身的利益而聚藏你的學問、財產，以及任何其他的成就。相反的，把一切回向給有情眾生，並立下希望一切眾生能夠聞、思、修佛法的願望。光是表達如此的一個祈願，就非常具有利益。懷著清淨的發心所從事的任何行為，即使是緩解眾生的頭痛的願望，都具有大功德。因此，如果你祈願一切有情眾生從輪迴中解脫，功德就更大了。由於眾生的數量是無限的，因此這種祈願的功德也是無限的。

不論你正在修持生起次第或圓滿次第，修持大手印或阿底瑜伽，只要你的修行充滿了菩提心，它自然就是大乘的修行。但若沒有菩提心，修行只會沉滯。

對於一般人來說，徹底了悟究竟智慧是非常困難的。這是修道必須依循次第的原因。為了朝正確的方向前進，修行應該遵循所謂的「三善法」（three supreme points）：(1) 生起一個以菩提心為基礎的發心做為開始（前行），換句話說，就是為了一切有情眾生而修行，以獲致證悟的願望；(2) 從事任何一個修行法門的正行時，離於概念和散漫；(3) 在最後，以回向做為結行。如此修行，甚至會使微小的善業轉為證悟之因，而回向將能夠保護你從那個修行所獲得的功德，免於被瞋恨及其他負面情緒摧毀。

(1) 以利益其他眾生的願望做為起始，是你即將從事任何修行法門的圓滿前行，也是確保修行獲致成果，不會被逆緣和障礙的洪流席捲而去的善巧方便。

(2) 就正行而言，持定（專注）和離於概念散漫有幾種不同的層次。基本上，它代表離於所有形式的執著，尤其是離於驕慢。不論你多麼博學多聞、持守戒律、慷慨佈施，只要你對此感到驕慢自負，同時輕蔑他人，你的修行就不會有任何正面的結果。積聚功德和智慧確實是成佛之道，但如果它攙雜了執著、驕慢和高傲，就無法結出果實。

更明確詳細地說，離於執著與概念也意味著，不論你現在從事什麼樣的修行，都要離於任何執著——任何認為這個修行具有某種本俱之真實的執著。想一想向菩薩行供養的例子。對於具有信心的人，菩薩以法友的身相來顯現，或化現為加持、法典、佛像等；但這些化現皆如夢如幻，缺乏任何本俱的存在。在現象世界中的其他每一件事物也是如此，因此，不只是你供養的對象是虛幻的，你所行的供養也是虛幻的。行供養的任何結果也是虛幻——這不表示行供養沒有結果，而是這個結果不是一個堅實的本體。因此，對你虛幻行為的結果生起全然的執著與驕慢有什麼意義？菩薩從事具有利益的行為時，他完全離於執著以下的概念：從事這個行為的主體（做者）、從這個行為受益的客體（受者），以及行為本身。這種全然的離於執著，使功德變得無限。

(3) 回向過去、現在、未來三世的一切功德和善行，如此一來，一切有情眾生，尤其是你的敵人，都能夠獲致證悟。試著像偉大的菩薩那般地回向功德。菩薩在他們廣大無邊的智慧中所回向的任何功德，永不枯竭。回向如同把一滴水放入汪洋。汪洋如此浩瀚，一旦滴水融入汪洋，就永遠不會枯竭。

沒有任何一個祈願會消失。用一個清淨的心，回向每一個善行的功德，將持續不斷地結出善果，直到你獲致證悟為止。如同《普賢菩薩行願讚》（*King of Aspirations for Excellent Conduct*）所說：

願我的祈願永不耗竭，

直到一切有情眾生離於負面情緒為止。

一個菩薩的發心必定非常廣大浩瀚，時時把眾生的無量無數、以及帶領一切眾生成佛的願望放在心中。如果你的心廣大浩瀚，你祈願的力量也是無限。如果你的心僵硬狹窄，你所積聚的功德和所清淨的障蔽將非常有限。

不要讓自已被這樣的念頭所挫折：認為你所積聚的功德少得可憐，很難利益任何人而不值得回向；或你永遠無法真正地幫助眾生，因而認為幫助其他眾生只是空談。如果你讓你的心保持開放廣大，菩提心的效力將會增長，所有語言和行為的功德與利益也會增長。

在日常生活和修行之中，你必須持續發展殊勝之證悟心。你將會在菩薩甚深的祈願文中找到啟發——這些祈願文集結於如汪洋般的大乘佛教經典之中。例如：

願殊勝無上之菩提心，
在尚未生起菩提心之處生起；
願已生起之菩提心永不退減，
並且更加增長興盛。

另外有：

願一切有情眾生獲得安樂；
願下三道之一切眾生永遠空盡；
願一切菩薩之祈願圓滿成就。

另外有：

天空止盡之處，
是眾生數量止盡之處。
眾生命運和煩惱止盡之處，
才是我的祈願止盡之處。

三善法包含了大乘佛教的整個修行和發心。這是大乘佛教的上師一再強調它們的原因。然而，聽聞上師解釋這三善法是不夠的。你必須把它們融合成為你的一部分。日復一日檢視你的行為是否真的符合這三善法。如果沒有，要感到悔恨，努力糾正自己。不要讓你的心變得散漫而隨心所欲。

如果你覺察到，在某種程度上，你已經成功地把你的心與佛法交融，那麼把功德回向給所有眾生，並且立志更加努力。如果你不斷檢視你的缺點，根除你已經擁有的缺點，預防新的缺點生根，同時讓新的、良善的品質生起，來不斷努力增加良善的品質，並且增長你已經有的良善品質，你將逐漸在通往成佛的五道上前進。這五道分別是資糧道（path of accumulating）、前行道（或加行道，path of joining）、見道（path of seeing）、修道（path of meditation）和無學道（path beyond learning）。

在了悟空性之前，你必不能遠離菩提心之覺醒發心（enlightened attitude of bodhicitta）。當你圓滿了悟空性時，無造作的慈悲將毫不費力地顯現，因為慈悲即是空性的展現。

如同你希望快樂，你也應該希望其他人快樂。如同你希望遠離痛苦，你也應該希望一切眾生遠離痛苦。「願一切有情眾生快樂，遠離痛苦及痛苦之因。願一切眾生獲得圓滿之快樂，安住其中，並且常住平等捨之中。願一切眾生無分別地對所有其他眾生生起慈心。」這個願望即所謂的菩提心。

如果你擁有這種清淨的發心，菩提心將毫不費力地增長。一個善良的心具有一種天生自然的力量來利益他人。把從這種廣大發心中生起的功德回向給如虛空般無量無邊的一切眾生，而不要去覺得你擁有這些功德。離於對做者、受者和行為本身的任何執著，那麼有朝一日，當你的身和語成為心的僕人時，你所做的每一件事、所說的每一句話，都將自然而然地利益他人。

目前，如葉片隨風彎折一般，你對許多粗重的和細微的情緒無以招架。在這種情況下要幫助他人，不太可能產生太大利益，反而可能成為讓你分心散漫的起因。

沒有播種而希冀豐收，是自取饑荒，

過早希冀去利益他人，是自取麻煩。

如果你不斷增長修行的穩定力，不斷檢視你的發心，並生起無造作之利他心，菩提心將會增長。漸漸地，你將能夠把慈悲化為行動，真正地利益他人。

菩提心具有如此巨大的力量，在它生起的那一刻，你便成為菩薩的一分子。如果你具有菩提心，就能免於負面力量的傷害。負面力量顯現時，它們無法引起傷害或製造障礙。

這一點可以由巴楚仁波切[①]的根本上師，吉美．嘉瓦．玉谷[②]的一個生平事蹟來說明。有一次，一個懷恨在心的鬼魂決定要取吉美．嘉瓦．玉谷的性命。這個鬼魂充滿了害

① 巴楚仁波切，烏金．吉美．卻吉．旺波（Patrul Rinpoche，Orgyen Jigme Chökyi Wangpo，1808-87），是寂天大師的化身，也是吉美．林巴的語化身。他的生平展現了最完美的修行證量和出離心。終其一生，除了在西藏康區卓千寺（Dzogchen monastery）的師利星哈佛學院（Shri Singha）的那幾年之外，他大多數的時間都居住在洞穴、森林和最僻靜的隱居所之中，並且隨意地從一個處所遷移到另一個處所。他一身簡樸牧民的裝扮遊走各地，大多數的時候都沒有被人們認出。他年輕的時候記憶了大多數的重要論著，例如龍欽巴的《七寶藏》，因此他能夠像他在師利星哈佛學院那般，一次教授最複雜的課題達數個月，而沒有使用任何書籍。他圓寂時，唯一的財物是一本寂天大師的《入菩薩行論》和一只托缽。他是吉美．嘉瓦．玉谷（Jigme Gyalwai Nyugu）、嘉瑟．賢遍．泰耶（Gyalse Shenphen Thaye）、卓千．敏珠．南開．多傑（Dzogchen Mingyur Namkhai Dorje）及其他偉大上師的弟子。他的弟子包括喇嘛．米滂（Lama Mipham）、紐殊．龍踏（Nyoshul Lhungthok）、安波．天噶（Onpo Tenga）等等。據說，明雅．

人的念頭，抵達嘉瓦．玉谷的洞穴入口。他看見一個平靜的老人雙眼緊閉地坐著，全然地寧靜平和，充滿了慈悲，白髮圍覆他的頭部。這個景象足以讓那個鬼魂的惡念在剎那間消失。他凝視老人時，心中充滿敬畏。菩提心在他的心中生起，他承諾絕不再取任何人的性命。在此之後，每當出現一個傷害他人的機會，寧靜白髮老人的影像立即在他的心中顯現。那個鬼魂失去了所有傷害他人的力量。

當阿底峽尊者在印度菩提迦耶、金剛座（Diamond Throne）東側禮拜的時候，他看見兩位貌美的天女出現在他前面的虛空之中。

年紀較輕的天女對年紀較長的天女說：「如果一個人想要迅速獲致證悟，什麼是最好的方法？」

年紀較長的天女說：「訓練自己生起菩提心。」

那個年紀較輕的天女是聖救度母，而年紀較長的天女則是偉大蹙眉者（Chandamaharoshana，the Great Frowning One）。

如果菩提心尚未在你心中生起，祈願它將在你的心中生起。如果菩提心已經在你心中生起，祈願它增長。如果生起菩提心的功德是具體的，那麼連整個虛空都不夠廣大到足以容納它。

昆桑．蘇南（Minyak Kunzang Sönam）針對《菩薩三十七種修行之道》所作之論著乃是依據巴楚仁波切的口頭教導所寫。

② 吉美．嘉瓦．玉谷（Jigme Gyalwai Nyugu）是觀世音的化身，吉美．林巴的兩個主要弟子之一。他是蔣揚．欽哲．旺波（Jamyang Khyentse Wangpo）和巴楚仁波切的上師。

2. 行菩提心

菩提心有兩個面向：相對菩提心和究竟菩提心。究竟菩提心是十地菩薩其中一地的菩薩所了悟之空性。在了悟究竟菩提心之前，重點應放在相對菩提心之上。在本質上，相對菩提心是利他心，也就是利益他人、離於所有自私目標的甚深願望。如果正確地修持相對菩提心，究竟菩提心將自然而然地展現於相對菩提心之中，最終將完全證得究竟菩提心。

I. 相對菩提心

相對菩提心本身有兩個次第，即利益他人的願望，以及把這種願望付諸行動。這兩個次第之間的差異，猶如想要前往某處和實際展開旅程之間的差異。相對菩提心的修持包含了 (A) 觀修自他交換法（exchanging oneself and others），以及 (B) 把逆緣用於修道的座下禪修。

A. 自他交換之座上修法

11

所有痛苦無例外地來自渴求自身的快樂，

圓滿成佛來自利他的念頭。

因此，真正予以自身的快樂來換受他人的痛苦，乃是菩薩的修行。

目前，當你快樂時，你或許相當滿足。其他人或許不快樂，但你不真正地把它視為你的問題。當你不快樂時，你只顧著想要去除讓你心煩意亂的人事物，而不在乎、甚或不記得其他人或許也不快樂。這一切都是迷妄。

有一個方法可以訓練你從一個更寬廣的角度來看待事物。這個稱為「自他交換」的法門，包含了試著把他人放在你的處境，把你放在他人的處境。一方面，這個構想是去想像你把任何可能發生在你身上的美好事物，佈施給一切有情眾生，不論這些事物有多麼微小——即使只是一湯匙的美食。另一方面，去記得其他眾生正在經歷的、無法忍受的痛苦，並且下定決心去承擔所有這些痛苦，如同一個母親欣然承擔孩子的痛苦。事實上，當你思量一切有情眾生都曾是你慈愛的父母，你深受父母之恩，而要盡可能地報答他們，如此你將能夠欣喜地承擔其他眾生所必須忍受的任何艱辛。當你真的能夠承擔他人痛苦的時候，隨喜自己已經實現了目標，絕對不要認為他們不值得獲得那麼多的幫助，或認為你已經為他們做得夠多了。

藉由認真修持自他交換——用快樂交換痛苦，最後你將有能力真的承擔他人的疾病，治癒他們，並且給予他們快樂。此外，如果你用快樂與平靜來交換痛苦和瞋恨，那些心懷不軌的人，即使是想要偷取人們性命的惡靈，也將無力傷害你和任何人。

有一些不可思議的口訣教導，更加詳細地解釋如何使這個修行法門更有效力。首先，重要的是，對一切有情眾生生起一種深刻的溫暖、感性和慈悲。為了做到這一點，可以先想一想一個曾經對你非常慈愛的人；在大多數的情況下，這個人可以是你的母親。憶念和思量她的仁慈——她如何賦予你生命，如何忍受懷孕的不適和分娩的疼痛，在你成長的過程中，她如何不遺餘力地照顧你。她隨時準備為你做任何的犧牲，把你的福祉放在她自己的福祉前面。

當你感受到強烈的慈悲時，按部就班地想像她正在經歷六道輪迴的痛苦。在地獄道之中，她一再被殘忍地殺害，然後死而復生；她被丟入一個盛著滾燙的、融化的青銅的大鍋之中；在你的眼前，她忍受著痛苦。接著想像她投生為餓鬼，全身皮包骨，而且十二年來，連看見食物的機會都不太多。她把手伸出來，對你哀求地說：「我的孩子，你有沒有什麼可以給我吃的？」想像她投生為動物，一頭受到驚嚇、被獵人和獵狗追逐的雌鹿。在驚慌之中，她從高高的懸崖跳下以擺脫獵人和獵狗的追逐。她落下懸崖，帶著無法忍受的痛楚，全身骨頭碎裂。她仍然活著，卻無法動彈，直到她死於獵人的刀刃之下。

繼續想像她快速地經歷一連串、一個情境接著一個情境的痛苦。一種強烈的慈悲感受將無法壓制地湧上你的心。在那個時刻，把那種強烈的慈悲轉向一切有情眾生，了解到每一個眾生必定有許多次曾是你的母親；他們如你今生的母親一般，值得擁有相同的愛與慈悲。重要的是，你要把所有被你視為敵人或招惹麻煩的人包括在內。

深刻地思量所有眾生在輪迴苦海中永無止境流浪時所經歷的一切。想一想年邁體弱、無法照料自已的人；想一想生病、承受痛楚的人；想一想絕望貧困、甚至缺乏最基本必需品的人；想一想經歷飢荒和飢餓、忍受飢渴之極度痛苦的人；想一想眼盲的人，以及心靈匱乏、亟需佛法之養分、看不見真相的人。想一想不斷因為貪欲和瞋恨而瘋狂，成為自心的奴隸的人。想一想不斷傷害彼此、沒有任何喘息的人。觀想一切有情眾生聚集在你的前面，讓他們所承受的各種痛苦栩栩如生地在你心中生起。

你懷著強烈的慈悲感受，開始修持自他交換法。剛開始，把焦點放在你最痛恨的敵人身上，或放在替你帶來許多麻煩和困難的人身上。想像你呼氣的時候，所有的快樂、生命力、功德、好運、健康和享受，都以清涼、撫慰、明亮的白色甘露，隨著你的呼氣帶給那個人。接著祈願：「願這甘露流向我的敵人，完完全全送給我的敵人！」觀想你的敵人收攝了白色甘露；這白色甘露提供他所需的一切。如果他的壽命是短暫的，那麼想像他的壽命被延長了。如果他需要金錢，那麼想像他變得富裕了。如果他生病，那麼想像他痊癒了。如果他不快樂，那麼想像他充滿了喜悅而想要歡唱舞蹈。

吸氣的時候，想像你的敵人所擁有的一切疾病、障蔽和心毒，都以一個黑團的形式被你吸入，因此他完全解除了所有的痛苦折磨。想像他的痛苦來到你的面前，如同山嵐被風吹送那般容易。把他的痛苦吸入體內時，你感到極大的喜樂，交融了空性的覺受。

為你所觀想的、在你面前的無量眾生做同樣的事情。把你所有的快樂送給面前的眾生，承擔他們的痛苦。一再地重複這個法門，直到它成為你的第二天性為止。

你可以在任何時候、任何情況之下，運用這個殊勝而重要的修行法門，即使你在從事日常生活的事務，而且不論你是生病或健康安泰，都可加以運用。它也可以在座上修法和座下修法期間來修持。透過不斷修持自他交換法，你將觸及修持慈悲和菩提心法門的核心。

有時候，觀想你的心是一個明亮燦爛的光球。你呼氣時，它往每一個方向散放白色的光芒，把快樂帶給一切眾生。你吸氣時，一切眾生的痛苦、折磨和負面的事物，以濃密黑光的形式朝你的方向移動，收攝於你的心間，消失在它明亮燦爛的白光之中，不留痕跡，紓解了一切眾生的痛苦和悲傷。

有時候，觀想你轉化成為一個如意寶，如同一顆藍寶石那般湛藍而光芒四射，比你的身體稍微大一點，位在一個尊勝幢的頂端。任何人向如意寶發出祈願，如意寶都毫不費力地實現他的需求和願望。

有時候，觀想你的身體繁殖增生為無數個身體，前往地獄和六道輪迴之中，立刻承擔每一個眾生的所有痛苦，並且把所有的快樂贈送給這些眾生。

有時候，觀想你的身體轉化成為衣服，供給所有寒冷而需要衣物的人；轉化成為食物，供給所有飢餓的人；轉化成為住所，供給所有無家可歸的人。

有時候，觀想你正在呼喚以各種方式傷害眾生的所有鬼魂。你把自己的肉佈施給他們吃，把自己的血佈施給他們喝，把自己的骨頭佈施給他們啃咬，把自己的皮膚佈施給他們穿。懷著慈悲，想像他們快樂地沉醉在所有供養[①]之中時，菩提心在他們的心中生起。

如同寂天大師在《入菩薩行論》中所說：

① 施身法（Chöd）把身體當做獻給三寶的供養，致贈給護法和有情眾生的禮物，以及償還給冤親債主的業債。同時，也有水食子和火供兩種供養，以飽受永無止境的饑渴之苦的鬼魂為供養對象。

願我是沒有怙主者的護衛，
旅行者在路上的指引；
為了希望渡至彼岸的人，
願我是一艘船、一片木筏和一座橋梁。

願我是渴望陸地者的島嶼，
渴望光亮者的明燈，
願我是需要安息者的臥床，
所有需要僕役者的奴隸。

願我是如意寶、鉅藏瓶，
威力語和聖療癒；
願我是如意樹，
以及每一個眾生之滿欲牛。

如大地和遍在之元素，
如天空般恆久，
為了無數無量之有情眾生，
願我是他們的土地和食糧。

自他交換法也可以用來做為處理負面情緒的法門。如果你讓負面情緒以一般的方式展現，就無法在修道上有所進展。如果你不善巧地處理負面情緒，不加以根除或調伏，它們將帶來下三道無量無邊的痛苦。降服負面情緒，將使你在成佛之道向前邁進。經典裡有許多處理情緒的教導——透過棄絕情緒來處理情緒。在此，我們教導如何用慈悲來處理情緒。我們以貪欲做為例子。

貪欲是我們對一個人或一個物品，所產生之無法克制的吸引力和執著。首先如此思量：如果你能夠調伏貪欲，你將能夠獲致證悟，幫助眾生，帶領眾生成佛。接著想一個你不喜歡的人。對那個人生起大悲心，把他所有的貪欲全都添加到你自己的貪欲之上，並且想像你承擔了所有的貪欲，他不再受到貪欲的束縛。你逐漸地承擔一切眾生的貪欲，不論是明顯的或潛在的貪欲。你這麼做時，想像一切有情眾生離於貪欲，獲致證悟。這是根據世俗諦來觀修承擔負面情緒的方法。

若是根據勝義諦來觀修，則是在你心中生起一種勢不可擋的貪欲感受。在其上添加一切眾生的貪欲，使其貪上加貪，製造大量的貪欲。然後檢視它。你將看清，貪欲除了是念頭之外無他；它顯現在你的心中，但貪欲本身甚至連一丁點的獨立存在都沒有。當你把心轉向內部來檢視心本身的時候，你會覺察到，心在過去、現在、未來都沒有任何本俱的存在。心的本質如天空般不具實體。

運用這些相同的法門，你可以觀修瞋恨（瞋）、驕慢（慢）、忌妒（疑）和無明（癡），以及任何其他障蔽心的事物。

當你修持這個菩薩道的核心法門時，你應該栩栩如生地去觀想你所有的快樂延及其他眾生，眾生的所有痛苦都來到你的面前。想像它確實在發生。在所有菩薩的修行法門之中，它是最重要的，沒有任何障礙能夠阻撓。它不但能夠幫助其他眾生，也能夠帶領你獲致證悟。

有一個真正的菩薩叫做朗里．塘巴[1]，不斷地觀修自他交換法。有許多次，他祈願死亡時投生地獄道，以幫助所有在地獄道經歷強烈痛苦的眾生。然而，他的祈願沒有實現。在他的生命快要結束時，阿彌陀佛極樂淨土的禪觀在他心中生起，因此他明白他即將投生極樂淨土。他立即祈願能夠盡可能帶領許多眾生一起前往。他的願望是如此的強烈，因此有大量的眾生隨著他投生極樂淨土。

大班智達阿底峽的主要弟子種敦巴，是一個全心全意修持菩提心的修行者。阿底峽的手飽受一種強大疾病的折磨時，他對種敦巴說：「你有一顆善良的心。把你的手放在我的手上，你慈悲的力量能夠移除痛苦。」

魔王摩羅（Mara）詢問佛陀：「如果一個人重複念誦我的

① 朗里．塘巴（Langri Thangpa，1054-1123），阿彌陀佛的化身，格西波托瓦（Geshe Potowa）如太陽般的弟子。

名號，不會為他們帶來利益或傷害，但如果他們念誦文殊師利的名號，即使只念誦一次，就能夠紓解他們的痛苦。為什麼？」佛陀回答：「那種力量來自文殊師利等偉大菩薩所生起的慈悲。」

蓮花生大士是觀世音的一個化身，慈悲的具體展現。他為其他眾生奉獻的力量是如此強大，因此即使在這個末法時代，僅僅憶念他或祈喚他的名號，就能夠立即斬斷障礙、逆緣和邪惡的勢力，使它們失去力量，帶來蓮師身、語、意的加持。蓮師抵達西藏時，他降服所有負面的力量，例如十二姊妹（Twelve Sisters）、二十一在家居士（Twenty-one Upasakas），以及許多其他阻礙佛法建立的障礙。他能夠這麼做，不是因為他受到瞋恨的驅使，而是受到慈悲和菩提心的力量驅使。

有些人或許有這種想法：這些關於慈悲和自他交換的教法，是經典「漸法」（或稱「漸門派」，gradual path）教法的一部分，不像大圓滿或大手印等較高深的「頓法」（或稱「頓門派」，direct path）教法那般有效。這完全是誤解。唯有生起相對菩提心的慈悲，究竟菩提心──大圓滿和大手印的精髓──才可能在你的心中誕生。

龍欽．冉江和吉美．林巴①的教法如此廣播，利益眾人，乃是因為這兩位偉大上師的心時時充滿慈悲和菩提心。

① 吉美．林巴（Kunkhyen Jigme Lingpa，1729-1791），無垢友尊者、西藏國王赤松德贊、嘉瑟．哈傑（Gyalse Lharje）和噶里．班禪．貝瑪．旺賈（Ngari Panchen Pema Wangyal）的化身。他擁有無數個蓮師、耶喜．措嘉和龍欽．冉江的禪觀。他的心意伏藏的集結《龍欽心髓》，以及其他著作，總共有九函。在他的弟子之中，最著名的是「四無畏」：吉美．聽列．宇色（Jigme Trinle Öser）、吉美．嘉瓦．玉谷（Jigme Gyalwai Nyugu）、吉美．昆卓（Jigme Kundrol），以及吉美．果恰（Jigme Gocha）。

吉美．林巴的偉大弟子多竹．吉美．聽列．宇色[①]前往西藏東部的省分康區傳授龍欽心髓[②]，幫助了數千人。他後來寫信告訴吉美．林巴：「因為我在山間僻靜處觀修慈悲那麼長一段時間，才會有這樣的結果。」

自他交換法可以按部就班地達成。第一個階段是把自己和他人視為同等重要——他人和你一樣想要快樂，不要痛苦。因此，你應該希望別人快樂，如同你希望自己快樂，希望他們離於痛苦，如同希望自己離於痛苦。第二個階段是自他交換，你希望其他人擁有你的快樂，你承擔他們的痛苦。第三個階段是珍愛他人勝過自己，如同偉大的菩薩遇見一個盲人，會毫不猶豫地把眼睛佈施出去。在這個階段，所有自私自利的想法完全消失了，你只關心其他人的福祉。持續修持這個法門，直到你真的能夠實行它為止。

寂天大師在《入菩薩行論》中說：

世界包含的所有喜悅，
來自希望他人快樂。
世界包含的所有痛苦，
來自希望自己快樂。

需要長篇大論的解釋嗎？

① 多竹．吉美．聽列．宇色（Dodrup Jigme Trinley Özer，1745-1821），第一世多竹．千仁波切（Dodrup Chen Rinpoche）。吉美．林巴最重要的弟子，龍欽心髓傳承的法嗣。

② 龍欽心髓（Longchen Nyingthig）是十八世紀由蓮師在禪觀中顯示給吉美．林巴的教法。它成為寧瑪派的各種伏藏中，最常被修行者修持的伏藏之一。參見參考書目。

幼稚的眾生為自己設想，
諸佛為他人的利益而努力：
看看區分兩者的差異！

一個佛之三十二大人相八十隨形好——佛長久之大樂與圓滿的顯現——乃是從不斷利益眾生的願望中生起。阿彌陀佛能夠帶領僅僅聽聞他名號的眾生，投生他的極樂淨土，也是因為慈悲與菩提心的力量。

佛陀愛一切眾生如同他唯一的孩子。他曾說：

利益眾生即是利益我，
傷害眾生即是傷害我。
如同一個母親因為某人
幫助她的孩子而感到欣喜，
我的心也因為某個人
幫助任何眾生而感到歡喜。
如同一個母親因為某人
傷害她的孩子而感到悲傷，
我的心也因為某個人
傷害任何眾生而感到憂傷。

對一切有情眾生生起慈悲，彷彿每一個眾生是你唯一的孩子，是回報佛陀仁慈的最佳方式，而幫助眾生則是獻給佛陀之無上供養。如佛陀所說的：

> 焚香、花朵、油燈等等，
> 不是獻給佛陀的最佳供養，
> 利益一切有情眾生是最佳的供養。
> 因此，利益一切有情眾生來供養佛陀——
> 你的供養將使一切諸佛欣喜，
> 將使一切眾生欣喜。
> 要取悅世尊，
> 莫過於帶領一切眾生獲得安樂。

因此，對一切有情眾生生起滿溢的慈悲，乃是實現諸佛菩薩之願望的最佳方式。身為一個初學者，你可能無法給予眾生太大的幫助，但你應該不斷觀修慈悲，直到整個人充滿慈悲為止。交換痛苦與快樂的法門，不是僅僅修持一座或一天的法門，而是修持日日月月年年的法門，直到菩提心從你的內在完全綻放為止。寂天大師的《入菩薩行論》是菩提心教法的精要。偉大的瑜伽士巴楚仁波切研習《入菩薩行論》時，一天學習不超過兩個或三個偈誦，因為他觀修這些偈誦，把它們的意義徹底融會貫通。巴楚仁波切不斷地因為它是一個甚深美好的教法而深受感動，並在每一次讀到末尾時感到悲傷。他總是隨身攜帶《入菩薩行論》，直到他圓寂。

B. 把逆緣用於修道之座下修法

為了在日常生活中繼續修持相對菩提心，善用一個人注定要遭遇的逆緣，把它們當做修行的資糧是必要的。在座下階段的修行，是修持與行菩提心相關的法門。

逆緣有四種類型：(i) 你不希望發生的四件事情，(ii) 難以忍受的兩件事情，(iii) 利與衰，以及 (iv) 瞋恨與貪欲。

i. 把你不希望發生的四件事情用於修道

這四件事情分別是：(a) 衰，(b) 苦，(c) 毀，(d) 譏[①]。

a. 如何把「衰」用於修道

12

如果一個人受到巨大貪欲的驅使，
奪取了我所有的財富，或慫恿他人這麼做，
那麼將我的身體、財物，
以及過去、現在、未來三世之功德回向給他，

① 這「四件你不希望發生的事」分別是衰、苦、毀、譏。這四者的相反是利、樂、譽、稱。此八者即所謂的「世間八法」(eight ordinary concerns)。

乃是菩薩的修行。

一般人都認為，擁有資產和財富是值得嚮往的，但執著於財富和資產，卻是修行的障礙。因此，某個人剝奪你的金錢和財物，事實上是讓你脫離這些事物製造的枷鎖，讓你免於墮入下三道。除了心懷感激之外，你應該沒有其他的感受。如果你一無所有，你就自由自在。沒有敵人或竊賊會煩擾你。如俗話所說：

如果你沒有財富，竊賊不會闖入。
如果你沒有攜帶包袱，搶匪不會埋伏。

重要的是，你要記住，如果失去一切，那只是你過去剝奪他人財物的業果。因此，除了氣惱自己，你沒有理由對任何人感到生氣。從這個觀點來看，不是你用財富、名聲和地位招致敵人嗎？如果沒有標靶，箭就無處可射。由於過去生世所造作的惡業，你讓自己成為痛苦之箭的標靶。

偉大的菩薩永遠不會對任何傷害他的人生起瞋恨的念頭。相反的，那個人的福祉是他主要的關注。在佛陀身為菩薩的每一個過去生世之中，他遇見一個同一個人的轉世；那個人不斷為佛陀製造困難。相反的，佛陀總是竭盡所能地幫助那個人。在他身為釋迦牟尼的那個生世，成為一個完全證悟的佛時，那個人投生成為他的堂弟提婆達多。即使提婆達多試圖傷害佛陀，甚至有好幾次要殺害佛陀，但佛陀一再地說，他沒有把提婆達多視為敵人，反而把他視為仁慈的上師，教導他如何行止如一個菩薩。

有一次在一個前世，佛陀投生為一條蛇，後來被一群孩子用石頭砸死。雖然他只要注視那群孩子，就可以殺死他們，但他讓自己的心充滿慈悲，並在死時祈願，未來能夠藉由這個因緣來利益他們。

不論其他人如何傷害你，總是祈願一切眾生的痛苦都由你來承受，而不是由眾生來承受。你要發願，你將永遠能夠服侍眾生，希望他們的心永遠充滿喜樂。如同你在修持上師相應法（或稱「上師瑜伽」，Guru Yoga）時，你觀想上師在你的頭頂之上，在此，你要以一切有情眾生為觀修的對象，彷彿把他們背負在你的頭上一般，並且祈願能夠驅除他們的痛苦，為他們帶來快樂。如我們所了解的，獻給諸佛最大的供養莫過於此。

對傷害你的人生起慈悲，是清淨障蔽、離於瞋恨、發展正面本質的有效方式。事實上，這個方法是如此的有效，使得那個人對你造成的傷害帶領你在菩薩道上前進。話說：

我皈依任何傷害我的人，

因為他是我所有安樂的來源。

剛開始，把它付諸實修似乎有點困難。然而，擁有一顆真正善良的心，每一個人都能夠做到。用你的心去承擔傷害你的人的所有痛苦，然後懷著大悲，把你的快樂送給那個人。你也可以用相同的態度供養水食子，或施行火供，以及觀想你把身體佈施出去，做為獻給三寶的供養、獻給護法的禮物、送給有情眾生的贈禮，以及償還冤親債主的業債。

對於從事這些修行法門而言，擁有一個修持四無量的穩定基礎是重要的。這四無量分別是無量慈，希望所有其他眾生擁有快樂的願望；無量悲，希望所有其他眾生遠離痛苦的願望；無量喜，希望所有已經擁有快樂的眾生，其快樂能夠維持增長；無量捨，認清一切眾生都值得享有同等的慈、悲與喜，不因為你和眾生之間好、壞或不存在的關係而有多少的差異。

在早晨，你的第一個念頭應該是，承諾在一天當中，竭盡所能地去幫助其他眾生，為一切眾生帶來究竟之安樂。在傍晚，把你在白天積聚的功德回向給一切有情眾生。如果有任何人曾經試著傷害你，那麼立下願望，希望他們離於所有的瞋恨和惡意，願他們所有良善的願望都得以實現。

剛開始，要真正改變你的態度是困難的。但如果你了解修心背後的意義，並持續努力去應用這個修心的法門，你會發現，它能夠幫助你度過每一個困境，如同一台設計良好的車輛能夠輕易迅速地行駛於任何路程。

b. 如何把「苦」用於修道

13

如果有人即將斬下我的頭，
即使我沒有絲毫過錯，
透過悲心的力量，
擔負他所有的惡業，
乃是菩薩的修行。

重要的是，不論某個人即將對你造成什麼樣的傷害——即使要斬下你的頭顱，或帶來其他可怕的痛苦——你要記得這是你過去行為的結果。在一個前世，你必定對其他人做了相同的事情。切勿憤怒。讓你的仇敵去做任何能夠令他心滿意足的事情。對你的仇敵充滿慈悲。種敦巴曾說：

如果某個人把我碎屍萬段，

願我沒有絲毫的惱怒，

而是立即披上忍辱的盔甲。

菩薩試著給予協助和利益來回應傷害。如果你看見某人正在做一些負面的事情，那麼思量他正在為自己所積聚的痛苦，祈願他負面行為的業果由你來承擔，使他免於墮入下三道，並且把你行善的業果回向給他。

如此修行也有助於根除「有一個真實存在的自我」的信念。因為終究來說，你真正的敵人不是某些殘酷無情、有權有勢的人，或某些兇殘的掠奪者，或鐵石心腸的競爭對手；這些人不斷騷擾你，奪走你的一切，或用法律訴訟來威脅你。你真正的敵人是你相信有一個自我。

「有一個恆久的自我」的想法，讓你在過去無數個生世之中，無助地在輪迴的下三道中流浪。此時此刻，正是這個想法阻止你去讓自己和他人從輪迴中解脫。如果能夠放下那個「我」的念頭，你會發現，讓自己解脫是容易的，去解脫他人也是容易的。如果今天你克服「有一個真實存在的自我」的信念，今天將獲致證悟。如果你明天克服這個信念，明天就會獲致證悟。但如果永遠沒有克服這個信念，你將永遠無法獲致證悟。

這個「我」只是一個念頭，一個感受。一個念頭天生不具有任何實體、形狀或顏色。舉例來說，當強烈的瞋恨感受在心中生起時，你想去打鬥或去毀滅某個人，那麼是這個瞋恨的念頭握著武器嗎？它能夠率領一支軍隊嗎？它能夠像火焰一樣燒傷任何人、像石頭一樣壓垮他們，或像一條猛烈湍急的河流把他們帶走嗎？不能。如同其他的念頭或感受，瞋恨不具有真實的存在。它甚至無法在你身、語、意的任何部位找到。它如虛空中的風。與其讓這種狂野的念頭決定你的行為，不如去檢視它們本俱的空性。舉例來說，你或許發現自己突然和某個你認為想要傷害你的人面對面，一種強烈的恐懼感因此生起。一旦你了解，那個人對你只有良善的意圖，你的恐懼就會消失。它只是一個念頭。

同樣的，即使你已經花了許多生世的時間來相信這個「我」的真實性，但是一旦你了解，這個「我」沒有本俱的存在，你的信念就會輕易地消失。如果你沒有覺察到「我」的真實本質，這個「我」的想法就具有左右你的力量。沒有了「有一個自我存在」的信念，瞋恨、貪欲、恐懼等情緒就無法再生起。檢視傷害的本質：它是無法抓取的，如同在水面上畫畫一般。當你真正體驗到這一點，瞋恨會自行消失。一旦念頭的巨浪平息，一切都變得如虛空一般，沒有什麼可以失去，也沒有什麼可以獲得。

「我」僅僅是你賦予短暫結合之概念的標籤，以及你對身、語、意的執著。「我」不是一個如諸佛之法身本質那般究竟的、永恆不滅的真諦。運用任何修行法門來消融「我」這個概念，以及伴隨「我」而來的自私發心。即使你在一開始沒有成功，也要繼續嘗試。

c. 如何把「毀」用於修道

14

即使有人用各種難聽的話貶損我，
並且在千萬個世界中到處張揚，
出於慈悲，
我讚美這個人的功德，
乃是菩薩的修行。

如果有人誹謗你、貶損你，那僅僅是你在過去批評、侮辱其他人，尤其是批評侮辱菩薩的結果。與其對這種人感到憤怒，相反的，你應該感謝他們給予你機會來清淨過去的錯誤行為。重要的是，在所有的情況下，你都要如實地依照教法來行止——尤其是在這種情況之下。如果你不應用教法，那麼領受教法有什麼意義？遭遇逆緣是你把教法付諸實修的最佳機會。

有一次在拉倫寺（Ratreng monastery），一個清白的僧侶被指責是偷盜一只碟子的竊賊。他去見寺院的住持，並問住持：「我沒有犯錯，我應該怎麼做？」住持建議他：「接受指責，供茶給所有的僧侶，你終將被證明清白無辜。」僧侶照著住持的建議做。那天晚上，他擁有許多吉祥的夢兆，表示他整個人被清淨了。之後不久，遺失的碟子也被找到，那名僧侶洗刷了冤屈。住持知道這件事情之後，做了一個結論：「這是正確的行為方式！」

因此，你要記得，不論你擁有美譽或聲名狼藉，它完全不具有任何客觀的真實性，不值得你去在意。過去偉大的上師從不為了這種事情而煩惱。他們總是用仁慈、忍辱來回應誹謗。

朗里・塘巴正是如此的上師。在他禪修的洞穴一帶，曾有一對夫妻所生的孩子總是在嬰兒時期夭折。另一個孩子尚未出世之前，他們前去請教一個傳神諭的人。那個神使說，只有他們聲稱孩子是一個上師的子嗣，孩子才能活下來。因此，妻子帶著男嬰前往洞穴，把男嬰放在朗里・塘巴的面前。她說：「這是你的兒子。」之後就離開了。朗里・塘巴對此未置一詞，只要求他認識的一名虔誠婦女來哺餵、照料孩子。可以肯定的是，朗里・塘巴身為僧侶、卻生養了一個孩子的閒話滿天飛。幾年之後，男孩的父母帶著大量的供養前來，充滿恭敬地對朗里．塘巴說：「請原諒我們。雖然你一點過失也沒有，但我們卻讓不利於你的謠言四處傳播。這個孩子能夠活下來，全是因為你的仁慈。」如往常般寧靜地，朗里．塘巴把孩子交還給他的雙親，沒有說隻字片語。

一些人投入所有的精力，甚至冒著生命危險來追求名望聲譽。名望聲譽和惡名昭彰都不過是空虛的回音。你的名譽如同誘人的海市蜃樓，能夠輕易地讓你走入歧途。毫不猶豫地拋棄名聲，如同你把鼻涕從鼻子擤走一般。

d. 如何把「譏」用於修道

15

在大型集會之中，
某人用侮辱的語言揭露我隱藏的缺陷，
恭敬地向他行禮，
視其為法友，
乃是菩薩的修行。

如果你想要成為佛陀真正的信徒，那麼，受到傷害時，絕對不要報復。你要永遠記得四種正修法（four principles of positive training），它們分別是：如果有人虐待你，不要回報以虐待；如果有人對你發怒，不要以發怒來回應；如果有人揭露你隱藏的過失，不要以揭露他的過失來回應；如果有人攻擊你，不要報以攻擊。

如果有人批評你，挑你最敏感的痛處，或憤怒地用最冒犯的語言來羞辱你，不論有多麼難忍，都不要以牙還牙，以眼還眼。修持忍辱，絕對不要發怒。用正面積極的態度來承受，把它當做放下驕慢的機會。透過把勝利送給他人，快樂地接受失敗，來修持佈施和慈悲。讓其他人獲勝，是所有佛教修道的特徵之一。事實上，有什麼去獲勝或失敗的？從究竟的觀點來看，輸贏之間沒有絲毫差異。

中國共產黨入侵西藏時，許多佛教上師被虐待，被當做罪犯來對待，以及被毆打。他們沒有生起瞋恨，反而祈願一切有情眾生之惡業，都因為他們被惡意攻擊而獲得清淨。如這些上師一般，當你被羞辱，祈願你能夠運用你和羞辱你的人所結下的因緣，帶領他們獲得解脫。

沒有什麼羞辱大到讓人無法忍受。如果你覺得惡毒地回應、用尖酸刻薄的語言來唇槍舌戰、予以反控是正當的，一定會火上加油，使雙方怒上加怒。這是人們開始爭鬥、殺害彼此的方式。謀殺和戰爭都僅僅起於一個瞋恨的念頭。寂天大師說：

沒有能和瞋恨相似的邪惡，
沒有能和忍辱相比的苦行。

因此，絕對不要屈服於瞋恨。要忍辱。此外，要感謝羞辱你的人，因為他們給予你一個寶貴的機會，增強你對菩提心的了解與修持。偉大的吉美．林巴說：

敵手的惡劣對待，
是你禪修的催化劑；
你不應受到的無禮斥責，
會向上策勵你的修行；
傷害你的人是上師，
挑戰你的執著與瞋恨——
你如何能夠報答他們的仁慈？

的確，如果你缺乏勇氣去面對自己隱藏的過失，你的修行不可能有太大的進展。任何幫助你看清那些過失的人或情況，不論有多麼的令人不自在或令人感到羞辱，都是在幫你大忙。阿底峽說：

抨擊你的隱藏過失的人，是最佳的法友。

揭穿你的隱藏過失的教導，是最佳的教導。

敵人、障礙與疾病的痛苦，是最佳的激勵。

噶當派上師夏瓦巴[1]曾經告誡前來見他的弟子說：「我只顯露人們隱藏的缺患。如果你能夠不氣惱，就留下；如果你無法不氣惱，就離開！」

因此就世間八法而言，即使從相對的觀點來看，也有許多方法能夠根除善惡好壞、你想要發生的事物和你不想要發生的事物之間的分別。從究竟的觀點來看，利與衰、樂與苦、譽與毀、稱與譏之間沒有絲毫差別。它們都是平等的，其本質皆空。寂天大師說：

由於事物缺乏真實的存在，
那麼有什麼可以得到，什麼可以失去？
有誰向我獻殷勤和榮譽，
有誰輕蔑辱罵我？

苦與樂從何處生起？
是什麼給我喜與憂？

① 夏瓦巴（Shawopa）或夏瓦·甘巴（Shawo Gangpa，1067-1131），朗里·塘巴的弟子，也是種敦巴三個主要弟子布托瓦（Putowa）、千噶瓦（Chengawa）和布瓊瓦（Puchungwa）三昆仲的弟子。

ii. 把兩件難以忍受的事用於修道

這兩件事分別是：(a) 待人仁慈而被以無禮回報，(b) 羞辱。

a. 如何把「待人仁慈而被以無禮回報」用於修道

16

被我視如己出地來關愛的人
待我為仇敵，
如母親愛生病的孩子一般更加愛他，
乃是菩薩的修行。

如果你善待他人而期待有所回報，或希望人們仰慕你是一個菩薩，這就是一個錯誤。這種態度與菩薩的真正發心之間有天壤之別。你不但不應該期待任何回報，當人們忘恩負義時，你也不應該感到絲毫的困擾。你為某個人冒了生命的危險，但那個人可能用怨懟、仇恨或傷害來回報你的仁慈。然而，你只應該更加愛他。只擁有一個孩子的母親，不論孩子做了什麼，都對他充滿愛意。當她哺育孩子時，他可能啃咬她的乳頭，使其嚴重受傷，但她永遠不會發怒，或愛他少一點。不論發生了什麼事，她都將竭盡所能地繼續照顧他。

許多人沒有你所擁有的幸運，得以遇見一個上師，因此他們無法脫離迷妄。不論他們的行為有多麼惡劣，他們比任何其他人更需要你的幫助和慈悲。你總是要記得，傷害你的人完全是情緒的受害者。想一想，如果他們能夠遠離這些情緒，該有多麼美好。當一個輕率粗心的孩子無禮對待一個體貼周到的大人時，那個大人不會感到憤怒，反而會試著用大愛來幫助孩子有所改善。

碰到一個傷害你的人，等於碰上一個珍貴稀有的寶藏。尊敬那個人，善用這個機會來根除你的缺患，在修道上有所進展。如果無法對那些惡劣對待你的人生起慈悲，這是你的心尚未完全轉化的徵兆，需要更加精進努力地轉化你的心。

真正的菩薩從來不希求回報。他出於天生的慈悲，自然而然地回應他人的需求。因果報應不爽，因此菩薩利他的行為肯定會結出果實——但他從來不有所指望。他從來不會去想，人們沒有表現出足夠的感激，或人們應該待他更好。但如果某個曾經傷害菩薩的人，後來改變行為舉止，走上修行的道路，獲致解脫，將使菩薩感到全心的歡喜和滿足。

b. 如何把羞辱用於修道

下一個部分是關於如何處理人們用羞辱回報仁慈。

17

即使同儕或部屬
出於驕慢而竭盡所能地貶損我，
恭敬地視他們為頭頂上的上師，
乃是菩薩的修行。

一個和你擁有同等能力或地位的人，或一個沒有任何良善品質、地位比你低下的人——儘管你待之以禮，對他體貼周到——可能會出於自負驕慢而輕蔑地批評你，試著用各種方法來羞辱你。這種事情發生的時候，不要氣憤或惱怒，或覺得自己遭受惡劣對待。

相反的，把這種人視為指示你解脫道的仁慈上師，敬重以待。祈願你能夠盡可能地善待他。不論發生什麼事情，不要希望有採取報復的時刻。那些缺乏你所擁有的教育、力量和技能的人鄙視你、傷害你，而你能夠安忍地承受，這種忍辱的能力尤其令人仰慕。在安忍地承受羞辱時，仍然保持謙卑，是一個非常有效的方式來對治根深蒂固的串習——只顧自己的快樂和歡悅的串習。

絕對不要驕慢自大。相反的，採取最謙卑的姿態，視每一個人在你之上，彷彿你把他們背負在你的頭上一般。話說：

把一切有情眾生背負在頭頂之上，

即是菩薩之火炬和旗幟。

偉大的上師種敦巴甚至會繞行一條在路旁的狗，認清那條狗如一切有情眾生般具有佛性。

iii. 把「成功」與「匱乏」用於修道

a. 如何把「匱乏」用於修道

18

即使遭受他人的捨棄和誹謗，

身染重病，

受到邪魔的侵害，

仍然擔負一切眾生的痛苦和過失，

不灰心喪志，

乃是菩薩的修行。

在這個世界上，無以數計的人喪失一切——食物、衣著、住所和情感。他們幾乎無以維生。許多人是遭受虐待的受害者，或染上嚴重的疾病。

當你承受如此的痛苦折磨時，懷著慈悲和勇氣去祈願自己承擔一切眾生的困難和痛苦，把你所擁有的快樂佈施給眾生。試著去提供人們所需的一切。思量痛苦的正面品質。

事實上，痛苦在許多方面有助益。它激勵你的發心。如許多教法所指出，沒有痛苦，就沒有脫離輪迴的決心。悲傷是有效對治驕慢的解藥。巴楚仁波切曾說：

我不喜歡快樂，我喜歡痛苦：
如果我快樂，五毒就會增長。
如果我痛苦，我過去之惡業就會耗盡。

我不重視高位，我喜歡卑下低微。
如果我重要，我的驕慢和妒嫉會增長；
如果我卑下低微，我會輕鬆自在，
我會增長修行。
最低下之處，是過去聖者之座席。

卡拉．貢秋[1]說：

① 卡拉．貢秋（Kharak Gomchung），十一世紀的噶當派大師，一個放棄所有活動，僅僅從事修行的出離者之完美典範。想到不可避免的、即將發生的死亡，他甚至不造通往他的洞穴的階梯，也不移除洞穴入口長滿荊棘的樹叢。他認為，如果他那天就要死去，做這些事情是多麼浪費時間。他以無限的悲心聞名。他的著作《七十支法語》（*Seventy Counsels of Advice*）濃縮了噶當派教法的精髓。他是格西貢巴（Geshe Gonpa）最重要的弟子。他的弟子則包括谷．東（Ngul Tön）和達瑪．雅（Dharma Kyap）。

困難是上師；
障礙是修持佛法的動力：
痛苦是掃除惡業的掃帚，
切勿嫌棄它們。

的確，困難的時刻和情況生起時，即是真正的修行和裝模作樣之間的差異立見分曉的時候。

有渴望奪取生命的惡靈。阻止他們傷害你及他人的最佳方式，不是懷著瞋恨與他們戰鬥，而是一再地觀想你把自己的身體當做供養來滿足他們。在你準備就緒，能夠為了其他眾生而佈施你的生命和身體之前（目前你無法做到這個程度），你至少能夠在心意上如此從事。當你的心習慣了利他的慈悲之後，你的語言和行為將自然而然地反映出那種態度。

曾有五個羅剎（以血肉維生、如食人魔般的眾生）抵達一個陌生的國家，準備大肆獵殺。他們首先攻擊羊隻，試著用武器、尖銳的牙齒和爪子殺害眼睛所見的每一個生物，卻徒勞無功——他們無法殺害任何動物，甚至無法傷害牠們。這個國家的生物似乎刀槍不入，彷彿牠們是石頭做的。他們的瞋恨轉為驚訝。他們詢問一些牧羊人：「為什麼我們無法殺害任何一隻羊？」牧羊人告訴他們，這個王國是由一個名叫

「慈愛的力量」的君王所統治。他一直待在宮殿最高的塔內，全神貫注、深刻地觀修慈悲。正是他慈愛的力量，使王國之內沒有飢荒、疾病或瘟疫，沒有生物被殺害。

五個羅剎前去會見國王。他們告訴國王，為了活下去，他們必須吃肉飲血，但他們在他的王國之內找不到任何食物。國王說：「 我想提供你們食物，但我不能讓你們傷害任何人。由於你們需要血肉來維持生命，因此我把自己的血肉給你們吃。」國王用一枝矛刺穿身體，把血肉佈施給五個羅剎。五個羅剎嘗到菩薩國王的血時，突然體驗到一種慈愛的甚深禪定狀態。他們立下誓言，從那個時候開始，絕不傷害任何生命。

這個故事說明了慈愛的力量。《大乘莊嚴經論》提及觀修慈心所生起的八種無上功德[1]。巴楚仁波切曾說：觀修慈心可以平息鄰近地區所有的災難和紛擾。密勒日巴尊者也說，對待人道眾生如同對待天道眾生，等於是獻給我們自己一個寶藏；如果我們只希望他人快樂，並且充滿慈心，就會開啟各種圓滿成就的寶庫，而我們所有的願望都會自然而然地實現。

① 《大乘莊嚴經論》提及觀修慈心所生起的八種無上功德：1) 天眾與人將隨喜；2) 他們將保護你；3) 你不會受到毒藥的傷害；4) 也不會受到武器的傷害；5) 你將擁有一個快樂的心；6) 你將體驗到各種快樂；7) 你將毫不費力地成就願望；8) 即使你沒有立即獲得解脫，也將投生上三道。

b. 如何把「成功」用於修道

19

雖然我具有名望，受人敬重，

如財神般富有，

但去了解世間的財富和榮耀缺乏本質，

並且離於驕慢，

乃是菩薩的修行。

菩薩把財富、美貌、影響力、功成名就、家庭傳承（即今生所關注的一切凡俗事物）視為如閃電般轉瞬即逝，如露珠般短暫，如泡沫般空洞，如蛇皮般逐漸蛻去。不論他擁有什麼樣的世俗成就和殊榮，他從不自大驕慢。

不論你累積了多少財富，它終究都會被取走，不是被盜匪、被有權有勢的人取走，就是被死神取走。如果你的子孫繼承了你的財富，它不一定會為他們帶來任何真正的好處；他們可能會用它來超越敵人，左右親戚，以及累積會把他們推入輪迴下三道的惡業。

密勒日巴總是教導在家弟子：慷慨佈施那些窮困潦倒的人，是成就佛法的最佳方式。懷著利他心所從事的佈施行為，即使是微小的，也能夠積聚大量的功德。如果你擁有權勢和財富，那麼讓它們充滿意義；要如西藏三個偉大的法王①一般，為了佛法和利益眾生來運用權勢和財富。另一方

① 松贊甘布（Songtsen Gampo，609-698）、赤松德贊（Trisong Detsen，790-844）和赤喇巴千（Tri Ralpachen，於815-838統治西藏）。在他們統治西藏期間，由於他們的信心、努力和慷慨，佛教經典、論著和上師因而被帶入了西藏。

面，吝嗇貪婪（不論你目前是富裕或貧窮）即是種下投生餓鬼道的種子；餓鬼道的眾生會被剝奪一切。

祈願你能夠追隨偉大菩薩的典範；偉大的菩薩因為過去的慷慨佈施及其累積的功德，投生成為有權有勢的君主，擁有驚人的財富。他們用財富來幫助窮困的人，紓解飢荒和疾病。除了照料民眾肉體的安康之外，也教導民眾避免十不善業[①]，從事十善業。他們充滿慈悲的事業使王國內的每一個眾生免於墮入輪迴的下三道。在他們的王國之內，作物豐收，繁榮昌盛，充滿安樂。

① 十不善業包括：身的三不善業——殺生、偷盜和邪淫；語的四不善業——妄語、兩舌、惡口和綺語；意的三不善業——貪欲、瞋怨和邪見。十善業是去避免十不善業，從事與十不善業相反的行為。

如是思惟：「願一切有情眾生的需求，即使是最微小的昆蟲的需求，都被圓滿實現。」盡可能地善用財富來幫助他人。在任何可能的時候，試著提供他人日常所需的食物、衣著、住所等等。在此同時，立下這樣的願望：希望能夠給予一切眾生佛法的無上禮物，來圓滿實現他們究竟的需求。

iv. 把「貪」與「瞋」用於修道

a. 如何把瞋恨的對象用於修道

20

如果沒有克服自己的瞋恨，

愈去和外在的敵人交戰，
敵人的數量就愈多，
因此，用慈悲的軍隊來調伏自心，
乃是菩薩的修行。

一旦降服了瞋恨，你將發現外在世界不再有任何仇敵。但如果你持續讓瞋恨為所欲為，努力去克服外在的敵人，你將發現，不論擊敗多少敵人，總會有更多敵人取而代之。即使你能夠征服宇宙中的所有眾生，你的瞋恨也只會更加強盛。放縱瞋恨，你將永遠無法適當地處理瞋恨。瞋恨本身是真正的敵人，不容許存在。觀修忍辱與慈心，乃是掌控瞋恨的方式。一旦慈悲在你的心中生根，就不會再有外在的敵人。如《百頌》（*The Hundred Verses*）所說的：

如果你出於瞋恨而殺人，
你的敵人將永不止息。
如果你殺死瞋恨，
你將一次殺盡敵人。

在過去的一個生世之中，佛陀是一隻巨大的海龜。有一天，牠在見不著陸地的汪洋中看見一艘遭遇海難的船隻正在下沉。船上的一些商人即將滅頂，但這隻海龜救了他們，把他們背在背上游了很長一段距離，抵達最近的海岸。把商人平安地帶上陸地之後，牠筋疲力竭地在海灘上睡著了。在牠睡著的時候，有八千隻蒼蠅開始啃噬牠的身體。海龜在巨大的痛苦中醒來，了解發生了什麼事情，明白牠沒有辦法擺脫所有的蒼蠅；如果牠跳入大海，蒼蠅都會死亡。因此，身為菩薩，牠留在原處，讓蒼蠅噬盡牠的身體。牠心中充滿了慈心，並祈願：「當我證悟時，願我耗盡所有這些昆蟲的煩惱與惡業，根除牠們相信事物真實存在的信念，進而帶領牠們成佛。」如此祈願的結果是，佛陀在印度鹿野苑初轉法輪時，之前的八千隻蒼蠅已投生成為在場聽聞佛法的八千名天眾。如果海龜在瞋恨中投入大海，殺死了那八千隻昆蟲，牠的痛苦將沒有盡頭。出於瞋恨而殺害任何一個生命的結果是投生地獄道，在其中停留一大劫的時間，也就是人道五百個生世的時間。

絕對不要發怒。即使有人蓄意、惡意地傷害你，也不要發怒。如我們所了解，你應該感謝這樣的人幫助你清淨過去的惡業，增長你脫離輪迴的決心，並且生起慈悲。

這年頭，飢饉、衝突、戰爭及其他動亂在世界各地不斷增加。這是因為人們放任情緒，使其變得難以駕馭，進而聽情緒之令行事。當貪、瞋、癡、慢、疑減少時，衝突會減少，世界上的流行病、天然災害也會減少，如同火熄滅了，煙也跟著消失。人們會自然而然地把心轉向佛法。

教法的一個重點在於，明瞭執著、瞋恨和無明是你最老的敵人，一旦你降服它們，外在世界就不再有敵人。有朝一日，你將非常清晰準確地看清這個道理。如果你不了解這個重點，並且輕率地行止，你的情緒會完全失控。在瞋恨之中，你可能準備在戰爭中犧牲生命，甚至可能在一眨眼之間殺害地球上的每一個人，而沒有任何悔恨。當你放任瞋恨，讓它接管你的心，蓄集了全副力量的時候，就會發生這種事情。檢視瞋恨本身，你將發現它只不過是個念頭，沒有別的。如果瞋恨的念頭消失了，它就不會導致出於瞋恨的行為，也就不會產生負面的業果。用了悟來踐踏瞋恨，它將如同天空的雲朵般消散。隨著瞋恨的消散，「敵人」的見解也將隨之消失。

瞋恨及其他情緒會持續在凡夫俗子的心中湧現，但它們都可以用正確的對治解藥來抵銷，因為在本質上，它們全是空虛的。重要的是，了解所有外在的痛苦皆來自這些存在於心續中的有毒情緒。如格西布托瓦[①]所說：

如果你視任何人為敵人，對其他人有親疏遠近之分，你將不會成佛。因此，無分別地對數量如虛空般廣大浩瀚的一

① 格西布托瓦（Geshe Putowa），也就是仁千．薩（Rinchen Sal，1031-1105），種敦巴的三個主要弟子之一，參見第 104 頁註解 ①。

切有情眾生生起慈悲。

懷著清淨的發心把心轉向內在，應用正確的對治解藥。你將能夠如法地轉化自己，依循菩薩道來行止。

b. 如何把貪欲的對象用於修道

21

感官的享受如同鹽水，

嘗得愈多，口愈渴，

立即捨棄所有會引生執著的事物，

乃是菩薩的修行。

不論你今天享有什麼樣的舒適、財富、美貌和權勢，都是過去生世從事一些微小善行的結果。不論你擁有多少的舒適、財富、美貌和權勢，永不滿足是一般人的特徵。你或許擁有多過你實際需要的財富，你或許勝過眾多對手，你或許擁有親密的朋友和親人，但這些永遠都不夠；即使金幣如下雨般從天而降，也可能都不夠。當你對所有令人嚮往的事物①的渴望變得如此根深蒂固時，試著去滿足你的渴望，就如同飲用鹽水──喝得愈多，愈感到口渴。

「不滿足」的毀滅力量可以由頂生王②的故事來說明。

① 在此，札楚仁波切（Dzatrul Rinpoche）的論釋包括一個針對酒、肉和性的危險所做的長篇陳述。見附錄二。

② 這個故事被記錄在描述佛陀前世的《本生經》（*Jataka tales*）之中。頂生王（King Mandhatri），藏文「噶拉努」（Ngalenu），在毗婆尸佛（Buddha Vipashyin，即「勝觀佛」）時期的一個前世，曾經是一個小男孩。他遇見正要去化緣的毗婆尸佛，立刻對毗婆尸生起巨大的信心，而想要供養毗婆尸佛，但是他只在口袋裡找到一把豌豆。他以供養的手勢把豌豆扔向毗婆尸佛。四粒豌豆落入毗婆尸佛的托缽，兩粒豌豆落在毗婆尸佛心間的位置，一粒豌豆則卡在毗婆尸佛的袈裟之中。如此供養的結果是，這個小男孩轉世成為統御四大洲的頂生王，最後達到「三十三天」（Heaven of the Thirty-Three）的層次，與連續三十七位帝釋天共享王座。根據《本生經》的另一個版本，這個小男孩在施行供養的最後，以一種負面的態度把四粒豌豆丟在地上，而他從天道墮落，則是這最後四粒豌豆的結果。

頂生王在過去的一個生世積聚了大量的功德，然後投生成為一個轉輪聖王。他逐漸登上天道的不同層次，最後達到「三十三天」（the celestial Heaven of the Thirty-Three）的層次。在那裡，他能夠和天神中的天神帝釋天共享王座。帝釋天擁有許多劫的壽命，能夠享受如意樹的果實，飲用仙湖的甘露，用身體散放出來的光芒照亮整個宇宙。頂生王本來能夠繼續享受如此精緻的快樂，但他想要殺害帝釋天，好讓自己變得更有權勢，成為宇宙中最偉大的人物。這個念頭恰巧在他的功德耗盡時生起，他痛苦悲慘地死去，墮入凡俗的世界。

細看古往今來大城市中的生活，你會看到人們狂熱地累積持續增加的財富，卻仍然毫不滿足地死去。阿底峽說：

放棄對一切事物的貪欲，
保持無貪無欲。
貪欲不會帶來快樂，
它斬斷解脫的生命。

知道如何滿足於你所擁有的事物，即是擁有真正的財富。過去偉大的聖哲和隱士具有滿足於他們所擁有的事物、滿足於他們的生活方式的能力。他們居住在僻靜處，以洞穴為住所，以最少的必需品來維持生命。

當你知道如何去判斷什麼是足夠的，你將不再受到渴望、貪欲和需求的折磨。否則，如俗話所說的：「渴望如同一條狗——牠得到的愈多，想要的愈多。」佛陀的追隨者，阿羅漢和聲聞（shravakas），僅僅擁有橙黃色的袈裟和一只托缽。他們用一生的時間來從事甚深的禪定。那是他們讓自己從輪迴中解脫的方式。他們不嚮往財富、名聲或地位；他們認為這些事物毫無意義，毫不猶豫地把它們留在身後，如同塵土中的唾沫。如今，人們忙碌地追求物質，全神貫注於自己能夠得到什麼。結果，聞、思、修退減了，佛陀的教法也隨之衰微。

事實上，聞、思、修是永不足夠的唯一事物。甚至連最博學多聞的聖哲（例如世親[①]，他記憶了九百九十九本重要的論著），都不曾認為他們已經達到學問的頂峰，並明瞭仍然有大量的知識要去學習。菩薩婆素拔陀（或「世賢」，Kumara Vasubhadra）親炙一百五十位上師，但沒有人曾經聽他說自己已經領受了足夠的教法。智慧主文殊師利通曉一切，行走宇宙十方之所有淨土，不斷請求諸佛為了眾生來轉動大乘教法的法輪。

因此，你要滿足於擁有的凡俗事物，但絕不要滿足於佛法。如果你對凡俗的貪愛和厭惡永不滿足，又不渴望佛法，你只會愈來愈向下沉淪。

① 世親（Vasubandhu），無著的弟弟兼弟子，精通佛陀的整套教法，是印度最偉大的班智達之一。

II. 究竟菩提心

究竟菩提心的修行包括：(A) 毫不執著地安住在離於戲論之狀態的座上修法，以及 (B) 捨棄相信貪瞋之對境為真實存在的座下修法。

A. 毫不執著地安住在離於戲論之狀態的座上修法

22

一切生起之現象乃心之造作，
心的本質離於概念之限制。
認清心之本質，
然後停留在這認識之中，
不造作，
不持有主體與客體的概念，
乃是菩薩的修行。

在今生之中，你對周遭的一切有許多不同的認知與看法。讓我們舉你和其他人之間的關係為例。你對某些人產生正面的看法——朋友、親人、施恩於你的人、保護你的人；你視其他人為仇敵——那些批評你、毀損你的名譽、打敗你、愚弄你或詐騙你的人。這個過程從感官開始；透過感官，我們的心感知到各種形狀（色）、聲音（聲）、氣味（香）、味道（味）和感覺（觸）。當心覺察到這些外在的對境，它把它們加以分類。它受到令它感到愉悅的對境吸引，並試圖去避免令它感到不悅的對境。然後，心開始受苦，因為它得不到它想要的、令它感到愉悅的事物，同時必須經歷它想要避免、令它感到不悅的事物。它總是忙碌地追逐一些令它感到舒適愉快、或它想要去享受的情境，或努力去逃避一些它不想要的、困難的、令它感到不悅的情況。但這些令人愉快或不悅的體驗，並不是你所感知的對境本俱之功能。它們僅僅是心之造作。

讓我們以感知視覺形相的過程為例。對境是外在世界的一個特定形相，眼睛是感覺到這個對境的器官，而意識則感知到這個影像，並加以分類。看到一個美麗俊俏的人、一個親愛的親人或一尊佛像時，你感到欣喜。看到一件醜陋的事物，或某個心懷惡意的人前來揶揄或攻擊你，你感到不悅、焦慮或憤怒。所有這些認知與看法都是從心生起。它們由你感知到的對境所觸發，但它們本身並不存在於那個對境之中，也不源自心以外的任何處所。

一般而言，心是它偏頗認知的奴隸。心把每一件事物區分為討人喜歡或不討人喜歡，並且不斷努力去體驗令它感到愉快的事物，去除令它感到不悅的事物——對這不是離苦得樂之道的事實視而不見。盲目的無明驅使心不斷地生起喜愛與憎惡的感受。你永無止境地投入俗務，而這些俗務不比在水中作畫長久。你全然投入這些令人分心的事物，耗盡了生命，浪費了目前享有的、珍貴的暇滿人身。

心造作一切。因此，你唯一要做的，即是掌控你的心。帝洛巴教導那洛巴[①]：

> **束縛你的不是你所感知到的事物，**
> **束縛你的是你對該事物的執著。**
> **斬斷你的執著，那洛巴！**

如果你掌控你的心，心自然而然會保持專注、寧靜和明覺。你甚至能夠在人群中漫遊徘徊，而不被貪欲或瞋恨所分散帶走。但如果你沒有掌控你的心，受到串習的影響制約，那麼即使你在一個僻靜處閉關，念頭仍將一個接一個生起，如同水中之漣漪。過去的記憶將栩栩如生地在你心中湧現，對於未來的計畫、決定和臆測也將栩栩如生地在你心中湧現。你將把所有時間花在追逐念頭和概念之上；如此大量的心理活動，對修行一點用處也沒有。

① 帝洛巴（Tilopa，988-1069）及其弟子那洛巴（Naropa，1016-1100）是印度著名的大成就者。

一個受到控制的心，乃是快樂唯一的、真正的來源。但要掌控你的心，你必須更加明白心如何運作。因此，這個心是什麼？

當你看到一個討人喜歡的形相、朋友或親戚，一種快樂的感受生起，你心想：「遇見他們多麼快樂！」就一個面向而言，這是心。當你看見一個不喜歡你、指控你偷竊或不誠實的人，你可能會生起憤慨和暴怒的感受，這是心的另一個面向。這些反應都只不過是念頭，然而一旦它們在心中生起，就能夠擴張，生起更多的念頭，變得非常強而有力。一旦瞋恨生起，它可能會增長到你準備要殺人的地步。一旦執著和貪欲被激起，你可能很快就準備要不擇手段，用身上的每一分錢去獲得你渴望的事物，不論是一個女人、男人或其他物品。看看發生了什麼事情，你會看清它只不過是念頭，沒有別的。你感知到的每一件事物都是如此。

現在你看我坐在這裡，你心想：「他正在教授佛法，我最好仔細聽他在說些什麼。」這些也是念頭。你認為在你面前有某件堅實的事物，是因為你感知到一個對境，並生起與這個對境有關的各種感受。

如我之前所說的，這個過程始於感官覺知。有一個識感知到色相，一個識感知到聲音，一個識感知到味道，一個識感知到氣味，另一個識感知到觸覺。但這些還不是我們所謂的念頭。它們僅僅是基本的覺知。接著，當你接觸到某件事物，一連串的念頭被觸發了。舉例來說，如果你剛剛聽到某人讚美你，你開始感到得意洋洋，心想你的聲譽正在提升。或者，某人剛剛羞辱你，你開始感到厭煩。這些都只不過是念頭。簡而言之，心只不過是這些隨機念頭的集合。

過去的念頭已經逝去。自從日出以來，在你心中生起的無數念頭已經全部消失。未來的念頭尚未生起，而未來的念頭會是什麼，難以捉摸。誰知道從現在開始一直到午夜，你會想些什麼？因此，你只剩下當下的念頭可以檢視。

我們來檢視一個當下的念頭。舉例來說，你可能會想：「我冷。」這個念頭在你的皮膚之中，或在骨頭、神經之中，還是在心臟、腦部或肝臟之中？如果你認為有某一件事物在某一個地方，那麼它具有任何形狀嗎？它是方形、圓形，還是三角形？它有顏色嗎？它是紅色、藍色、黑色、黃色，還是什麼顏色？或者它如天空中的彩虹，因為各種因素的結合而突然顯現？

不論你多麼努力地去看，你都無法用手指指著任何一件事物說：「念頭在這裡！」你無法這麼做，是因為念頭的本質是空。除了空性之外，沒有別的。

當一道彩虹栩栩如生地在天空顯現，你可以看見彩虹繽紛美麗的色彩，但你無法把它當做衣服來穿，或把它當做飾品。彩虹透過各種因素的結合而生起，但它沒有什麼是可以被抓取的。同樣的，在心中生起的念頭沒有具體的存在或本俱的堅實性。不具任何實體的念頭，沒有任何符合邏輯的理由去擁有支配你的力量，你也沒有任何理由成為念頭的奴隸。

過去、現在、未來一連串永無止境的念頭讓我們相信，某件事物本來就存在，而且是不斷存在，我們稱這件事物為「心」。但事實上，如我先前所說，過去的念頭如死屍般沒有生命。未來的念頭尚未生起。因此，這兩種不存在的念頭如何能夠成為一個本來就存在的實體的一部分？

很難想像一個當下的念頭會是既不和過去有所連結，也不和未來有所連結。另一方面，一個當下的念頭如何能夠倚賴過去和未來這兩件不存在的事物？會不會有過去、現在、未來的念頭互相結合、互相接觸之處？舉例來說，如果當下的念頭和過去的念頭相接觸，那麼這個當下的念頭必定是一個過去的念頭，要不然那個過去的念頭必定要存在於當下。當下的念頭和未來的念頭相會也是相同的道理：當下的念頭仍是未來的一部分，要不然未來的念頭已是一個當下的念頭。

當你檢視心的時候，表面上似乎是過去的念頭導出現在的念頭，現在的念頭導出未來的念頭。但如果你更仔細地檢視這些念頭，你會看清沒有一個念頭是真實存在的。把某種完全不存在的事物視為存在，稱之為迷妄。只有缺乏明覺和執著，才讓念頭擁有某種真實性。如果在心的究竟本質之中，念頭擁有任何本俱的存在，那麼它們至少擁有一個形相，或位於某處，但它們什麼也沒有。

然而，那種不存在不只如虛空般空虛。在其中，有一種立即的明覺，稱之為「明晰」（clarity）。有人給你一顆蘋果，你興高采烈；一隻蜜蜂叮螫你，你感覺疼痛。這是心的明晰面向。這種心之明晰如同太陽，照亮山光水色，讓你看見山巒、路徑和斷崖──你可以去哪裡，不可以去哪裡。

雖然心確實擁有這種本俱的明覺，但去說有「一個心」，等於是把某種不存在的事物貼上標籤──去假定某件事物的存在，如同替一連串的事件命名。舉例來說，一百零八個珠子串在一起，稱為一串念珠，但「念珠」不是本來就自行存在的事物。如果串繩斷了，念珠到哪裡去了呢？同樣的，「我」的念頭是讓你在輪迴中流浪的原因。如果你仔細檢視它，就會發現沒有「我」這樣的東西。去相信某件不存在的事物是錯誤的。一旦「我」的概念在心中生根，它便成長蔓延成為許多相關的信念，例如相信「我的身體」、「我的心」、「我的名字」。

你的身體是由五蘊所構成，你的心則由各種識所構成。

你的名字，或「我」的想法，是貼附在身與心的瞬間連結的標籤。

首先檢視「身體」這個概念。如果你把皮膚、肌肉和骨骼從身體挑出，然後問自己，身體是否居住在皮膚裡面，肌肉是否就是身體，或你是否能夠稱骨骼為身體，你會發現什麼？你愈深入地調查檢視，一路向下檢視到原子的程度，你愈無法指稱「身體」（或指稱任何其他的物體）為一個獨立的實體。「身體」僅僅是一個聚合物的名稱，一旦組成這個聚合物的不同事物分開，「身體」這個標籤就不再適用。

心亦是如此。你所謂的「我的心」，是具有某種連續性的事物——你相信它具有連續性。但如我們所了解的，過去、現在、未來的念頭和感受無法有相互接觸的點。去設想這樣的一個實體（心）是不可能的：這個實體是念頭的集合物；在這些念頭之中，有些念頭已經止息，有些念頭尚未發生，有些念頭存在於當下。

至於你的名字，你緊抓著你的身分，彷彿你的身分擁有某種獨立自主的存在——彷彿它真的屬於你。但如果你仔細檢視，你會發現它沒有本俱的真實性——如同任何事物的名稱一般。讓我們以英文字「獅子」（lion）為例。它是由 l、i、o 和 n 四個字母所組成。把這四個字母分開，就什麼也不剩，「獅子」這個名稱消失了。

一旦你認清身、心和名字這三個概念是空虛的，那麼所謂的「我」就什麼也不剩。「我」純粹是一個編造出來的事物，由迷妄所變化出來的騙局。患有眼疾的人可能會看到各種事物（燈火、線條或斑點）飄浮在空中，但事實上，天空什麼也沒有。同樣的，因為我們患有相信有一個「我」的疾病，因此把「我」視為一個本然存在的實體。

在本質上，心覺察一切——它是明晰的，覺知到一切外境和事件。但如果我們試圖去尋找它，它卻如彩虹一般難以捉摸，不可能被抓取——你愈去追逐它，它似乎退得愈遠，愈去檢視它，你能夠找到的就愈少。這是心的空虛面向。明晰和空性是心的真實本質，兩者不可分割，並且超越所有存在和不存在的概念[①]。烏帝亞那（Oddiyana）的偉大蓮師說：

> 如一顆埋藏在窮人房屋底下的珍寶，
> 本初清淨之明覺一直存在於法身之中。
> 它沒有被認出來，
> 乃是輪迴迷妄之故。
> 透過直指那種明覺，並且加以認清，
> 一個人證得了本初虛空之智慧
> ——此即人們所知的成佛。

① 札楚仁波切引用第五世達賴喇嘛（the Fifth Dalai Lama，1617-1682）的話：一切現象是本然清淨的；它們無處可尋，是空虛的；它們雖然是空虛的，卻如一場魔術表演，我們可以清楚地覺知；當我們檢視它的本質，去尋找可以辨別的事物時，我們可以清楚覺知的事物卻不存在。雖然它不存在，卻能夠生起所有痛苦和快樂的感受。

一旦你能夠認識心的空性，當你的心看見美麗的事物，執著和貪欲將不會生起；當你的心遭遇到任何可怕或令人不悅的事物，瞋恨與嫌惡將不會生起。由於這些負面情緒不再生起，心不再受到欺騙，不再迷妄，不再累積業行，痛苦之流因此被斬斷。

如果你把一顆石頭丟向一隻豬的鼻子，那隻豬會立刻轉身跑開。同樣的，每當念頭生起時，認清那個念頭是空虛的。如此一來，那個念頭將立刻失去令人信服的力量，不會產生執著與瞋恨。一旦執著與瞋恨消失了，對於圓滿清淨之佛法的了悟將自然而然在心中開展。

不論你多麼努力嘗試，只要持續相信外境是執著與瞋恨生起的原因，就永遠無法去除執著與瞋恨。你愈嘗試去排拒外在的現象，它們愈會反彈回來。因此，重要的是去認清念頭的空性，讓它們消失。當你明白是心創造並覺知輪迴與涅槃，空性乃心之本質，心將不再能夠迷惑你，把你牽著鼻子走。

一旦你認清心的空性，對傷害你的人生起慈心就變得容易了。但沒有這種認識，就很難去阻止瞋恨從心中生起，不是嗎？去檢視心，你將會看清，是心從事善行，也是心創造逆緣。由於佛陀完全了解心之空性，安住在大慈的三摩地之中，因此魔王摩羅如陣雨般落在他身上的武器，全都被轉化成為花雨。相反的，如果佛陀讓「摩羅想殺死我」的念頭深入其心而爆發瞋恨，他必定難以抵擋那些武器，並且飽受巨大創傷之苦。

讓心變得平靜，安住在離於念頭的寂靜禪定狀態之中，被稱為「奢摩他」（shamatha，或「止」）。在這種平靜狀態中，認清心之空性，被稱為「毘婆舍那」（vipashyana，或「觀」）。止與觀雙運，乃是禪修之精髓。話說：

檢視心，一無所見。
一無所見，我們見到了佛法，
一切諸佛之源。

偉大的噶當派上師[①]曾說：

我將在心門握著觀照之矛，
當情緒威脅時，
我也將威脅它們；
唯有當情緒鬆懈它們的箝制的時候，
我才會放鬆我的矛。

事實上，如果你無法調伏你的心，還能調伏什麼？整個

① 這段話引自一個名叫班·貢·甲（Ben Gung Gyal）的強盜。後來，他對完全捨離俗務有了甚深的了解，而成為一個完美無瑕的佛法修行者。他是波托瓦的親近弟子之一。

佛教修道的目標，包括根基乘和大乘的修道目標，即是去調伏心，去了解心。

在根基乘之中，你了解世界充滿痛苦，因此你努力去控制貪戀和執著，以能夠在遠離那種痛苦的解脫道上邁進。在大乘之中，你放下對「我」這個概念、以及相信自我是真實存在的執著，只關心其他眾生的福祉。你也認識到空性和現象在本質上的不可分割性——此即究竟菩提心；你看清現象的本質是空虛的，因此它們能夠毫無障礙地顯現，如同虛空讓整個宇宙、以及宇宙中的大陸和山峰在其中展現一般。

B. 捨棄相信貪瞋之對境為真實存在的座下修法

i. 捨棄相信貪欲之對境為真實存在

23

遇到讓我們欣喜的事物時，
視它們如夏日彩虹，
儘管美麗，但究竟不是真實，
捨棄貪戀和執著，
乃是菩薩的修行。

這麼去想是容易的：如果你能夠擁有你想要的事物（親戚、朋友、財產等），你就會完全地快樂。但實際的問題在於，如果你讓心追隨它天生的習性和偏好，那麼它想要的事物會變得很多很多。一個擁有一個朋友的人想要一百個朋友，一個統率一百個士兵的將軍想要帶領一千個士兵。

此外，你擁有的朋友愈多，當死亡突然降臨，奪走你的一切，甚至奪走你珍愛的身體時，你必須分離的朋友就愈多。事實上，擁有如此眾多的朋友有什麼意義？自制和寧靜的心，是你所能擁有的最佳朋友——它們或許是嚴格的老師，卻是足夠仁慈、顯示你解脫道的朋友。

儘管你獲得渴望的事物，卻沒有什麼是可靠的。看看那些富人如何被搶掠，將軍如何被殺害，親人如何被拆散。人們貪戀最豐富的食物和醇酒，殺害有情眾生來滿足他們對肉類的慾望，即使到最後，它們全都變成排泄物。你可以輕易地把所有時間花在致富之上，來滿足你對華服的愛好，以及擁有更多物質的歡樂。就其本質而言，貪戀只會帶來煩惱和不滿。

外在世界及居住於其中的居民全都是無常的。你的心和身體只是暫時地在一起——心如同一個過客，身體如同一間旅館，過客只會短暫停留在旅館之中。一旦你真正了解這一點，你凡俗野心看似真實的真實性將會消失。你將了解到，對於現在和未來而言，修持佛法是真正充滿意義的事情。

ii. 捨棄相信瞋恨之對境為真實存在

24

各種痛苦如在夢中生子又喪子，

執著妄見為真實，令我們筋疲力竭，

因此，遭遇逆緣時，

視它們為虛幻，

乃是菩薩的修行。

當你預期到某個不愉快的事情可能發生時，你慣常的反應是竭盡所能地避免它。你會想，像你這樣的人，不值得被這樣的事情所征服：任何可能威脅你的事情，不論是疾病、貧窮或無法忍受的感情狀況。因此，你卯盡全力，匯集所有的資源，向有影響力的人求援，竭盡所能地來擊退它。為了這麼做，你放任執著和瞋恨，並加以合理化。

然而事實上，你已經成為負面情緒的奴隸。竭盡所能地去避免或克服逆緣，總是有更多的逆緣現前。逆緣永遠不會被根除。

當你碰到不愉快的事情，去思量這是你過去行為的結果，乃是最佳的處理方式。不論你面對什麼樣的困難，或許現在看起來是悲慘的，但你要提醒自己，相較於未來你可能要面對餓鬼道或地獄道無法忍受的痛苦，你目前的困境幾乎微不足道。雖然你正在經歷這些困難，但你要從內心深處祈願，你所有過去的惡業及其業果都被清淨，沒有留下未來投生餓鬼道或地獄道的業的種子。從這個角度來看，疾病和痛苦一點也不會令人感到不悅。

你也要記住，在這個世界上有多少生病的人，並且祈願你能夠承擔他們所有的疾病，以及透過你目前經歷的疾病和痛苦，他們所有的痛苦和疾病都被耗盡。或者，當你面臨物質困窘時，即使你窮困潦倒、一無所有，也要記得在這個世界上，有多少人貧困低下，並祈願他們的窮困能夠透過你自身的窮困被耗盡。

正是這種感受（無法忍受某種即將發生的痛苦的感受）驅使你向外採取行動，來消滅這種感受。如此的企圖將永遠不會完全成功——事實上，它們將使你陷入一個接著一個的、毫無意義的問題。然而，痛苦不必是無法忍受的。可以肯定的是，痛苦可以是更有益處的；它可以讓你發展出鎮定面對這種境況的內在寧靜。

舉例來說，如果你是人們嚴厲批評或羞辱的對象，愈努力去避免批評或羞辱，你似乎聽到的愈多。最佳的做法是效法過去偉大的聖哲。他們遭遇批評時，不感到氣惱，受到稱讚時，也不感到欣喜。因為他們能夠把所有的聲音視為空虛的回音，能夠去聽所有的批評和讚美，彷彿人們是在談論一個已經死了很久的人。他們知道，如果去檢視念頭、認知和感受，會發現它們沒有本俱的真實性，因此他們總是能夠安住於當下，不失去自制。

一個女人或許夢見自己生了一個孩子，而感到極大的喜悅。但如果夢中的孩子夭折，她會感到身心交瘁。但事實上，什麼也沒有發生。同樣的道理也適用於你日常的認知與看法。僅僅因為你相信它們看似真實的真實性，你才會感到悲傷或喜悅。當你觀賞一部電影時，電影中的人物似乎真的在打仗、在相愛等，但所有這些事情不是真的在發生。它僅僅是幻想罷了。試著去把所有的喜悅和悲傷視為你正在觀看一部影片，放下你必須努力去避免困境或令人不悅的事物的想法。這將使你的快樂不滅。話說：

不論生起什麼困境，不要老是想著困境，乃是把困境用於修道的方法。老是想著困境，只會讓你的念頭激增。心胸狹窄擁擠的人，被充滿痛苦、執著與瞋恨的人生所困擾。心靈輕安的人永遠不會失去快樂。

噶當派的上師說：

> **快樂和痛苦全是謊言；**
>
> **它只不過是知道或不知道**
> **如何處理情況的問題。**
> **強大的情緒或幾乎沒有情緒，全都是謊言；**
> **它只不過是你有多堅定地**
> **來對抗它們的問題。**

如果你在座上修法期間，已經思量了一切現象的空性，那麼要在兩座修法之間去看現象如夢般的本質就容易了。在此同時，你將感覺到一股無造作的慈悲流向那些不必要受苦的眾生；他們受苦，是因為沒有覺察到萬事萬物之虛幻本質。嘉瑟・東美說：

> **在兩座修法之間，**
> **視一切現象為虛幻；**
> **它們顯現，**
> **卻缺乏任何本俱的存在。**

了無執著地去利益他人，

乃是究竟菩提心之座下修法。

3. 修學這些法門的戒律

I. 修學六波羅密（Six Transcendent Perfections）

II. 修學經典所教導的四指示

II. 修學如何棄絕負面情緒

IV. 修學如何用觀照和警覺來利他

V. 回向功德來獲致圓滿證悟

I. 修學六波羅密

以下的六個部分詳細解釋了六波羅密的修行法門。此六波羅密分別是：佈施、持戒、忍辱、精進、禪定和智慧。當每一個波羅密具備以下四個特徵，就被認為是真正的波羅密：(1) 它摧毀它負面的對應物；舉例來說，佈施摧毀吝嗇貪婪；(2) 它被智慧所強化，換言之，它離於所有主體（做者）、客體（受者）和行為（所做之行為）的概念；(3) 它能夠實現一切眾生之願望；(4) 它能夠圓滿成熟他人的潛能。

A. 佈施波羅密

25

如果希望獲致證悟的人
必須連身體都佈施出去，
更何況身外之物。
因此，不期望結果或回報地慷慨佈施，
乃是菩薩的修行。

佈施是菩薩之利他心、離於執著的自然展現。菩薩清楚地明白，積聚財富會引起痛苦，試圖去保護和增加財富會引起痛苦。如果菩薩擁有任何財產，他的第一個念頭是佈施出去，用它來供養三寶，資助飢餓或沒有食物、住所的人。話說：

佈施是實現所有願望的寶石，
是斬斷吝嗇貪婪之結的無上寶劍。

律藏指出：

從不佈施的人不會富有，
他也無法召集人們——
更遑論獲致證悟。

如果你慷慨佈施，你將遠離所有艱難，擁有你所需要的任何財富來實踐利他的行為，直到你證悟為止。

西藏國王赤松德贊是菩薩成為偉大統治者的良好典範。他運用巨大的財富來迎請蓮師、偉大的住持寂護（Shantarakshita）、偉大的班智達無垢友，以及其他一百零八位印度班智達前往西藏。正是因為赤松德贊的資助，經典和密續的教法才得以傳入西藏，西藏首位譯師才得以被訓練出來。他的無量佈施使佛法繁榮興盛，也使雪域西藏充滿巨大的安樂。後來，在其他國王統治期間，寶庫被上鎖，警衛森嚴，佛法因而衰微，西藏人民的繁榮也因而衰退。

慷慨佈施的人可能沒有試圖致富，但他們累積功德的自然結果，將在來世為他們帶來不斷增加的財富。相反的，受到吝嗇貪婪所束縛的人，將發現自己投生餓鬼道；在那裡，甚至連食物、飲水的字眼都聽不到。

絕對不要希望佈施的行為有任何回報，不要期望你將因此而被善待，或獲得快樂富足。佈施本身即是完美的；除了讓他人感到快樂之外，沒有需要獲得任何其他的回報。如果你出於自利的發心而佈施，將糟蹋你所感受到的喜悅，更深的不快樂必定隨之而來。然而，出於純粹的虔誠、慈心或悲心而佈施，將為你帶來巨大的喜悅，而你的佈施將創造更多的快樂。佈施行為背後的發心讓一切變得不同。

認清財產如夢如幻，要毫不保留地把它們當做供養或善施來佈施出去。透過佈施，你將圓滿你所積聚的功德，最後使你證得佛之大人相和隨形好。你要確定你的佈施充滿了菩提心的證悟發心；把佈施轉化成為一個無謬的成佛之因，使佈施充滿意義。

佈施有三種。第一種是物質的佈施（財施）。菩薩應該要沒有保留、沒有悔恨地佈施。如果懷著清淨的發心來行供養，那麼供養的大小並不重要。

第二種佈施是拯救生命，保護眾生免於恐懼（無畏施）。我們要追隨巴楚仁波切和夏卡．宗竹．壤多[①]等偉大菩薩的典範。他們購買數千頭家畜，使牠們免於被宰殺，並且加以放生，說服人們放棄打獵和捕魚，為死刑犯尋求寬赦，以及平息血腥爭鬥。

第三種佈施是佈施佛法（法施）。菩薩應該竭盡所能，讓佛法教法之聲在從未聽聞佛法之處傳揚。他可以把佛法帶給人們，使人們能夠把佛法付諸實修，並依照佛陀的教法來行止。正是這種做法使一切諸佛的事業繁盛增長。

曾經有一個非常吝嗇的人去尋求佛陀的忠告。他完全無法佈施。佛陀告訴他，先把小物品從右手佈施給左手來訓練自己。當那個人慢慢習慣了佈施的想法之後，佛陀鼓勵他把小物品佈施給家庭成員，然後佈施給朋友，最後佈施給陌生

① 夏卡．宗竹．壤多（Shabkar Tsogdruk Rangdrol，1771-1851）是安多雷貢（Amdo Rekong）的一個喇嘛（上師），以大悲心聞名。他行遍西藏和尼泊爾各地，所到之處，他贖回家畜，加以放生；他說服許多當地人放棄打獵，減少屠殺。他自己在拉薩的釋迦牟尼佛像面前，立下放棄吃肉的誓戒。（對西藏人而言，此舉是不尋常的。）他在荒野中閉關的時候，他保護小水鳥免於被大鳥捕食，阻止昆蟲吞噬彼此，並且從事其他這類充滿悲心的行為。有許多次，他平息安多敵對部族之間的血腥仇恨。參見二〇〇一年由雪獅出版社（Snow Lion）出版的《夏卡之生平》（*Life of Shabkar*）。巴楚仁波切在果洛（Golok）東部也從事相同的行為，拯救了無數人和動物的性命。

人。最後，那個人能夠懷著極大的喜悅，把任何事物佈施給他遇見的任何人。透過逐漸的熟悉，便能輕易達成偉大的目標。

佈施的精髓在於了無執著。佈施波羅密是離於三種有限概念的佈施。換句話說，這三種有限的概念是執著於佈施者（做者）、領受佈施者（受者）和佈施的行為（所做的行為）都具有真實性。就佈施而言，離於這樣的概念，即是一個波羅密成為證悟之因的方式。

B. 持戒波羅密

26

如果一個人缺乏戒律而無法自利，
那麼想要去利他是可笑的，
因此，不留戀輪迴地持戒，
乃是菩薩的修行。

戒律是一切佛法修行的基礎。它提供了一個基礎；在這個基礎之上，所有正面的品質得以培養發展。如同所有的海洋和山峰被位於下方的大地所支撐，小乘、大乘、金剛乘的所有修行法門都由戒律這條脊柱來支撐。

在小乘、大乘、金剛乘這三乘之中，戒律包括三個對應層次的誓戒：別解脫戒[①]、菩薩戒和大乘三昧耶戒。這三套戒律應該彼此協調一致。

① 別解脫戒（Pratimoksha）。此一戒律的目標是讓自己從輪迴中解脫。

當你的修行隨著次第從小乘、大乘進展到金剛乘的時候，先前道乘的誓戒沒有被丟棄，而是被轉化了，如同鐵煉成金一般。別解脫戒的戒律始於受皈依戒，進入佛法的道路。那個時候，一個受到脫離輪迴的強烈決心所激發的人，將捨棄俗務，持守一個在家弟子的誓戒、沙彌戒，或僧、尼的具足戒。在這個基礎之上，大乘的戒律增加了菩提心，即帶領一切有情眾生圓滿證悟的誓戒。因此，大乘的修行者持守在家弟子的誓戒或出家戒，並希望一切有情眾生能夠圓滿持戒來脫離輪迴的束縛，同時實行各種菩薩的戒律。如此結合菩薩的發心，戒律的力量大為增進。戒律的最高層次是金剛乘的戒律，也就是持守三昧耶戒。三昧耶戒是上師和弟子之間的神聖連結——金剛乘的生命力。

沒有戒律，既無法達到從痛苦中解脫的短暫安樂，也無法獲得證悟的究竟大樂。不論你受了什麼誓戒——不論是別解脫戒的兩百五十三條誓戒、菩薩戒的十八根本支分戒，或金剛乘的十萬條三昧耶戒——它們全都要小心謹慎地持守，如同一個農夫用盡各種可能的方法來保護作物免於野獸、盜賊、雹暴和所有其他具有傷害性的事件侵害。

因此，護衛戒律，如同保護眼睛那般小心翼翼。就戒律而言，如果你能夠持戒，戒律是大樂的來源；如果你違反戒律，它就成為痛苦的來源。

有三種要持守的戒律。第一種是放棄傷害自己和他人的所有行為。第二種是透過修持六波羅密來從事善行。第三種是竭盡所能地去利益他人——在他們的今生和來世。

若無戒律，你甚至永遠無法達成任何個人的目標，更遑論幫助他人。為了持守清淨的戒律，花時間和良善正直的朋友相處是有幫助的。放棄執著和貪欲，記住因果報應不爽的法則，思量輪迴的痛苦悲慘，遵循三種誓戒。據說，那些持守圓滿出家戒的人不但會廣受人們的敬重，他們死亡時，天道眾生也會取下他們的袈裟，安置在天道的舍利塔內。如佛陀說的：

在這個末法時期，即使只是一天持守一條出家戒，其功德也大過用數量如恆河中的沙粒那般廣大的食物、飲水、華蓋、油燈和花鬘來供養一百萬個佛的功德。

圓滿的戒律是用時時的觀照，以及用一種清淨、離於自大驕慢的方式來持守誓戒。在本質上，持戒是去擁有一個平靜、自制和利他的心。

C. 忍辱波羅密

27

對於欲享善德的菩薩而言，

所有傷害他的人如同珍貴的寶藏。

因此，沒有怨恨地對所有人生起安忍之心，

乃是菩薩的修行。

忍辱有三種。第一種忍辱是不帶憤怒地去忍受人們對你造成的任何傷害。第二種忍辱是不帶悲傷地去忍受你追求佛法所可能經歷的任何艱辛。第三種忍辱是不帶恐懼地去面對佛法的甚深意義和三寶的無量功德。

就第一種忍辱而言，當你感覺被人傷害，記住那個人加諸在你（或你珍愛的人）身上的傷害，是你過去傷害他人的直接結果。思量這個人是如此受到迷妄的控制，使他彷彿著了魔一般，無法抗拒地去傷害你。傷害你的結果是，來世他將在輪迴的下三道中受苦。想到那會是多麼的可怕，你只會感到悲傷和憐憫，而非感到憤怒。

你也要記住，如果你能夠安忍地接受所有的傷害，你過去所行的惡業大多數都會被清淨，你也將積聚功德與智慧。因此，這個人表面上是在傷害你，其實是給你一個大恩惠；

那個人是真正的法友。為了表達你的感謝，把你所積聚的功德回向給他。

用這種方式來看待所有這類的情況。當某個人傷害你時，訓練自己不要氣惱，不要尋求報復，絕對不要懷有絲毫的怨恨。

此外，當你更深入地去檢視發生了什麼事，你會看清，被傷害的人、傷害別人的人、傷害這個行為本身，都缺乏任何本俱的存在。誰會對迷妄發怒呢？在這些空虛的現象之中，有什麼要去獲得或失去，有什麼要去渴望或排斥的？

至於第二種忍辱，也就是為了佛法忍受艱辛。為了能夠修持佛法，你可能必須忍受疾病，或飽受炎熱、寒冷或飢渴之苦。然而，由於這些短期的痛苦有助於清淨過去的惡業，而且就長期而言，它們能夠幫助你達到究竟成佛的境界，因此你要懷著喜悅接受痛苦，如同一隻天鵝滑翔進入蓮花池一般！在《入菩薩行論》中，寂天大師說：

> 一個被判死刑的人，
> 用砍下雙手的代價來交換自由時，
> 他不感到如釋重負嗎？
> 同樣的，承受疾病而避免落入地獄，
> 我不該感到高興嗎？

第三種忍辱是去擁有深刻的、內在的勇氣；出於悲心，這種勇氣是準備為了一切有情眾生而努力許多劫，並且沒有任何恐懼地去面對教法的無上真諦。此一真諦即是，在究竟的層面上，一切現象的本質是空虛的；空性展現為光燦的明晰；有一個佛性，一個自生的、非合成的本初智慧，以及一個超越智識範圍的絕對真理。如果你害怕去接受空性的實相，批評諸如大圓滿這類的修行法門——透過大圓滿，我們可以了悟一切現象之真實本質——就是在排拒佛法的本質，就是在為你墮入輪迴的下三道做準備。當世尊佛陀教導空性的甚深教法時，一些在座的僧侶因為教法的深刻真諦而感到驚慌失措。他們驚慌失措的程度強烈到當場吐血而亡。這些真諦絕對不是容易測度的，但最重要的，是努力去理解它們的真實意義，而不是去對它們產生負面的見解。

這三種忍辱應該運用智慧和善巧方便的輔助來生起。

去修持忍辱波羅密是必要的，如此一來，你就能夠永遠不被憤怒、瞋恨和絕望所征服。一旦進入菩薩道，在任何情況下，你都應該對一切有情眾生充滿仁慈，視他們為前世的父母。因此，人們反對你、傷害你時，你應該擁有更多的慈心，把所有功德回向給他們，承擔他們的所有痛苦。

事實上，在菩薩道上，敵人和試圖傷害你的人可以是強而有力的助力來源。他們引起會觸發憤怒和瞋恨的情境，給予你珍貴的機會來訓練自己，用忍辱去轉化負面的情緒。在修道之上，這種人給予你的恩惠將遠勝過任何立意良善的朋友。

寂天大師說：

> 在一千劫之內所累積的善業，
> 諸如佈施的行為，
> 或向諸佛所行之供養——
> 只要一剎那的瞋恨就能夠將其毀滅。

《父子相見經》說道：

> 瞋恨不是成佛之道，
> 但是慈心，如果不斷加以培養，
> 將生起證悟。

因此，如果你用瞋恨和憤怒來回應敵人，他肯定會使你墮入地獄道的深淵。但如果你知道如何用最深的慈悲來看待這種人，那麼他只會帶領你通往解脫。不論他如何傷害你，只會對你有好處。這其中的差異是重要的。你或許已經研習了各種教法，而且從事禪修有一段時間，甚至感到自豪。但如果某個人對你說了一些壞話，你爆發怒氣，那是你尚未讓佛法真正深入你的徵兆——佛法絲毫沒有改變你的心。

寂天大師也說：

沒有能和瞋恨相似的邪惡，
沒有能和忍辱相比的苦行。

如果地面上充滿了尖銳的石頭和棘刺，你可能會試著把堅韌的皮革鋪滿整個地面來保護雙腳。但這會是一個艱困的任務。用皮革包覆你的腳底要容易多了。同樣的，即使整個世界充滿敵人，只要你的心充滿慈悲和忍辱，他們將無法傷害你。事實上，不論他們對你造成什麼樣的傷害，都有助於你在證悟道上行走。話說：

當你遭遇令人畏懼的情緒軍隊，
披上堅固而殊勝的忍辱盔甲；
如此，你將能夠毫髮未損地
通過尖刻的言詞和惡意的攻擊，
抵達涅槃之地。

一個充滿瞋恨和憤怒的人是沒有平靜的。瞋恨和憤怒需要用忍辱的大軍來降服，因為它們是你唯一真正的敵人。如果你過去的瞋恨和憤怒沒有引起目前傷害的因（如同你聲音的回音一般），你是不可能經歷傷害的。

你也要去檢視傷害的真實本質。它如同在水面上寫字一般無法捉摸。讓怨恨自行消失。一旦念頭的巨浪平息之後，讓一切變得如虛空一般；在虛空之中，沒有什麼要去獲得，沒有什麼要失去。

D. 精進波羅密

28

僅僅為了自身的利益，
即使是聲聞緣覺也要精進修持，
如火燒頭髮的人試圖滅火；
鑒於此，為了一切眾生而修持精進
——殊勝品質的根源，
乃是菩薩的修行。

要喚醒和發展所有的波羅密，精進必不可少。精進是指充滿喜悅的努力和積極的決心來行善，沒有任何期待或自我滿足。

精進有三個面向。第一個面向稱之為「如盔甲般的精進」（armor-like diligence），即是去發展一種充滿喜悅的勇氣和堅忍剛毅；你擁有這種勇氣和堅忍剛毅，如同把盔甲穿在身上對抗氣餒沮喪。第二種面向是行動的精進（diligence in action），即是透過沒有延遲或耽擱地修持六波羅密來積聚功德。第三種面向是不息的精進（diligence that cannot be stopped），即是孜孜不倦、永不懈怠地為了其他眾生而努力的幹勁。精進應該融合其他波羅密的修持，並且賦予它們精神和鼓舞。

第一種面向「如盔甲般的精進」，是披上一面堅定的、充滿勇氣的決心盔甲，如此你將永遠不會受到四種惡魔（負面的情緒、對舒適的執著、身體的疾病和死亡）所製造的障礙的侵害。而且不論發生什麼事情，你將堅持不懈地去努力成就一個菩薩的非凡事業，直到你帶領一切有情眾生證悟為止。

第二種面向「行動的精進」，即是充滿決心、堅持不懈地去實現那種願望。對於你能夠修行，行走於五道之上，並證得十地，你感受到極大的喜悅。你滿腔熱情地去從事無止盡、有價值的事業，尤其是聞、思、修佛法。你從事這一切，鼓起不屈不撓的勇氣，永不受到氣餒沮喪、怠惰或延遲耽擱的折磨。

第三種面向「不息的精進」，即是孜孜不倦、永不間斷地為了其他眾生而努力的幹勁。日日夜夜，用各種可能的方式來利益眾生，直接的和間接的方法，在你的念頭、語言和行為中利益眾生。如果你無法直接幫助眾生，那麼你心中應該只惦記著其他眾生的利益，把你所做的一切回向給眾生，希望眾生證悟成佛。絕對不要因為你能夠達成幾個美好的功德而自滿，也絕對不要因為人們的辱罵毀謗或遭遇逆緣而轉移目標。保持堅持不懈的決心，直到你達成目標為止。

這三種精進各自有與其對立的、相對應的怠惰。

第一種怠惰（laziness）是只希求自己的舒適，而沒有其他願望。這種怠惰展現為一種嗜睡和懶惰閒散的傾向，貪戀立即的滿足和舒適，因而忽視佛法。其對治的方法是去觀修死亡和無常。

第二種怠惰是懦弱。在開始去做一件事情之前，你就已經感到氣餒沮喪，因為你認為像你這樣的人，不論多麼努力，都永遠無法證悟。

第三種怠惰是忽略真正優先考慮的事情。你被負面的、徒勞無益的習慣所困。你忘記或忽略更深刻的目標，只全神貫注於今生的事務。其對治的方法是去了解，所有凡俗的關注只會引起痛苦，要把它們遠遠拋棄。

人們僅僅為了自己的舒適、名聲和權勢，而日日夜夜、費盡心力地去完成一些事情。換句話說，就長期而言，這些事情完全沒有意義。然而，你為了佛法所經歷的艱難困苦，沒有一個是沒有意義的。你所經歷的困境，將幫助你清淨過去許多生世累積的惡業，為來世積聚功德資糧。它們必定是充滿意義的。

若無精進，菩提心和菩薩的事業將無法在你的心中生根茁壯。如帕當巴．桑傑（Padampa Sangye）所說的：

> 如果你沒有足夠的堅持不懈，
> 你將無法成佛；
> 聽列的人們，
> 務必披上那面盔甲。

釋迦牟尼佛把精進波羅密臻至究竟圓滿的境界而聞名。他在無數個生世精進努力所累積的功德和力量，能夠使他投生為一個轉輪聖王一千次以上，他卻選擇把所有的努力用於獲致證悟。身為佛陀的追隨者，我們應該把佛陀和過去偉大聖哲的生平事蹟，做為激勵、啟發我們的典範。舉例來說，密勒日巴展現了不可思議的精進，忍受許多艱難困苦來達成甚深的目標。毘盧遮那[1]在非常年輕的時候即前往印度尋求佛法，經歷了五十七種難以忍受的艱辛才取得教法，常常幾乎丟了性命。他和西藏其他偉大的譯師在旅程中遭遇了巨大

① 大譯師毘盧遮那（Lochen Vairocana），在舊譯時期，西藏大譯師之中最重要的一位，也是蓮師八大弟子之一。

的艱難困苦──熾熱、發燒、印度平原上的地方疾病，以及當地統治者的敵意等。他們仍然堅持不懈，成功地把正統的佛法帶回西藏。

你們今天身處於佛法才剛剛開始生根的國家之中，如同地面上纖細脆弱的新芽。唯有持久不懈的精進，才能讓這個新芽開花結果。你的修行或許在數天、數月或數年之後有所成就，取決於能否努力投入聞、思、修，並將你了解的教法融入修行之中。重要的是，你要記住，你在修道上的所有努力都是為了其他眾生。你要保持謙遜，明白你的努力相較於偉大菩薩如海般的事業，就有如孩子的戲耍。如同深愛孩子的父母，絕對不要認為你已經為其他人付出太多──甚或認為你已經做得足夠。如果你透過自身的精進努力，終於能夠帶領一切眾生成佛，那麼你只要想你所有的願望都實現了。絕對不要希求回報，連絲毫的希求都不要有。

菩薩必須比聲聞佛或緣覺佛擁有更大的精進，因為菩薩不只為自己，也為無數眾生擔負起成佛之究竟安樂的責任。話說：

> **把一切眾生的重擔背負在頭上的英雄，**
> **沒有慢步行走的悠閒。**

又說：

由於我和所有其他眾生
受到一百條鐐銬的束縛，
我必須精進一百倍。

為了增長精進，必須觀修萬事萬物的無常。死亡不可避免，可能會很快且突然地降臨。從這種角度來思量，今生凡俗的關注是多麼的膚淺；如果能夠把心轉離今生的關注，你將會多麼自在。如果你突然了解到，在衣裙下襬、在衣服褶層中藏著一條毒蛇，你會等著去採取行動嗎——甚至只等一秒鐘？

E. 禪定波羅密

29

知道透過以穩定「止」為基礎的深度「觀」，
煩惱能夠完全被降服，
修持能夠完全超越無色界① 之禪定，
乃是菩薩的修行。

① 無色界狀態是指：空無邊處、識無邊處、無所有處、非想非非想處等四空處。四無色狀態相對應於四無色界的天眾透過止、但沒有透過觀的禪定而體驗到的狀態。

檢視身、語、意，你將發現，意是三者中最重要的。如果你的心（意）徹底熟習止與觀，你的身和語也將自然而然地隨著你的心在解脫道上前進。

至今為止，你的心如同一隻焦躁不安的猴子，一直追逐外界的色、聲、香、味、觸，以及追逐內在的念頭和感受。但是，你卻能夠透過保持觀照和警覺，來學習控制你的心。當你這麼做，你聞、思、修教法，把教法融入你的心。最後，你將遠離貪、瞋和癡。

卡拉·貢秋說：

> 在初學者的心中，
> 有明晰，卻沒有定力；
> 為了阻止心被念頭之風帶走，
> 用觀照之繩把心繫牢。

為了獲得穩固的禪定，留在一個遠離令人分心的事物、靜僻隱密的閉關處所的確有幫助。在止與觀之中，觀是最重要的，但沒有修止的心，觀就無法生起。在此，平息所有狂野的念頭是重要的；這些念頭不斷地鼓動、混亂、制約你的心。這樣的念頭生起負面的情緒，結果你用語言和行為來表達負面情緒，便構成了痛苦之因。

修止如同將一個提燈周圍的玻璃窗關閉，如此一來，在其中的火焰才能穩定而明亮地散放光芒，免於受到風吹。修止和修觀的方法有很多種，例如「九念住」（nine ways of settling the mind），以及大乘經典所解釋的其他法門[①]。所有這些法門都通達無上之證悟。非佛教的修道也提供了禪定的技巧，但它們不應該和佛教的法門混為一談，因為它們沒有通往相同的目標。非佛教的靜思冥想並非以真正的證悟為目標，而是以耗盡四大元素、超越色相、證得無色界四空定之狀態為究竟之目標。

① 在札楚仁波切的論著《甘露寶瓶》（*The Vase of Amrita*）之中，包含了更詳盡的、關於修止和修觀的教法，並且摘錄於附錄三之中。

證得「止」的法門有兩大類：一類法門使用禪定的對境；另一類法門則沒有禪定的對境。在此，我將解釋第一類的法門，藉由觀想世尊佛陀為禪定的對境；相較於使用一般的物品做為禪定的對境，觀想世尊佛陀帶來更多的加持。

採取大日如來（Buddha Vairocana）圓滿七支座的坐姿——你的腿雙盤呈金剛跏趺座，雙手結定印（mudra of equanimity），肩膀提起，脊柱如一疊金幣那般挺直，下巴微微內收，雙眼穩定地注視鼻子前方的虛空，舌尖輕觸上顎。如果你發現這個姿勢難以維持，那麼至少要坐直，平衡地坐在一個適合的蒲團之上。避免身體向後或向一側傾斜，或避免採取任何散漫的坐姿。

讓你的心自然而然地安定下來，觀想釋迦牟尼佛在你前方的虛空之中。他端坐在一個月輪之上，月輪之下有一朵蓮花，蓮花之下有一個由八隻無畏獅撐托的寶座。他的身體散放出金黃色的光芒。他的右手觸碰靠近右膝蓋附近的地面，採取「以大地為見證的手勢」①，左手結定印，握著一只盛滿甘露的托缽放在他的大腿之上。他採取雙盤②的坐姿，身穿三法衣。他的身體莊嚴優美，具足佛之三十二大人相以及八十隨形好，頭頂上有明顯的肉髻③，他的手掌和腳掌上有法輪的圖案，雙眉之間有一根長髮，如一個白色海螺般朝著逆時鐘方向捲曲。他的身體散放出無限的智慧光芒，充滿整個宇宙。他在你正前方的虛空之中，懷著慈悲直直地注視著你。觀想佛陀是活生生的，而不是用陶土或青銅所鑄造、沒有生命的一尊塑像，或一張平面的繪畫。他身相的顏色和細節清晰且栩栩如生，但他不是一個實體，而且是透明如彩虹般。他不是由肌肉骨骼所組成，而是以諸佛空虛卻明燦之無生智慧身來顯現，充滿慈悲與智慧。

試著專注於一境地從事觀想，儘可能清晰地觀想所有的細節。擁有全然的信心，相信佛陀就在那裡。你要記住，佛陀永遠伴隨著擁有信心的人。觀想佛陀時，所有散亂的念頭都將平息。如此地把你的心專注於清晰而穩定的觀想，即是「止」。

① 佛陀在面對魔王摩羅的懷疑態度時，所做出的象徵性手勢，以大地做為他累積無數生世的功德來準備獲致證悟的見證。佛陀做出這個手勢時，大地震動開啟，地神出現並宣揚佛陀之圓滿無瑕。

② 雙盤象徵在遍在的空性之中，輪迴與涅槃是一體的。

③ 肉髻或頂髻（ushnisha）是完全證悟之佛的大人相之一。在繪畫和塑像之中，通常是一個髮髻大小的突起，事實上，這個突起從佛的頭頂上升至無限虛空。但是，只有證得初地的菩薩才能看到它完整的長度。在《時輪金剛密續》之中，頂髻對應於第六輪「天輪」（Sky Chakra）；此輪無限地向上延伸，代表證悟之無限智慧。在大圓滿的妥嘎法（thögal）之中，頂髻相對應於五色光和五色淨土，在一個人的頭上顯現為報身證量的無限展現。

為了讓你的禪定愈來愈穩定，你需要去對治在禪修期間生起的不同煩惱和騷亂。如果你的心變得狂野，念頭開始飛快地生起，阻撓你獲得清晰的觀想，那麼你要稍微往下注視鼻子前方的虛空，專注於下半部的觀想。例如佛陀交盤的雙腿、由八隻無畏獅撐托的寶座，以及蓮花座。這麼做有助於減少掉舉。

如果你的心陷入昏沉、懈怠或呆滯的狀態，把目光抬高，注視你面前的虛空，專注於上半部的觀想。例如佛陀完美無瑕的橢圓形臉龐，他的雙眼，以及眉心的毛髮。如此可以清除呆滯和昏沉感。

只要你的心保持平衡，既不狂野，也不呆滯，你就應該把專注的焦點放在佛陀的心間——本初智慧祕密寶藏的吉祥結（eternal knot）①。如果你的觀想尚不清晰，你要一再嘗試，讓觀想更加清晰精確。如果你的觀想清晰，那麼讓你的心自然而然、不造作地專注在觀想之上。

① 在此提及的吉祥結（eternal knot）是指諸佛不變之本初智慧，而不是任何一個特定的、應該被觀想的色相（例如一個吉祥結的繪畫）。

專注於「佛陀就在你面前」這件事情，充滿信心地相信他確實就在那裡。當你的觀想變得更加穩定，念頭出現的頻率變得較少時，觀想更多佛陀莊嚴身相的細節，彷彿你是一個技藝嫻熟的畫師。觀想佛陀面容的圓滿壇城，雙眼充滿慈悲智慧地注視一切有情眾生，比例完美的鼻子和耳朵，他的笑容，從他身上散放出來的無量光芒，然後逐漸地擴展，觀想他身體上半部和下半部的所有細節。這將使整個觀想變得更加生動。

當你的觀想清晰，你的心寂靜安寧時，把「止」的狀態與「觀」融合。首先，思量是誰、是什麼在覺知這個觀想。你將覺察到是心在覺知這個觀想。你也將了解到，你所觀想的影像本身，事實上不是來到這個世界的佛陀，而是為了發展禪定而由你的心所創造的一個投射。

心具有專注於一個對境的能力，但是當你去尋找心的時候，卻無處可尋。如我們稍早所了解的，如果你向內去檢視心，試著去找出它的位置，或辨別它的形狀、顏色、形相，它從何處來，它現在於何處，或它往何處去，你將一無所獲。詢問知曉教法、擁有禪修覺受的人，看看是否有人曾經能夠指出任何是「心」的事物。如同你永遠無法找到一個能夠被稱為心的特定實體，你也永遠無法找到一個被稱為身體的特定實體。我們所謂的「身體」，純粹是一個眾多元素的聚合物。我們用「堆」來形容大量的穀物；用「束」來形容大量的乾稻草；用「群」來形容大量的人，但是就它們本身而言，沒有一個是實體。同樣的，被我們稱之為身體的這個聚合物，如果你取走皮膚、肌肉、骨髓、骨骼和不同的器官，一旦它們全部被拆開，就沒有任何你可以指稱為「身體」的實體。

事實上，在整個宇宙之中，所有各種現象的產生，都是特定因與緣暫時聚合的結果。你把現象視為真實存在的事物，僅僅是因為你沒有好好地檢視它們。事實上，它們完全沒有堅實的、本俱的存在。

當你清晰地了解到，你的身體、你所觀想的佛陀及一切現象皆是心的展現，並了解心的本質是空，那麼毫不散亂地安住在這種對空性的了悟之中，不論是否念頭打擾了這種了悟，都要保持觀照。這即是所謂的「觀」。如嘉瑟・東美所說的：

所有現象都是自己的心；
心本是超越概念二邊。
不被主客之二元見解而分心散亂，
安住於一境，
即所謂的圓滿禪定。

如此的止觀雙運，乃是圓滿禪定波羅密之關鍵法門[①]。

① 如同其他的波羅密，禪定波羅密也有三種：一般人修持的禪定，明辨禪定，以及佛之殊勝禪定。在這個教法之中，頂果・欽哲仁波切選擇不去提及這三種禪定，但有個簡短的摘要可見於附錄三，摘錄自雪謙・嘉察所著之《遍知者口傳》（*The Oral Transmission of the All-Knowing Ones*）。

F. 智慧波羅密

30

只透過其他五種波羅密而缺乏智慧，

無法獲致圓滿證悟。

因此，培養結合善巧方便的智慧，

離於三種概念，

乃是菩薩的修行。

佈施波羅密、持戒波羅密、忍辱波羅密、精進波羅密和禪定波羅密能夠幫助你積聚功德，但它們仍然和概念有所關聯。唯有智慧能夠圓滿積聚功德；這種功德能夠讓你證得離於所有概念的本初明覺。佈施、持戒、忍辱、精進和禪定可以被比喻為五個沒有智慧之眼的盲人，永遠無法找到通往解脫堡壘的道路。事實上，唯有智慧的伴隨，佈施、持戒、忍辱、精進和禪定才配得上「波羅密」的稱呼。波羅密的字面意義是「渡至彼岸」——越過痛苦與無明之洋，渡至超越輪迴與涅槃之概念的彼岸。

智慧波羅密有三個面向，也是證得智慧波羅密的三個次第。第一個面向或次第是透過聽聞教法而養成的學識智慧。第二個面向或次第是透過思考這些教法的意義而生起的智慧。第三個面向或次第是從禪修中生起的智慧[①]。

身為修行者，你首先要像一隻蜜蜂在花間採集花蜜。在你聽聞和學習教法的階段，要仔細地全盤學習，既要學習

① 由札楚仁波切和明雅．昆桑．蘇南針對智慧波羅密的三個面向所做的詳盡論釋，請參見附錄四。

字詞，也要學習意義。然後，你應該要像一頭野獸，不滿足於理論的理解，前往山間僻靜處，遠離世俗生活的所有奔忙庸碌。隨著專一地修行，你會發現教法的甚深意義。最後，當你把教法付諸實修，使其融合成為你的一部分時，你應該像一個被打入堅硬地面的樁。在禪修期間，你不受念頭的動搖，保持堅定不移。從內在斬除所有存在與不存在的有限概念，直接正視萬事萬物的究竟本質。

因此在這裡，我們觸及了六波羅密的核心。智慧不只是六波羅密的首要，也是六波羅密的生命力。證得智慧是究竟的目標；這也是各派教法被傳授的原因。

就智慧的第一個面向而言，為了圓滿透過聽聞教法而養成的學識智慧，要研習的經典包括所有的大乘教法；而大乘教法被形容為「甚深而廣泛」。甚深的教法是指解釋空性的教法；廣泛的教法是指解釋菩薩道之不同次第的教法（五道、十地等）。甚深的教法包含在《三摩地王經》（*The King of Concentrations Sutra*）和《大方廣佛華嚴經》（*The Great Compendium Sutra*）等經典之中。廣泛的教法包含在《大乘莊嚴經論》、《現觀莊嚴論》及其他經典之中。其他的論著則以讓佛法追隨者容易了解的方式，來闡釋佛陀話語的智慧意含。你應該從一個具格的上師那裡，聽聞這些教法。

然而，僅僅聽聞教法是不夠的——即使連牲畜也能夠聽聞佛法被教導的音聲。第二個面向或次第，是去發展藉由思考教義而生起的智慧。思考你已經聽聞的教法，提取其中的精義，如此一來，教法不只是停留在智識的層次。對佛法的意義生起信心是重要的。你也要確定已經正確地了解佛法的意義。不論要從事什麼樣的修行，你都必須非常仔細地思量。在上師的協助之下，釐清所有疑慮和猶豫。尤其，你要清楚地記得上師告訴你可能生起的所有障礙，以及你在修道上可能產生的越軌偏差。然後，當你準備把教法付諸實修的時候，你就會像展開一段旅途，而你具備完整的知識以面對所有可能的不同情況，並擁有一切所需的金錢來負擔所有路上的花費。

一些教法所解釋的意義屬於暫時的、方便的或世俗諦的；另一些教法所解釋的意義則直截了當、確定，或屬於勝義諦的。在這兩者之中，究竟的意義比較重要 ，因此，你應當努力認識究竟的意義，並加以熟悉。你愈去聞、思佛陀的話語和伏藏教法[1]，你就會更加了解教法的意義，對其更有信心和把握。黃金被提煉的時候，要一再重複融化和汲取純金的提煉過程。同樣的，透過一再地思考教法的意義來提升你的了解，你將對教法的究竟意義生起清晰的信心。

聞和思將斬斷比較粗重的誤解。但唯有透過禪修，把由禪修所生起的究竟智慧融合成為你的一部分，才能夠消除較

①伏藏是蓮師為了後世眾生所封藏的甚深教法，並且根據蓮師的預示，在適當的時間下，由成就者，也就是伏藏師或「德童」(tertön)取出。

細微的誤解。為了引生究竟智慧，你要前往一個僻靜之處，盡可能地禪修，修持止與觀來了悟空性，也就是一切現象之究竟本質。這就是由禪修所生起的智慧。認清一切現象的本質是空，即是認清所有教法的究竟意義。

透過對空性的理解，你將了解，你和他人之間沒有差別。你將離於我執，慈悲將自然而然地生起，你將毫不造作地利益眾生。到了那個時候，即使是為了利他而奉獻生命等大菩薩的行為，對你來說都不困難。你將能夠在許多劫之中，毫不費力地從事利他的行為。在了悟空性的基礎上，每一件事情都毫不費力地發生。這個時候，佈施、忍辱等所有其他的波羅密，都配稱得上是波羅密，因為它們已經完全超越了迷妄。對於一個了悟空性的菩薩而言，要去解脫的眾生的數量和解脫一切眾生所需的時間，既不會讓他們產生氣餒沮喪的感受，也不會讓他們生起驕慢。一種遍攝的慈悲在你的證悟心中自在地生起；這種慈悲離於所有主客之概念。了悟自我和他人是平等的，你保持如本初虛空那般不變不移。

源自經驗而對空性產生徹底的了解，是對治相信有個我、有個真實存在的自我之唯一解藥。一旦你了悟空性，你對這樣一個自我的所有執著，都將消失無蹤。對空性的了悟將如同明亮燦爛的太陽從天空升起那般閃耀，把黑暗轉化成為光亮。

起先，你必須藉由深刻且仔細地思考上師的口訣教導，來獲得對空性的了解，直到你真正地認識空性為止。在你最初認識空性的時候，你的空性覺受並不穩定。為了使其穩固，你要融合座上修法和座下修法。試著不要倒退落入凡俗的迷妄，而要在所有的日常活動之中，保持空性的見地。如此一來，座上修法和座下修法將相輔相成。最後，你可能會達到座上修法和座下修法沒有分別的境界；到了那個時候，你將不再遠離空性。此即所謂的證得大平等捨。在這種大平等捨之中，對一切有情眾生的慈悲將自然而然地生起——因為你愈了悟空性，妨礙慈悲生起的障礙就愈少。如此一來，你就會擁有一種天生自然的能力，能夠毫不費力地利益他人，如同在一百個盲人之中，其中一個盲人恢復了視力，能夠帶領所有其他盲人。

若未了悟空性，慈悲是有限而狹窄的。如《瑜伽師地論》①所解釋的，無量慈、無量悲、無量喜和無量捨有三個相繼的層次。我們先從慈心開始。首先，無量慈是以有情眾生為焦點。你要記得，一切有情眾生都曾經是你的父母，你希望他們都擁有快樂。這種形式的慈是每一個人（從凡夫俗子到菩薩）所共有的。

在第二個階段，無量慈以現象（諸法）做為對象。修行者認識到，在勝義諦之中，沒有什麼事物具有任何真實的存

①《瑜伽師地論》（*Bodhisattva-bhūmi*，*The Levels of the Bodhisattvas,* 藏文 *byang sa*），是第四世紀印度偉大的大師無著的著作。參見參考書目。

在，但他們仍然希望在世俗諦如夢如幻的實相之中，一切眾生都能夠獲得快樂。尋常人不明白這種慈心，但對根基乘的修行者（聲聞佛和緣覺佛）和大乘的修行者（菩薩）而言，這種慈心是共通共有的。

第三種、也是最高層次的慈心，則沒有所依所指的對象，超越任何客體（受者）的概念。從禪修的開端，修行者明白空性是自我和他人的本質，如天空般離於所有戲論。這種缺乏實體存在、無所不在、栩栩如生、不斷散放出慈心的本質，是明晰而自然的。在本質上，這種慈心離於所有的概念，沒有任何目標。它超越做者、受者和行為本身的三種概念。這種慈心只見於大乘佛教之中。

這三種相繼的層次也適用於無量悲、無量喜和無量捨。

剛開始，智慧波羅密的修持應該要依照次第來完成。首先，把你的修行分成數座；在座上修法期間，你觀修空性。在座下修法期間，你研習中觀的哲學體系，來增進你對空性見（the view of emptiness）的了解，直到你對它有把握為止。中觀的見解能夠使你了解世俗和勝義二諦。了解一切現象如何透過因與緣的結合而生起，有助於認識勝義諦。

當你的修持比較穩定時，你就不再需要刻意去觀修空性；它將融入成為你理解的一部分。你將達到這樣的境界：看清空性和慈悲、空性和現象、勝義諦和世俗諦本來是一體的，而不是像山羊的兩隻角那樣是兩個分別的實體。你空性的見地愈廣大，對現象能夠隨著因果業報法則而有無窮展現的理解就愈清晰。而菩薩即是從無別於慈悲的空性中顯現。

這是大乘和密咒乘、中觀、大手印和大圓滿等所有不同教法的究竟果實。這些教法最重要的要點是去透過自身的覺受來獲得對教法的了悟，光是嘴巴說說沒有多大用處。簡單而直接地說，在你的心相續之中發展圓滿智慧（般若智慧），乃是菩薩的實際修行。

II. 修學經典所教導的四指示[①]

A. 檢視自身的缺失，加以棄絕

B. 不談論菩薩的過失

C. 不執著功德主的財產

D. 不說尖酸刻薄的話

① 四指示源自《勝菩提心增益經》（*Sutra Which Encourages Noble Superior*），是佛陀傳授給彌勒及其他人關於菩薩行為的教法，是《寶積經》（*Ratnakūta*）的一部分。

A. 檢視自己的缺失，加以棄絕

31

若不檢視自己的過失，

雖然表面上是修行者，

但行為可能違背佛法，
因此，不斷檢視自己的過失，
加以棄絕，
乃是菩薩的修行。

一般來說，不論你做什麼、說什麼或想什麼，都是你相信自己和現象是真實存在的一種展現。只要你的行為是以這種謬誤的前提為基礎，你的行為只會是迷妄的，而且充滿了負面的情緒。但是，當你追隨一個上師，你就能夠學習在從事每一件事情的時候，身、語、意都依止佛法。

在智識上，你或許能夠分辨是非對錯，分辨真實與迷妄。但除非你時時刻刻把這種知識用於實修，否則無法獲得解脫。你必須掌控狂野的心──沒有人能夠替你做到這一點。除了你之外，沒有其他人知道你什麼時候落入迷妄，什麼時候離於迷妄。而掌控你的心的唯一方法，即是不斷地去檢視心，彷彿你在使用一面鏡子。如同一面鏡子能夠讓你檢查臉是否骯髒，看看污垢在哪裡，不斷處於當下，檢視你的心，也能夠讓你看清念頭、語言和行為是否符合佛法。

找出自己的缺點，但絕不要挑他人的短處。嘉瑟·東美說：

儘管沒有絲毫的學問或道德，你自負地擺出一副你是一個良好修行者的模樣。你忽略自己一籮筐的過失，卻挑出其他人最微不足道的缺點。你完全以自己的野心為發心，宣揚自己是如何地照顧他人。你假裝在修持佛法，你唯一要達成的是凡俗的自誇。任何一個像你這樣沒有在一開始就去檢查自身行為的人，只會欺騙自己。

如西藏俗話所說的：「發心向法，修行卻走入罪惡。」

每當你生起或從事有害的或錯誤的念頭和行為時，去認清這個念頭或行為是重要的。一旦竊賊被指認出來，人們就能夠逮捕這個竊賊。同樣的，一旦你指認出負面的念頭和行為，它們將無力繼續下去。一旦負面情緒生起，用觀照去襲擊它們。每當正面的念頭生起，用先前所陳述的三善法來強化它們。

修持佛法的唯一方式，即是把教法融入你的心。如果不去檢視自己的缺點和錯誤，你就不會知道自己的學識、自制、知足、謙遜或其他正面的品質有多麼缺乏。對自己明顯的缺失視而不見，你或許會開始相信自己是一個修行者，甚至讓其他人相信你是一個修行者──事實上，這完全是表面的矯飾，裝腔作勢地自誇是一個真正的修行者。這是一個主要的缺失。

岡波巴說：

> **精通佛法，卻不避免錯誤，**
> **乃是修行者一個隱含的過失。**
> **持有甚深的教導，卻不轉化自己，**
> **乃是修行者一個隱含的過失。**
> **巧妙地稱讚自己，巧妙地毀謗他人，**
> **乃是修行者一個隱含的過失。**

不論面對什麼樣的情況，唯有時時刻刻保持觀照，才能夠讓你免於落入這樣的危險。時時保持什麼應該從事、什麼應該避免的覺察，如同你行走於危險的山道，要時時小心謹慎地走在正確的路徑之上。

在行菩提心的戒律之中，你要訓練自己避免四種基本的墮落。第一種墮落是，出於對財富或名望的貪欲，而去讚美自己，毀謗他人。第二種墮落是，出於貪婪吝嗇，而不竭盡所能地去佈施那些窮困和痛苦的人，或當你有能力去傳授佛法時，卻不把佛法佈施給那些值得領受佛法的人。第三種墮落是，出於敵意和瞋恨，而去用言語辱罵他人，或更嚴重的是用肢體暴力去虐待他人，或對那些犯了錯卻洗心革面、尋求寬恕的人心懷怨恨。第四種墮落是，出於無明，而去批評和排斥大乘教法。

更廣泛地說，避免為了獲得財富、名聲、地位或滿足，而去從事有害的或毫無意義的行為，因為從這樣的行為之中，你只會獲得痛苦。從事符合佛法的行為，因為它們將使你趨近解脫，遠離迷妄。為了區別善行和惡行，時時保持覺察是重要的。

除了要辨別是非對錯之外，你的智力和官能也要保持警覺機靈，去確定你應用正確的對治解藥，而不只是繼續因循壞習慣和習氣。舉例來說，生氣時，你需要修持忍辱來對治憤怒。愚癡迷惑時，對治的解藥是去對輪迴產生清晰的了解，並下定決心脫離輪迴。貪戀某一件事物時，你應該透過更深入的分析思考來處理貪欲；你應該如此思惟：不論你貪戀的是什麼，真的一點也不值得擁有。

轉化心的能力，將自然而然地讓你擁有能力去幫助他人的心。時時保持警戒、觀照與覺察，觀察心的狀態，如此你就能夠糾正、提升自己，此即菩薩的真正修行。

B. 不談論菩薩的過失。

32

如果我受到負面情緒的驅使，

而論說其他菩薩的過失，
我將墮落沉淪。
因此，不去談論任何進入大乘之人的過錯，
乃是菩薩的修行。

你不但可以把所有其他的修行者視為親戚，在許多方面，一切有情眾生也都是你的親戚。所有的眾生在某一個生世，都一定曾是你的父母。再者，一切有情眾生都擁有相同的究竟本質，也就是佛性或如來藏。話說：

佛性存在於一切眾生之中：
沒有任何一個眾生不具佛性。

如同岡波巴在《解脫莊嚴寶論》（*The Precious Ornament of Liberation*）開頭所解釋的，眾生具有佛性的這個事實，乃是一個基礎；這個基礎給予眾生成佛的可能性。因此，毀謗任何一個眾生是不當的。相反的，我們應該敬重每一個眾生。如同佛陀所說的：「一個凡夫俗子無法夠評價另一個凡夫俗子，只有一個佛能夠評價一個凡夫俗子。」

更重要的是，對於皈依三寶、對佛法（例如「所有合和的事物是無常，所有染污的事物是痛苦，所有現象沒有本俱之存在，超越痛苦的是寂靜。」[1]等教導）具有信心而走上佛法道路的師兄弟姊妹，都不要批評。

那些進入大乘佛教的人，與我們的關係更密切。我們應該像一個轉輪聖王的一千個王子和公主一般，從不仇視或輕蔑彼此，相反的，我們讚揚稱頌彼此的美德和功德。用大慈和坦誠開放來對待彼此。最重要的是，不要去找尋彼此的過錯。一旦你開始去尋找其他人的缺點，你將會在每一個人身上、在每一個地方看到缺點。對所有人宣揚某一個人的過失，你將使自己激動發怒，同時傷害了對方——這麼做只會是錯誤的。僧伽護持教法，因此僧伽的成員必須和諧共處，戒律必須圓滿。培養信心和淨觀。敬重僧伽（所有受了出家戒和進入佛法的人）乃是皈依戒的一個誓戒。你要視佛門中的所有兄弟姊妹沒有任何過失和缺點。

尤其，惡意批評佛法的其他傳統，是促使整個佛法衰微敗壞的主要原因。要把所有的傳統（派別）和見解視為佛陀教法的真實展現，並且不相互牴觸。如班禪洛桑．耶喜[2]所說的：

各種不同的教義觀點，

皆是勝者之教法。

與其透過由宗派主義的惡魔

① 這些話是「佛陀教法之四法印」（*Four Seals of the Buddha's teachings*）。

② 洛桑．耶喜（Lobsang Yeshe，1663-1737），第五世班禪喇嘛（持有這個頭銜的第二位）。

燃起仇恨的熾焰來看事物，
藉由淨觀的明燦寶石的光芒，
不是能夠看得更清晰嗎！

你對世界的不淨觀，可以輕易地歪曲你對菩薩的行為的看法。事實上，你從菩薩身上看到的任何缺點和過失，僅僅是你自身瑕疵的緣故，如同在一個患有黃疸的人眼中，白色的海螺看起來是黃色的。因此，每當你認為看到菩薩的行為或思想有所缺失時，提醒自己，這個缺失只不過是你自己扭曲的覺知，事實上，菩薩沒有任何缺陷。

你應該明白，證悟者、上師和菩薩的每一個行為都有深刻的意義；這個意義反映了他們利益眾生的發心。當他們化現為無數種身相來幫助眾生的時候，我們很容易誤以為菩薩是凡夫俗子。他們或許看起來像是一個從事俗務的尋常人；甚至可能化現為野獸、鳥禽或犬隻。曾經也有許多菩薩化現為乞丐，或地位低下、長相粗俗、從事不當的職業、缺乏良善品質的人。帝洛巴殺魚，撒拉哈（Saraha）是製箭工匠，夏瓦里巴（Shavaripa）是獵人。因此，你遇見的任何一個人，事實上都可能是一個圓滿的菩薩，而他有著普通平常的外貌，甚或有著令人作嘔的外貌。因此，你應該敬重一切有情眾生，視他們為上師。

當你聽聞釋迦牟尼佛過去生世的事蹟，你就能夠了解，每一次他以不同的方式顯現，都是他要利益眾生、無量的菩薩事業的展現。菩薩離於所有自私自利的發心，他們所做的每一件事情，都是善巧方便的展現。如同一滴落入塵土的水銀，仍然一塵不染，純潔無瑕，菩薩在這個世界顯現，卻沒有受到世界的染污。

去認識菩薩圓滿無瑕的良善，懷著信心去把每一件事物視為清淨的，能夠確保你的佛法修行不會從根處腐爛。信心開啟了教法的大門。在七聖財①之中，信心是最崇高的。懷著全然的信心和虔誠，視上師為真正的佛，把他的所作所為視為圓滿智慧的展現。

你的行為舉止應該和你的上師、法友協調一致。你要和他人打成一片，確定你的存在不會帶來壓迫或拘束──如同一條舒適的皮帶，可以時時穿戴，完全感覺不到它的存在。進入所有的情況之中，不製造任何麻煩和困難──如同鹽巴立即溶入水中。從上師那裡領受教法和指引，而不替上師製造任何不便；和法友相處時，完全不要讓他們感到困擾──如同在蓮花湖上的天鵝，寧靜地滑過水面，而不擾動湖水，在蓮花之間穿梭，卻沒有混亂花朵精細的排列。

讓你的覺知保持清淨，把一切顯現的事物視為無限清淨。如此，每一件事物都將激勵你去修持佛法，每一件事物

① 七聖財（seven noble qualities or riches）分別是：信心（faith）、戒律（discipline）、精進（conscientiousness）、謙遜（modesty）、學識（learning）、佈施（generosity）和智慧（wisdom）。

都將是教法的實例。密勒日巴說：

> 周遭世界是所有書籍之首——
> 我不需要去讀一本白紙黑字的書。

就金剛乘而言，信心和淨觀是修行的兩大根本。如果你尚未擁有信心和淨觀，那麼努力去生起信心和淨觀。如果你已經生起信心和淨觀，那麼不斷努力去使其增長。一旦你的行為或思想違背信心和淨觀時，要有所覺察，並立刻懺悔，加以對治。矯正自己的缺失，而不要去張揚他人的缺失。這麼做有助於保持三昧耶的清淨，維持僧伽之間的和諧，並大大地護持教法。

從金剛乘的上師那裡領受了灌頂之後，你必須和與你進入同一個壇城的金剛兄弟姊妹和睦相處，直到你們全都獲致證悟為止，如同一盞油燈的燈芯和火焰一起燃亮，直到燈芯和火焰都燃盡為止。毀壞或動搖三昧耶——你和其他弟子之間的神聖連結，將障蔽你的修行覺受和了悟，阻礙你獲得所有凡俗的成就，尤其是證悟的無上成就。而對治的解藥，即是去看清萬事萬物的本然清淨。這是菩薩的真正修行。

C. 不執著功德主的財產。

33

供養和敬重可能會帶來爭執，

使聞、思、修衰微，

因此，避免執著於朋友、施主之家，

乃是菩薩的修行。

把所有的努力投注於今生的事務之上，毫無疑問地，你將獲得巨大的財富，積聚大量的黃金，登上名望權勢的頂峰。然而，即使在那個時候，你可能還是會怨恨那些比你更富裕、更有影響力的人；你會蔑視那些被你拋在身後、社會地位比你低下的人；面對你的同儕，你感到競爭和忌妒，等待任何可以超越他們的機會。連乞丐看到其他乞丐化到緣，都會妒火中燒。

人們讓自己落入連吃飯或睡覺的時間都沒有的田地。你是如此全神貫注於達成凡俗的目標，而變得像螞蟻一般忙碌，不斷早出晚歸──如同達波偉大的醫師岡波巴所說：「以星辰為帽，以白霜為靴。」

然而，從事所有這些永無止境活動的最終結果是，你變成一個隨時可以諂媚奉承、虛假偽善的人，如同一個可悲的乞丐，為了一點剩菜殘羹而準備面對兇猛看門狗的啃咬。寂天大師說：

> 我是那個努力求取自由的人，
> 我必不能受到財富和名譽的束縛。

密勒日巴也說：

> 雷，儘管爆發巨大聲響，卻是空虛的音聲；
> 彩虹，儘管色彩絢麗奪目，卻逐漸消散；
> 這個世界看似迷人，卻是一場夢；
> 感官的歡悅儘管美妙，卻帶來不幸與禍害。

徹底放棄所有世俗的活動。滿足於你所擁有的事物，以及每天所發生的事情。如此一來，你將自然而然地明白一切。嘉瑟．東美說：

> 滿足於你所擁有的事物，
> 乃是究竟之財富；
> 不貪戀或執著於任何事物，
> 乃是究竟之安樂。

修持佛法時，剛開始你可能會遭遇困難。但是後來，這些痛苦將被巨大的快樂和寧靜取代。但如果你從事世俗的活動，結果只會是相反的。剛開始，世俗的活動似乎帶來快樂。但是後來，它們墮落惡化成為痛苦——此乃世俗活動的本質。就此而言，不斷做正確的選擇，乃是菩薩的修行。

D. 不說尖酸刻薄的話。

34

尖刻的話語擾動他人的心，
毀壞自己的菩薩修行。
因此，放棄讓他人感到不悅的粗暴言詞，
乃是菩薩的修行。

現在，你已經生起為其他人而獲致證悟的想法。因此從現在開始，你應該不說傷害他人的話語——傷害他人的感情，注定會引發瞋怒的話語。相反的，你應該只說鼓勵他人的仁慈語、溫柔語。

蹂躪世界的戰爭，大多起於尖刻的話語。爭執、怨恨和永無止境的仇恨，全都是因為缺乏寬容和忍辱而產生。

如同龍樹在《致親友書》（*Letter to a Friend*）中所說，人們所說的話有三種；佛陀把這三種話語形容為蜂蜜、花朵和糞便。有益的、令人歡喜的話語如同蜂蜜。誠懇真實的話語如同花朵。但是充滿暴力、有害的話語和謊言則如同糞便，必須拋棄。

卡拉・貢秋說：

停止放射尖刻言詞的毒箭，
放棄本性邪惡的侵犯行為。

如果你讓刻薄的言詞從嘴巴吐出，不但會煩擾他人的心，也會煩擾自己的心。在這樣的時刻，菩薩道喪失了。那些四處宣揚他人弱點的人，或毀謗上師及其他修行傳承的人，等於是在為自己累積大量的惡業。

相反的，菩薩用語言帶領人們走上解脫道。起先，他或她會說一些令人們感到快樂的事情和故事，來開啟他們的心，然後逐漸地、善巧地介紹佛法的意義。佛陀根據眾生不同的能力和接受度來教導眾生。對於擁有較少能力的眾生，佛陀教導以根基乘的教法，強調放棄今生俗務的必要，並且離開家園，做一個無家可歸①、居住在僻靜處的人。對於擁有較大能力的眾生，佛陀教導以大乘甚深廣泛的教法，解釋

① 在經典之中，「離開家園，做一個無家可歸的人」這句話用來表達捨離在家的生活，受戒成為一個比丘或比丘尼。

如何佈施、持戒、忍辱，如何從放棄所有俗務做為起始，依止一個上師的指引，在僻靜的閉關處專一地修持他的教導。佛陀教導他們如何透過思量世間八法[①]的徒勞無益來維持他們的決心，以及如何透過生起真正的利他發心，所做所想都以利益他人為目標，來使修行與菩提心相互交融。

① 世間八法是指苦、樂、利、衰、稱、譏、毀、譽。

III. 修學如何戒除負面情緒

35

當情緒變成串習，

很難用對治來戒除。

因此，懷著觀照和警覺，

緊握著對治的武器，

在執著及其他負面情緒生起的剎那加以摧毀，

乃是菩薩的修行。

不論你正在從事什麼樣的修行，它必須是一個有效的解藥，來對治你的負面情緒，以及你認為事物真實存在的信念。

任何情緒在最初都只是一個微小的念頭或感受，然後變得愈來愈強大。如果你能夠在念頭初生的剎那，即加以認清，很容易讓念頭消退平息。在那個階段被認識出來的情緒，如同清朗天空中的一小片雲朵，不會帶來任何雨水。

另一方面，如果你沒有覺察到這樣的念頭，讓它們擴張增生，那麼很快地，它們將會一個接著一個、迅速成為一連串的念頭和感受。你將發現自己愈來愈難以破除那強大的情緒，也很難去阻止這個情緒可能引生出來的負面行為。如同《大乘莊嚴經論》所告誡的：

情緒摧毀自己、摧毀他人，也摧毀戒律。

在《入菩薩行論》中，寂天大師把負面情緒比喻為必須被擊退的敵人。但是他指出，負面情緒不像一般人類的敵人，它們沒有任何可以撤退的處所。你只要認清負面情緒的本質，就能加以根除：

悲慘的煩惱，被智慧之眼擊潰！

在對抗情緒時，如果你失去警戒，即使只是失去片刻，都要立刻恢復警覺，如同一個在交戰中的劍客，必須立刻拾起從手中滑落的劍。在情緒生起的剎那，你應該要有使用對治解藥的念頭。如果佛法不能阻止你放任負面情緒，佛法還有什麼用處？如同種敦巴所說：

任何能夠對治情緒的，即是佛法；
任何不能對治情緒的，即不是佛法。

事實上，我們沒有時間可以浪費。如果你被一枝毒箭射中，你會讓箭插在肌肉中，還是立刻把箭拔出，讓血液從傷口流出來？

寂天大師也說：

心的大象流浪徘徊，
將使我們沉淪至最深地獄的痛苦，
世間的野獸儘管狂野，
卻不會為我們帶來如此的災難。

但是，如果心的大象被觀照之繩繫縛，
所有的恐懼將自行消失，
所有的善德將唾手可得。

當耶喜・措嘉（Yeshe Tsogyal）問蓮師：「誰是最糟糕的

敵人？」蓮師回答：「障蔽的情緒。」

嘉瑟．東美做出結論：

在兩座修法期間，
訓練自己控制三毒的念頭。
這個訓練不可或缺，
直到一切念頭和現象生起為法身為止。
嘛呢巴，記住，只要你有需要，
就運用這個訓練，
絕對不要放任迷妄的念頭。[①]

因此，你要時時保持警覺，觀察心的活動。想一想，從過去的無數生世以來，你可曾不受迷妄和負面情緒的控制？受到迷妄和負面情緒控制的結果是，你必須一再地經歷生、老、病、死的痛苦。儘管如此，你仍然執著輪迴，彷彿輪迴是一個快樂的處所。你把短暫無常的事物視為永久。你瘋狂地積聚你將永遠無法持有的財產，永不饜足。可以肯定的是，此時此刻是你開始觀察你的心的最佳時機。

立刻覺察在心中生起的每一件事物，彷彿你在觀察鏡中的臉龐。把情緒視為敵人。這些敵人已經毀了你過去的生

① 嘛呢巴（Mani-reciter）是指持誦嘛呢的人，也就是持誦觀世音六字明咒的人。在此，「嘛呢巴」是用來稱呼佛法修行者的一種充滿感情的辭彙。

世，如果你沒有在它們出現的時候，立刻斬草除根，它們也將毀了你的來世。沒有一個情緒是無法根除的，因為情緒只不過是念頭，而念頭如同在虛空飄移的風。念頭空無一物。

然而，如同一個位高權重的人會發現他的憂慮和困難增加了，當你立下要從輪迴解脫的雄心壯志，你也會發現，念頭和串習似乎比以前更強大，數量也更多。如果你立刻受到它們的控制，你的修行將被打斷。你的修行或許會停滯，停滯到最後你變得像一個老隱士，只對賺錢感興趣。或者你會走上智識的道途，永無止境地求取更多的知識。但如果你能夠透過修持止與觀來降服狂野的情緒，必定能夠在修道上穩定前進。

心散亂時，你甚至不會注意到自己被蚊子叮咬。心平靜時，你會立刻感覺到蚊子的叮咬。同樣的，心需要放鬆安靜下來，才能夠覺察到心之空性。為了這個緣故，我們要修止。而透過這樣的修行，即使是一個擁有強烈情緒的人，也將逐漸獲得自我控制和內在的寧靜。心達到放鬆專注的穩定狀態時，串習會自行消失，利他和慈悲將自然而然地形成、擴展。最後，你將在究竟本質的不息之流中，達到自在的狀態。

為什麼所有眾生在輪迴中流浪？如同月稱所說：

眾生先想到「我」，然後執著於自我；
眾生想到「我的」，然後執著於事物。
因此，眾生像水車上的吊桶般無助地轉動，
出於慈悲，我向這些眾生頂禮。①

① 這個著名的引言來自月稱的《入中論》（*Madhyamaka-avatara*），從應成中觀派的觀點詳細說明了龍樹的中觀哲學。

佛性存在於所有人的心中，我們卻沒有認識到它的存在；相反的，我們誤把透過佛性自然展現的力量所生起的事物（宇宙及其六道輪迴、在六道輪迴中各種身相的眾生，以及八識）視為是外界的、與我們自身分離的事物。這種二元分立的認知導致了自我與他人的分別，並且從中生起了這樣的串習：我們都必須珍愛自己，重視自己遠勝過重視他人。無明，以及相信有一個「我」的錯誤信念，乃是這一切的根源。如果你相信有一個自我的錯誤信念消失了，「他人」的概念也會消失。你將了悟自我和他人在本質上是平等的。

把每一件事物區分為自己和他人，是執著與瞋恨這整齣戲碼開始上演的方式。「他人」的想法只在有「自我」這個想法時，才會產生。沒有「我」的想法，「他人」的想法如何能夠生起？當你認清「我」的空性時，你也認清了「他人」的空性。當無明消失，自我與他人之間的分別也消失了。你不再把人們看待為必須征服的敵人，並且把朋友和親戚視為如夢般的幻象。

念頭生起時，要覺察念頭所包含的負面串習，並且應用適當的對治解藥。舉例來說，如果你想到某一個人，並生起這個人是「敵人」的想法，那麼切勿讓瞋恨生起。相反的，你要對這個人生起大慈，彷彿他是你最親愛的朋友。如果執著生起，你要把這個人視為幻象，並且記得，任何聚合的事物注定要分離。當執著平息消失之後，你將不會為來世積聚串習或業的種子。把無量有情眾生區分為朋友和敵人，只會使你的心超載。相反的，你要簡化每一件事物，把每一個人視為你仁慈的父母。

只有一個全知的佛知道，你在多久以前落入輪迴的迷妄之中；在輪迴的迷妄之中，你已經度過了無可計數的生世。一切有情眾生必定曾是你某一個生世的父母。了解這一點，對一切有情眾生生起深刻的、無分別的慈心。

IV. 修學用觀照和警覺來利他

36

簡而言之，不論身在何處，不論所作所為，
時時保持觀照和警覺，
自問：「我的心的狀態是什麼？」
並去利益他人，

乃是菩薩的修行。

每一天，你要去檢查你應用教法到了什麼樣的程度，你多常能夠控制你的心，以及你有多少次落入負面情緒的控制。如此檢視你的進展，將有助於減少你對今生俗務的執著，增長對教法的信心。

現在，你知道真正的道路位於何處。只要你做正確的選擇，不把無價的珍寶誤以為是尋常的石頭，這條道路一定會帶領你通往證悟。此時此刻，你沒有身體的疾病和心理的痛苦折磨，是修持佛法的良機。

我們所謂的法（Dharma）是什麼意義？在藏文之中，法（音譯「卻」，chö）意指修補所有的缺失，帶來所有正面良善的品質。在梵文之中，「法」（Dharma）意指「去持有」，即一旦你和佛法結緣，它一定會讓你脫出輪迴的深淵，帶領你通往證悟——如同一條魚一旦上了鉤，肯定不會在水裡停留太久。這個緣不是一個普通的緣，而是甚深的緣。

在此，我們要替《菩薩三十七種修行之道》做一個結論。總而言之，《菩薩三十七種修行之道》的精髓在於，不論你用身、語、意從事什麼樣的行為，從事什麼樣的佛法修行，你都應該要以利益無量有情眾生為發心。如果你的發心是出於純粹的利他，沒有任何的自我執著，圓滿將自然而然地生起。

這種清淨的、利他的發心（菩提心）生起的方式，類似犁土，使土地肥沃富饒來栽種作物。首先，你需要有為了一切有情眾生而獲致證悟的發心。而把《菩薩三十七種修行之道》付諸實修，將使這種發心臻至圓滿成熟。目前，要真正地幫助他人可能超過你的能力範圍，但你應該時時把這個目標放在心中。如同朗里・塘巴所說的：

> **在大乘之中，除了利益眾生之外無他。因此，不要讓你協助他人的盔甲變得太小。**

菩薩修行的本質與精髓在於超越我執，徹底奉獻自己來服務他人。此一修行是以你的心為基礎，而不是以外顯的行為為基礎。因此，真正的佈施是了無執著；真正的持戒是了無貪欲；真正的忍辱是了無瞋恨。菩薩甚至能夠佈施他們的王國、生命或配偶子女，乃是因為他們的內心沒有絲毫的貧乏感或需求感，並且準備毫無條件地圓滿他人的需求。其他人如何看待你的行為並不重要。你需要的是一個清淨的心。舉例來說，嘴上說著甜言蜜語，但沒有幫助他人的發心，那麼甜言蜜語是毫無意義的。即使是鳥類也能夠唱出悅耳的歌曲。如老虎這般的野獸對幼虎表現出慈愛，但那是一種摻雜了執著、有分別的慈愛。那種慈愛不擴及一切有情眾生。菩薩對一切有情眾生表現出無分別的慈愛。

你或許傳授佛法給成千上萬個弟子，從事數千種修行和善行，但如果我執仍然在你的心中根深蒂固，你的事業將永遠不會是一個菩薩的事業。為了做一個菩薩，實現一個菩薩的事業，你必須從內在把自私自利連根拔除，不留痕跡。

從外表看來，印度偉大的悉曇（解脫者，siddhas）大多看起來像是不起眼的乞丐。他們的人生沒有充滿宏偉眩目的善行。但是在內在，他們已經了悟空性，他們的心時時刻刻對一切有情眾生充滿慈悲。在西藏，密勒日巴也是如此。他從來沒有為了讓每一個人看到，而去行大供養或從事許多善行。但由於他完全放棄了我執，了悟了空性，因此在印度和西藏所有證悟的瑜伽士之中，密勒日巴被認為是最重要的一位，並且使世界各地無數眾生的心轉向佛法。

如果無法掌控自己的心，那麼即使已經研習眾多經典，遇見眾多上師，對你也沒有真正的幫助。你冒著成為像比丘善星那樣的風險；比丘善星非常博學多聞，但是他最後卻挑剔佛陀的過失。①

慈悲的力量是最重要的。在西藏拉薩，曾經有一位著名的喇嘛每天使用純金製成的美麗器皿，供養水食子給餓鬼。有一天，他行供養的時間晚了，一些餓鬼出現在他的面前。

① 比丘善星（Good Star）親近佛陀很長一段時間，記憶了十二支教法。但他的驕慢和忌妒使他告訴人們，除了佛陀頭頂上的光環之外，他和佛陀之間沒有分別。他決定不再聽聞佛陀的教法。結果，他投生成為一個餓鬼，總是在佛陀傳法、並且背向著他的時候接近佛陀。

他們催促他趕緊供養。喇嘛問他們為什麼如此著急。那些餓鬼回答，他們想要去領受卡拉・貢秋的水食子供養，因為他的供養比任何其他的供養更令他們感到滿足。他們擔心，如果錯過了卡拉・貢秋的供養，他們將會挨餓。

那位喇嘛想要更加了解卡拉・貢秋而加以查問。他發現，卡拉・貢秋是居住在蒼卡拉[①]一處洞穴的謙卑隱士。當卡拉・貢秋供養水食子的時候，他使用半個核桃殼做為容器，放幾粒穀子在其中。而供養的水則來自他的慈悲之淚。因為他的悲心無限，因此西藏所有的餓鬼都前來領受他的供養。

① 蒼卡拉（Tsang Karak），地名，位於西藏中部、從拉薩通往尼摩（Nyemo）的途中。

一切取決於你的發心。因此，你要時時刻刻檢視你的態度和發心。如巴楚仁波切所說，每一個人都想要獲得快樂，但是為他人帶來快樂，乃是獲得圓滿安樂的真實之道。

V. 回向功德來達到圓滿證悟

37

為了解除無量眾生的痛苦，
透過離於三種概念的智慧，
把所有功德回向給一切眾生，
使其遠離痛苦，

願其獲致證悟，
乃是菩薩的修行。

教法分為三個部分：初善，即生起相對菩提心和究竟菩提心；中善，離於所有的概念和執著；以及後善，即回向所有功德來獲致證悟。回向確保了修行，增長了修行的利益和結果。如《寶積經》（*Ratnakuta Sutra*）所說：

一切現象皆起於因緣，
因此我們的願望也決定了我們的命運。
取決於我們立下的願望，
我們將獲得相對應的結果。

正確的回向是把身、語、意的善行回向給一切有情眾生，願他們獲致證悟。而你回向的對象，要從曾經傷害你、為你製造障礙的眾生開始。

如果你把從事一個修行或一個善行的功德與一切有情眾生分享，那個功德將永久持續，直到你證悟為止。如同你把一滴水放進海洋，只要海洋繼續存在，那滴水將永不枯竭。如果你不分享功德，功德將如同把一滴水倒在滾燙的石頭上——立刻蒸發。或者它像一粒種子，結了一次果就凋萎了。

如果你沒有用真正的回向來確保功德，不論你從事了多麼廣大的供養和善行，它們的結果只會是短暫的，很容易受到瞋恨、驕慢、忌妒等負面情緒的摧毀。

同樣重要的是，你要把功德回向給一個正確的目標，而不只是回向給今生微小而不重要的成就，例如財富、健康、成功和影響力。你真正的目標應該是為了其他眾生而獲得全然的無上證悟。

用最好的方式來回向功德（完全離於做者、受者和所做之行為等三種概念的方式），只有已經完全了悟空性的人才可能做到。那麼，我們這些凡庸的眾生應該如何回向功德？如我們這般無能的人如何從事如此圓滿的回向？我們可以遵循已經有了那種了悟的人的腳步，來從事回向。普賢王如來成就了如海洋般無量無邊的菩薩願望；文殊菩薩和觀世音菩薩則成就了菩薩如海洋般無量無邊的利生事業。你回向功德時，想像你仿效這些偉大菩薩回向功德的方式，念誦了悟萬事萬物之究竟空性的佛陀或佛陀的追隨者所說的圓滿偈頌。此舉會使你的祈願更加強大而有效。你可以念誦《普賢菩薩行願讚》，或擷取其中的偈頌，例如：

如同無畏的文殊師利和普賢王如來回向功德
來證得全知，

我仿效他們，訓練自己，
圓滿地回向這些善行。

或使用喇嘛．米滂所說的祈願文[①]：

透過從善逝的證悟心生起的全知、
慈愛和祈願的力量，
願我們所有人了悟上師智慧之奇妙轉化。

或使用：

透過證得佛之三身的加持，
透過法性（Dharmata，現象之真實本性）
不變真諦的加持，
透過所有僧伽發心的加持，
願在回向的同時所發下的願望，
於未來實現。

又有：

當一切有情眾生被無常擊中，

① 喇嘛．米滂（Kunkhyen Lama Mipham），也就是米滂．蔣揚．嘉措（Mipham Jamyang Gyatso）或蔣佩．耶派．多傑（Jampel Gyepai Dorje），1846-1912，文殊菩薩的化身、一個成就者，以及現在寧瑪派最偉大的學者。

渡至來生的時候，
願我帶領一切有情眾生，
以及所有與我結下善緣或惡緣的眾生。

願我引導他們，
願我斬斷他們的痛苦之流，
願我載送他們渡過四河①，
願他們迅速獲得無上證悟！

①四條痛苦的河流分別是生、老、病、死；眾生，尤其是人道的眾生，無助地被這四條痛苦的河流帶著走。

又有：

在我們所有的生世之中，
願我們和圓滿的上師永不分離，
願我們善用佛法的一切殊勝利益，
圓滿修道和十地的功德，
願我迅速證得金剛持的果位。

不帶驕慢或悔恨所從事、並加以正確回向的行為，具有一種暢通無阻的能力，能夠使我們迅速地朝著證悟的方向前進。

結頌

1. 此法本撰寫的方式，以及為誰而寫

為了那些希望修學菩薩道的眾生，
我遵循聖者的教法，
把經典、密續和論著所教導的要點，
編寫成為菩薩三十七種修行之道。

為了撰寫一本正統的論著，在傳統上，作者至少需要具備三種資格中的一種。作者至多應該已經完全了悟究竟之本質。如果他沒有了悟究竟之本質，那麼他應該已經受到他的本尊禪觀的加持。至少，他必須通曉五明①。

① 五支學識（five branches of learning）或五種科學分別是：1) 語言學；2) 邏輯學或因明學；3) 哲學；4) 醫學；以及 5) 武術和工藝。

印度兩位偉大的班智達龍樹和無著，是第一種作者的典範；他們已經徹底了解勝義諦。偉大的菩薩寂天大師擁有文殊菩薩的禪觀；在這個禪觀之中，他如同親見文殊菩薩。透過從文殊菩薩那裡所領受的加持，寂天大師直接了悟教法的一切精要；他屬於第二種作者。印度和西藏的偉大班智達，多數都徹底精通五明，並對佛陀教法的字句和意義有圓滿的知識，屬於第三類的作者。

由不具備這三個必要條件之一的作者按照自己的意向和愛好所撰寫的著作，不能算是一本正統可靠的論著。一本真正的論著應該可以被當做治療負面情緒的藥物，保護眾生免

於墮入輪迴的下三道。來自真正傳統之外的著作，不具備這些特質。「論著」（shastra）的字面意義是「解釋佛陀話語的意義，治療無明的事物」。一本論著應該能夠使研習它、觀修它的人離於迷惑，使他們穩固而堅定地走在解脫道和證悟道上。因此，一本論著是悲心的展現。

《菩薩三十七種修行之道》的作者嘉瑟・戊初・東美具備所有這些資格。他博學多聞，受到無數智慧本尊禪觀的加持。他本身充滿了慈悲，是觀世音菩薩的化身。偉大的薩迦派上師札巴・嘉岑[①]和嘉瑟・戊初・東美是同一個時代的人；札巴・嘉岑曾經對他的弟子說：「你們可能會認為，觀世音菩薩是居住在遙遠的普陀山淨土的一個本尊。但是，任何一個從嘉瑟・戊初・東美那裡領受菩提心教法的人，等於是親見了觀世音菩薩。」

印度「六莊嚴」和「二勝」[②]等大師，以及西藏所有博學多聞、有成就的上師，已經針對菩薩道撰寫了無數的論釋，但在我們這個時代，卻沒有人有能力來吸收理解所有這些教法。今日的人們幾乎沒有真正的智識，而且他們的努力微弱。再者，極少數人把佛法視為人生中最重要的事物。有鑑於此，嘉瑟・戊初・東美擷取了所有菩提心教法的精髓，彷佛從牛奶中提煉奶油一般，然後以這本著作的形式撰寫下來。他用一種簡明易懂的方式來加以組織，但仍然傳遞了完

① 札巴・嘉岑（Jetsun Trakpa Gyaltsen，1147-1216），薩迦派最重要的上師之一，擁有文殊菩薩的禪觀。

② 印度六莊嚴（Six Ornaments of India）分別是：精通阿毘達磨（abhidharma）的世親和無著；精通因明學的陳那（Dignaga）和法稱（Dharmakirti）；以及精通中觀的龍樹（Nagarjuna）和聖天（Aryadeva）。在這六者之中，龍樹和無著被一些法典視為「二勝」（Two Supreme Ones），而其他法典則把兩位精通律藏的大師釋迦光（Sakyaprabha）和功德光（Gunaprabha）尊為「二勝」。

整的意義，沒有冒任何犯錯的風險。這是一本可以被任何人修持的法本。

《菩薩三十七種修行之道》是關於獲致證悟最直接、最甚深的大乘教法。嘉瑟・戊初・東美撰寫《菩薩三十七種修行之道》，不是因為他希求名聲或賞識，而是出於純粹的慈悲。這是為什麼從數個世紀以來，這些教法已經幫助了無數眾生。這些教法是觀世音菩薩化現為人之身相的話語。如果你根據這些教法來修行，對自己的所有關注將會消散，並發現，把所有的努力轉而用於利益他人是輕而易舉的。

願望帶來它們自己的果實。一個足夠強烈、去成就某個目標的願望可能會實現。如果你把所有的努力用於致富或成名，你或許能夠達成目標——相反的，如果你努力精進，透過研習和禪修來了解、成就修道的無上目標，你終將成功。如同一個掌舵的船夫，你要運用你的心，去帶領你的人生朝自己選擇的方向前進。

2. 這些修行法門的無謬本質

對你而言，任何發揮作用、配得上你的證量層次的教法，即是最佳的教法。中觀、大手印和阿底瑜伽的教法確實非常深奧，而根據這些教法所解釋的教導來觀修空性，能夠使人在一個生世之內成佛。但這些教法超乎我們這些凡夫俗子所及的範圍。不用母奶來哺餵一個新生嬰兒，反而給他米飯和肉類，是毫無意義的。剛開始，他無法咀嚼這種食物，之後即使他能夠吞嚥一點食物，卻完全缺乏消化這些食物的能力。

你最需要的教法，是能夠為你的修行帶來利益和啟發的教法。你可能領受如天高的教法——但只用尋常的雙手，天空是難以觸及的。另一方面，你先從你真正能夠吸收理解的修行法門開始著手，生起愈來愈多的慈悲，放下凡庸的、世俗的關注，你將逐漸獲得穩定力，到了最後，你也將能夠精通更高深的教法。

絕對不要認為修心只是下等的修行。修心是佛陀親自為了我們的心而裁製的教法。從擁有一顆善良的心開始，然後用慈悲來強化它。生起相對菩提心，也就是為了能夠利益無量之有情眾生而達到證悟的決心。相對菩提心將使你生起究竟菩提心，也就是認清和證得究竟之本初明覺。

菩提心為你所從事的任何修行開啟了大門。菩提心是善巧方便；藉由菩提心，你能夠在解脫道上前進。它也是能夠讓你收割果實的必要因素。菩提心應該是你修行的核心和生命力。

當你修行時，也要使用蔣貢・康楚仁波切針對「修心七要」所做的論釋。這些論釋敘述了一個適合所有人（不論其能力、根器為何）的修行法門。不像密咒乘生起次第和圓滿次第的修行法門，可能讓你屢屢犯錯，這本著作所陳述的修心法門沒有風險。

這是為什麼嘉瑟・東美補充說道：

由於我的了解淺薄，幾乎沒有學養，
這本著作不會受到博學者的青睞；
但它是以經典和聖者的教法為基礎，
所以我認為它真的是菩薩的修行。

3. 請求寬恕的謙卑祈願文

偉大的菩薩總是隱藏自己的無量功德，讚美他人的品質，無論它們多麼微不足道。他們絕對不會驕傲地想，自己擁有多麼大的學問或證量，相反的，他們隱藏自己傑出之處，如同把一個寶藏埋藏在地底下。如同結實累累的樹枝向下低垂，充滿美好功德和知識的聖哲總是保持最謙卑的姿態。這種態度的範例可以在寂天大師《入菩薩行論》的開頭找到：

我所要說的，前人都已說過，
我才疏學淺，言語拙劣。

因此，我不認為這本著作能夠利益他人，
我撰寫這本著作，
只是為了證明我的理解。

因此，嘉瑟・東美也表達了他的謙遜，懺悔他可能犯下的任何錯誤：

但對於像我這麼愚笨的人來說，
要去理解菩薩偉大的事業是困難的，
於是恭請聖者原諒我的錯誤與矛盾之處。

世尊釋迦牟尼佛分三個階段來轉法輪。他在鹿野苑初轉法輪，教導四聖諦；在靈鷲山二轉法輪，教導萬法之空性；在幾個不同的時間和地點三轉法輪，教導勝義諦。因此，釋迦牟尼佛用不可思議地深廣的方式，展現了證悟道。

在此，嘉瑟・東美有意要呈現所有這些教法的精髓。但他謙遜地認為，他尚未達到一切聞、思、修的究竟境界。因此他懇請八大修道車乘①所有博學多聞、有成就的大師，和支持論注傳承（Explanatory Lineages）的「十支柱」②等大師，原諒他在《菩薩三十七種修行之道》這本論著中所出現的任何瑕疵、文不對題或錯誤。

① 參見註解三十。八大修道車乘的主要上師，即是支持實修傳承（Accomplishment Lineages）的「八支柱」（Eight Great Pillars）。他們分別是：(1) 帕果・毘盧遮那（Pagor Vairocana），舊譯寧瑪派；(2) 種敦巴，噶當派；(3) 瑪爾巴，噶舉派；(4) 那久巴（Khyungpo Naljorpa），香巴噶舉；(5) 卓米・洛擦瓦（Drokmi Lotsawa），道果傳承或薩迦派；(6) 帕當巴・桑傑（Phadampa Sangye），施身法暨希解派；(7) 碁久・洛擦瓦（Kyijo Lotsawa），時輪金剛；以及 (8) 烏金巴（Orgyenpa），烏金念竹派。

② 支持論注傳承的「十支柱」（Ten Great Pillars）分別是：東米・桑波塔（Thönmi Sambhota）、毘盧遮那（Vairocana）、卡瓦・帕策（Kawa Paltsek）、卻果・盧・嘉岑（Chokro Lu' i Gyaltsen）、丈・耶喜・德（Zhang Yeshe De）、仁千・桑波（Rinchen Sangpo）、種敦巴、大譯師羅登・謝洛（Ngok Lotsawa Loden Sherab）、薩迦・班智達和果・庫巴・雷策（Gö Khukpa Lhetse）。

4. 回向撰寫這本著作的功德

透過從此生起的功德，
以及透過相對與究竟之無上菩提心的力量，
願一切眾生變得如觀世音菩薩，
超越輪迴與涅槃兩個極端。

現在，嘉瑟・戌初・東美懷著充滿慈悲的清淨心，把撰寫這本著作所生起的任何功德回向給一切眾生，願相對菩提心和究竟菩提心在一切眾生的心意與行為中茁壯。

他希望一切有情眾生為了自己和他人而達成證悟。他希望一切眾生能夠透過智慧，為自己獲得證悟，而免於落入輪迴的極端；他希望一切眾生能夠透過慈悲，為他人獲致證悟，而免於落入涅槃的極端。他希望眾生能夠化現為任何能夠利益每一個生命的身相——凡俗眾生、阿羅漢、菩薩和佛，孜孜不倦地為了一切生命的利益而努力。

這個回向是一個誠懇真摯的祈願，希望一切有情眾生能夠達到觀世音菩薩的層次，並且如觀世音菩薩一般地利益眾生。觀世音菩薩是一個源頭，或是此賢劫諸佛之「父」。從觀世音菩薩的一千零二個眼睛之中，化現出此賢劫的一千零二個佛；從觀世音菩薩的一千零二條手臂之中，化現出一千零二個轉輪聖王。在他身體的每一個毛細孔之中，是無數個淨土；在每一個淨土之中，觀世音菩薩的化身教導無數個菩薩大乘佛教的教法，帶領眾生走上解脫道。在究竟的層次，觀世音菩薩是一切諸佛之金剛語的本質，擁有一個完全證悟之佛的五身與五智。在相對的層次，他對在他慈悲事業領域中的眾生，示顯為一個十地菩薩。

5. 跋

為了自身和他人的利益，
東美，一位教導經典與因明學的老師，
在戊初的珍寶窟，
作此《菩薩三十七種修行之道》。

《菩薩三十七種修行之道》是由偉大的聖哲嘉瑟・戊初・東美，在位於西藏中部戊初的隱居所「珍寶窟」（Rinchen Phug，the Jewel Cave）所撰寫。他的名字「東美」意指「暢通無礙」。的確，他的學識，以及對佛法理論和修行的深刻理解，沒有界限或障礙。

最後的忠告

深刻地思考這些偈頌。在你每天的行為、語言和念頭之中，把它們付諸實修。剛開始，你或許無法把這些偈頌真正融入心中，但如果你堅持不懈，自從無數個生世以來所擁有的頑固執著——執著於表面看似堅實的現象世界，以及執著於事物是永久的——將逐漸消失。揚貢巴說：

多年惡習持續復發，
如同一捲紙不斷地捲繞，
而嶄新的覺受卻輕易地被機緣摧毀。
你無法在短時間內斬斷迷妄——
你們所有這些「偉大的禪修者」，
要持續禪修很長一段時間！

如果你修持佛法，那麼從始至終，絕對不能放棄。你應該下定決心修行，直到死亡為止。密勒日巴說：

不要希冀任何結果，
認真地修行，
直到死亡降臨。

把你自己全心全意託付給修行，盡量離棄輪迴的活動。當你開始看見佛法的正面品質在心中萌芽，你從事修行的努力與決心將如火一般燃燒。

你應該要了解，佛法出現在這個宇宙之中是多麼稀有難得，而有機會去聞、思佛法是多麼殊勝。甚至僅僅聽聞教法的一個字眼，或聽聞召集僧伽的鑼聲，都能夠使你免於墮入輪迴的下三道。偉大的聖哲巴楚仁波切說：

> 在這個末法時代，僅僅聽聞、理解或解釋四句佛法，就能夠被稱為「教法」；僅僅修止修觀一天，就能夠被稱為「證法」①。

把所有這些教法呈獻給你，如同把一片覆滿花朵的草地呈獻給蜜蜂。現在，你的手中握有一切。你擁有修行和獲致證悟所需的一切。即使連一天也不要浪費。如果你修行，依止一位上師，如實地遵循他的話語，你對教法真諦的信心將與日俱增，能夠在你的這個生世之中，證得金剛持的果位。

所有偉大的證悟者都曾經是凡夫俗子；他們透過自身的精進努力而成佛。精進是你最需要的品質。如佛陀所說：「我已經顯示那條道路。獲致解脫取決於你。」

佛陀不會像扔擲一顆石頭一樣，把你推至成佛。他不會

① 在佛法的兩個面向之中，「教法」（Dharma of transmission）是指佛陀的話語和經典本身；「證法」（Dharma of realization）則是指修行者透過內在的覺受，而實際了悟這些教法，最後獲致證悟。

像清洗一塊髒布一樣地去清淨你。他也不會像一個醫師開藥給一個消極被動的病患那樣地來治癒你的無明。佛陀已經獲致全然的證悟，他正在顯示你那條道路，你遵循這條道路與否，則取決於你。現在，就看你是否要修持這些教法，並且體驗它們的成果。

願這本著作為一切有情眾生帶來巨大的利益，並指出佛陀所有教法的精要合一！

附錄

附錄一：關於上師之增補論釋（偈頌六）

A. 正確的和錯誤的上師

摘錄自札楚・阿旺・丹增（Dzatrul Ngawang Tendzin Norbu）之《甘露寶瓶》（*The Vase of Amrita*）第二函。

錯誤的上師

《內密續》（*Inner Tantra*）說道：

無明和驕慢，欠缺智識，
他教導的只不過是語言文字；
他用毀謗的言詞來貶低他人；
學問淺薄，驕傲自大，
對於沒有看清這種上師的弟子而言，
他是一個真正的惡魔。

這種上師甚至連一個正面美好的品質都沒有——這些眾多的美好品質乃源自聞與修。然而，由於他出身美好的家庭，因此他聲稱：「我是某某人的兒子。」並像婆羅門一般，自負地把自己包裹在貴族的世系血統之中。雖然他無異於尋常人，但他的行為舉止卻彷彿他等同於過去的大成就者。當他完成些微的研習與修行之後，一旦其他人對他略顯敬重，他就自戀地吹噓。他充滿驕慢，愚蠢自大，無法看見偉大人物的品質。他暴躁易怒，充滿忌妒，心中的慈悲之繩斷裂。

如果具信的你遇見、追隨這種錯誤的上師，就像一個瘋狂的嚮導替你指點方向。你充滿善行的整個人生將白白被浪費。尋求他的保護，如同想在清涼的樹蔭下休息，結果那樹蔭卻是條巨大的毒蛇。

正確的上師

正確的上師對經典、密續和論著有著廣博的學識，並明瞭三誓戒的重點。他已拋棄所有無明的障蔽，了悟一切。他能夠用敏銳的智慧斬斷疑慮和誤解。他的心充滿了對其他眾生的慈悲，如同母親對唯一的孩子充滿慈悲。因此，人們可以追隨他，依止他。他明瞭並且能夠教導人們輪迴如何從迷惑的情緒中生起，以及涅槃如何從全然的清淨中獲得。

他用四種方式來聚集具有福德的弟子：贈禮，言語柔和，根據弟子的根器來教導，以及行為舉止符合他自己的教導。

親近這樣的上師，你將獲得他的美好品質，如同普通的木頭留在檀香樹林中多年之後，也會擁有美妙的香氣。

如何追隨一個具格的上師

為了善巧地訓練凡庸的人們，具格上師的外表和舉止可能會和他們一致，但他的心卻一直處於成佛的狀態，完全超越尋常眾生的心態。他的所作所為，完全適合弟子的本質和需求。他能夠忍受所有的恩將仇報，以及所有令人感到悲痛的事件，如同母親滿懷耐心地對待唯一的孩子。

因此，你要對這樣的上師時時具有信心，把他視為佛陀本人，理解他所作所為的圓滿無瑕，以及他一切話語的真諦。

懷抱著熱情向他頂禮，繞行他的住所。用充滿虔誠的心對他說話，永不滿足地凝視著他——因為這樣的上師是如此稀有，要遇見這樣的上師是如此難得。

如何在他面前行為舉止

如果他進入房間或從座位上起身，你也應該要站起來，除非你生病或無法起身。會見他時，你要噓寒問暖，呈獻他所需要的一切。不要喧鬧，不要做手勢、蹙眉、定定地注視著他、說謊、造謠中傷、採取蓮花坐姿傲慢地坐著或兩條腿鬆散地伸展在面前、把關節弄得霹啪作響、戴帽、或手持武器或棍棒。絕對不要跨越他的座位或衣物，絕對不要使用他的個人物品，或騎乘他的座騎。如果你伴隨他，不要走在他的前方，除非有危險或你需要帶路；不要走在他的右側；不要走在他的正後方或是踩到他的步伐和影子，而要稍稍地走在他的左後方。

B. 上師相應法

上師相應法特別和菩提心的修持有所關聯，可見於蔣貢・康楚・羅卓・泰耶所彙編之《教誡藏》(*The Treasury of Spiritual Instructions*) 第四函。

一般來說，在小乘和較高層次的道乘之中，都強調追隨上師的必要性。《華嚴經入法界品》(*Gandavyuha Sutra*) 說道：

在無數的生世之中，
我們無法渡過痛苦之汪洋。
即使我們擁有眾多品質，

若無一位上師，

我們無法從輪迴中解脫。

你或許擁有美好的世俗品質，而身為一個修行者，你或許具備許多修行的品質，例如圓滿的信心和精進，但除非你追隨一位加持你的上師，否則了悟將不會在你的心續中生起，也無法從輪迴中解脫。

因此，你需要追隨一位真正的上師，一個持有傳承、已經了悟的上師。一個真正的上師，是已經從一個不間斷的傳承領受了菩提心教法的上師。這個不間斷的傳承從佛陀一直延續到他本身，如同從阿底峽尊者的追隨者噶當派上師延續下來的傳承。

你也應該知道要如何服侍這樣一位上師。不論他說了什麼，你都要透過你的行為、語言和念頭來真正地加以實現。懷著極大的熱情，不斷地向他祈請，觀想他在你的心間，或在你的頭頂上。關於這一點，有三個部分：前行、正行和結行。

生起慈悲及獲致證悟的心，乃是前行。然後觀想自己如鏡中的影像，看似真實，卻是空虛。你的心是一團明燦的光。

至於正行，你要觀想你的頭頂上有一個蓮花月輪，其上端坐著上師。你對他具有最強烈的虔敬心。你可以觀想他是原本的大小，或拇指的大小——完全看哪一個你最容易觀想。

憶念他的面容、表情，他坐和移動的方式，他的聲調，以及他心意的智慧。視他無別於上至佛陀的所有傳承上師，無別於傳授你教法的所有上師，以及無別於所有的本尊和諸佛菩薩。雙手合十地供養他你所能供養的一切，盡可能地皈依於他的身、語、意。你要記得，上師離於所有缺患，已經圓滿所有美好的品質。雖然就勝義諦的層面而言，他如天空般不具實體，卻為了我們所有人而示顯於色界。如此向他祈請：

「加持我，如此一來，相對菩提心和究竟菩提心就會立刻在我的心中生起，如同它在殊勝的傳承上師心中生起一般，如同安住在諸佛菩薩的智慧心中一般，如同經典所描述的一般。」

「加持我，如此一來，不論我繁榮或衰敗，德高望重或聲名狼藉，快樂或痛苦，不論我生病、垂死、輪迴或轉世，我都會證得相對和究竟菩提心。加持我，如此一來，我會知道如何把這條道路上的所有困難與障礙當做朋友！」

念誦這段祈願文三次之後，把你的雙手一上一下地結定印置於大腿上，並且想像頭頂上的梵穴大開。你的上師像流星，快速地從梵穴下降，安住在你的心間深處。

然後，懷著全然的信心和虔敬心，專注於一境、毫不散漫地觀修，想像上師即是佛陀。過了一會兒，上師的身、語、意完全融入你的身、語、意之中，然後你融入光中。安住在這種光燦明晰、如天空般的狀態中一段時間。

至於結行，當你從這種狀態中升起時，如先前所描述地觀想上師在你的心間或頭頂之上，並把過去、現在和未來的所有功德回向，來圓滿上師的智慧發心，以及相對與究竟兩種菩提心的生起。

上師相應法有無數種共與不共的利益。在此列舉幾種：你將不會受到人與非人的傷害；你將證得所有世俗的和超越世俗的成就；你將實現所有的教導和教法。

上師相應法的兩個次第能夠把心識遷至大明光之中，因此被當成死亡時所需的必要教導。如果你持之以恆地修持上師相應法，就能夠獲得你所嚮往的任何證量。

除了上師相應法之外，你沒有必要去尋求任何其他的修法。薩仁波切支布巴針對上師相應法說道：「如果我把心臟從胸膛中取出，那麼我也只有一個心臟可以給大家看，同樣的，這個修行法門是所有法門的精髓。」

此附錄的內容寫自世尊佛陀的話語。它由佛陀傳授給彌勒菩薩（Maitreya），再從彌勒菩薩傳給無著、世親、大庫蘇魯（Elder Kusulu）、小庫蘇魯（Younger Kusulu）、色林巴、阿底峽、種敦巴、波托巴、夏雷瓦、切卡瓦、洛奔拉（Lopon Lha）、拉登・彭（Lhading Pön）、達瑪・悉曇（Dharma Siddha）、嘉登・強秋・嘉岑（Gyatön Changchup Gyaltsen）、堪布修努・強秋（Khenpo Shonnu Changchup）、仁千・炯涅・帕・桑波（Rinchen Jungne Pal Sangpo，1187-1254）、寶佛桑傑・仁千（Buddha Ratna，Sangye Rinchen）、札巴・竹千（Trakpa Tsultrim）、嘉雅・巴達（Jaya Bhadra），以及蘇南・仁千（Sönam Rinchen，1214-1286）。願一切吉祥！

附錄二：關於貪欲的增補論釋〈偈頌二十一〉

肉類、酒精和性的危險

節略譯自札楚・阿旺・丹增之《甘露寶瓶》第二函

佛陀說，酒精是斬斷修行生命的斧頭。有些人認為，經典禁止飲酒，密續卻容許飲酒。但《清淨惡趣密續》（*Tantra of the Purification of the Lower Realms*）指出：

切勿飲用使人醺醉興奮的飲料，切勿食肉。

《金剛頂密續》（*Adamantine Peak Tantra*）也說：

酒精是所有災禍的根源，放棄它！

有些人認為，經典指出，薈供輪（ganachakra）的薈供一定要有啤酒和肉類。對於此，《時輪金剛密續》說道：

酒精被當做語部（Speech Family）的加持物來供養，但是大乘的修行者不可飲酒。

種敦巴說：

讓人喝到醉醺醺的酒類，不能拿來當作三昧耶供養或修法的物品。

過去一些飲酒的大成就者不再有凡俗的念頭，並把一切現象視為本尊。他們完全了悟世俗、勝義二諦，能夠把一般的水轉化成啤酒，把毒藥轉化成良藥。試著去模仿他們，將如同狐狸模仿老虎。

密勒日巴說道：

酒精助長貪戀，斬斷解脫的生命。

蓮師也說：

西藏啤酒是三界痛苦的主要根源之一。放棄它。

同樣的，吃肉也有嚴重的負面結果。經典說道：

為了牟利，你取走生物的生命。

為了吃肉，你送出你的財富。
這兩者是錯誤的行為，
是投生地獄的主因。

在大乘佛教的傳統之中，修行者立下承諾要保護無量之有情眾生。如果修行者沒有保護一切有情眾生，反而殘酷無情地殺害應該要受到保護的眾生，還吃進肚子裡，豈不是違反誓戒？這是完全不被接受的。

同樣的，一個修行者應該明白，男人與女人之間的性吸引力，是巨大困難的起源。為了博取美麗女子的微笑，男人不但忘了他在來生會遭遇什麼樣的事情，甚至也可能忘了眼前的禮度，不顧上師和父母的忠告，像狗一樣追著她跑，脫離證悟道，如同一顆石頭沉入輪迴下三道之洋。

簡而言之，如岡波巴所說的：

罪孽深重的肉，
使人醺醉的酒，
矇騙人的年輕伴侶：
這些是修行者的致命毒藥。
如果你想要真正地修行，
拋棄這些毒藥。

成就者之主卡登・嘉措[①]說道：

貪戀美食之味，
柔軟衣物之滑順觸感，
美人之迷人之色，
甚深之佛法將被遠遠拋諸身後。

① 卡登・嘉措（Jetsun Kalden Gyatso，1607-1677），一個備受敬重的上師，薩雷布托（Sariputra）的化身，他的生平和教法對安多雷貢（Rekong）這個地區有廣大的影響力。他撰寫了許多關於禪修的優美詩歌。

附錄三：關於禪定波羅密的增補論釋〈偈頌二十九〉

A. 止與觀

摘錄自札楚．阿旺．丹增之《甘露寶瓶》第二函

如何修止：

(A) 修止的預備條件

你要深深地厭倦輪迴，生起強烈的出離感。你或許身處偏僻的閉關所，遠離所有令人分心的事物，但除非心也進入閉關，遠離所有的念頭和感受，不再受到俗務的擾動，否則你無異於一頭在山腰上的老聾牛。不論哪一種煩惱佔了上風，你都要施以正確的對治解藥：強烈的貪欲生起時，你要思量貪欲對境可惡的面向；強烈的瞋恨生起時，試著去感受更多的慈愛；迷惑愚癡生起時，你要思量輪迴的緣起；忌妒生起時，你要觀修自我和他人的平等；驕慢生起時，你要在心理上設身處地。

(B) 如何修止

首先，懷著要帶領一切有情眾生獲致證悟的願望來生起菩提心。接著從事大禮拜、供養、懺悔等七支供養，並正確地採取大日如來的七支坐姿：

1) 雙腿採取金剛跏趺座，右腿盤在左腿之上。

2) 雙手握拳，拇指碰觸無名指的根部，置於大腿靠近鼠蹊部之處，手肘應該緊靠身體兩側。（另外兩種做法是：雙手掌心朝上，右手放在左手之上置於大腿，手肘朝外。或雙手掌心向下，放鬆地置於膝上。）

3) 肩膀抬起，微微向前。

4) 脊柱保持挺直，「如同一堆疊在一起的金幣」。

5) 下巴微微向喉嚨的方向內收。

6) 舌尖輕觸上顎。

7) 眼睛定定注視鼻尖前方十二指寬之處，且不眨眼。

如此坐著，不落入昏沉或掉舉。如果能夠穩定你的心，使它足夠靈活，能夠專注於任何對境，那麼你行善的能力將更巨大。

(C) 修止的三種類型：

a) 專注於特定的對境

觀修釋迦牟尼佛的身相，專注於他的功德。最後，看清那個專注於釋迦牟尼佛身相的心是無處可尋或無法指認的；它的本質是空虛。

b) 專注於對治解藥

為了對治在禪修期間，因為不同的心之狀態生起而引發的煩惱騷亂，你必須去認識五種主要的過失：(1) 懈怠；(2) 忘了教法（失念）；(3) 昏沉掉舉；(4) 不作行（不採取對治），以及 (5) 作行（採取不必要的對治）。

用以下的八種對治解藥來治療這五種過失：用 (1) 希求（欲），(2) 精進（勤），(3) 信心（信），以及 (4) 輕安（安）來對治懈怠。用 (5) 觀照和記憶教法的文字和意義（正念，念）來對治失念。用 (6) 對這些心的狀態保持警覺（正知，知）來對治昏沉掉舉。

在禪修期間，當任何這些過失出現時，用 (7) 努力應用正確的對治解藥來對治不作行。當這些過失消失，不再需要對治解藥時，你應該 (8) 讓心安住在沒有對治解藥的自然狀態之中，來對治作行。

c) 專注於讓心安頓的九種方法

有九種方法可以使心安頓下來，獲得穩定力。

(1) 內住，運用已經領受教法的力量，把心住於專注的對境之上。

(2) 續住，透過思考教法、記憶教法意義的力量，持續地把心住於專注的對境之上。

(3) 安住，透過觀照的力量——每當心偏離專注的對境，轉移到外在事物上的時候，迅速地加以認清——再度把心住於專注的對境之上。

(4) 近住，心因為過度觀照而擴張的時候，藉由一再地收心，把心密切地住於專注的對境之上。

(5) 調伏，心陷入昏沉時，透過源自思考修止之利益的警覺力來調伏心。

(6) 寂靜，心產生掉舉，失去禪修的喜悅時，思考掉舉的過患來使心平靜下來。

(7) 最極寂靜，透過精進的力量，放棄所有對禪修狀態、愉悅的覺受的執著，以及放棄昏沉。

(8) 專注一境，再次透過精進的力量來消除昏沉掉舉，儘可能專注一境而達一座修法的時間。

(9) 平等住，透過熟悉於專注一境的力量，讓心自然而然、毫不造作地住於平等捨之中。

修止時，你將體驗到你的心逐漸地平靜。這個過程分為五個步驟，可以用五種比喻來說明：

(1) 禪修如同一道從懸崖傾洩而下的瀑布。念頭一個接一個出現。剛開始，生起的念頭甚至比往常還要多，因為你覺察到心的活動。

(2) 禪修如同通過峽谷的湍急河流。你的心時而平靜，時而騷動。

(3) 禪修如同一條流動輕緩的寬廣河流。受到干擾時，它產生波動，否則平靜無波。

(4) 禪修如同一個被漣漪微微吹皺的湖面。心的表面微微受到擾動，但心的深處卻保持平靜，處於當下。

(5) 禪修如同一個靜止的海洋。一種堅定不移、毫不造作的專注；在這種專注之中，對治散漫念頭的解藥是多餘的。

如何修觀：

修止可以暫時侷限負面情緒，卻無法根除負面情緒。要根除負面情緒，唯有透過修觀才能達成。所謂修觀是指在座上修法期間，認清一切現象之真實本質，並在座下修法期間，明瞭萬事萬物乃是虛幻。因此，「止」是禪修的專注面向，「觀」則是禪修的智慧面向。修止讓心為修觀做好準備，讓修行者從修觀中，看清一切現象原本就缺乏實質的存在。

止與觀都應該浸潤了慈悲。止與觀雙運最後將達到平等捨的狀態：在這種狀態之中，所有主體與客體的概念都消失了。

由於慈悲總是和智慧雙運，因此止觀雙運既不偏向輪迴，也不偏向涅槃。在禪修期間，修行者透過經驗覺受來了悟智慧；而慈悲則是智慧的自然展現，並在座下修法期間發展形成。最後，座上修法和座下修法融合為一，證得不具造作、概念的究竟本質。如此，修行者不再需要修觀，而修觀與所觀之對境都自行消失——如同兩條木棍互相摩擦而生火，最後木棍被所生之火燃盡。

B. 禪定

摘錄自雪謙・嘉察・貝瑪・南賈（Shechen Gyaltsab Pema Namgyal）之《遍知者口傳》（*The Oral Transmission of the All-Knowing Ones*）

三種禪定

1) 尋常人修持的禪定

這種禪定包括在僻靜處採取正確的坐姿，皈依，生起菩提心，平靜地安住在離於念頭、離於任何執著的狀態之中。這種狀態通往三摩地的境界；在三摩地之中，修行者持續覺知現象，卻不執著於現象。你的心安住在專注於一境的禪定之中，離於昏沉掉舉。這種「止」的狀態無法超越無色界深妙的禪定狀態，因為它缺乏明察和認清現象之究竟本質的「觀」。

2) 明辨禪定（clearly discerning concentration）

在這種禪定之中，修行者檢視現象之所有面向的空性本質。透過修觀，你毫無疑慮地確信任何種類的自我缺乏本俱之存在，並且離於任何概念。在這種禪修狀態之中，你成就了止觀雙運之道。此對應了資糧道和前行道的層次。這個種類的禪定賦予修行者更高深的覺知和利益眾生的能力。

3) 佛之殊勝禪定（excellent concentration of the tathagatas）

如果你持續修持明辨禪定很長一段時間，所有主體、客體二元分立的見解都會消失。你進入了見道，達到初地的層次。如此一來，明辨禪定轉化成為第三種禪定——佛之殊勝禪定。

從這個時候開始，一直到你達到「七地」的層次，座上禪修狀態（在這種狀態之中，你沒有散漫的念頭）和座下禪修狀態（在這種狀態之中，主體和客體的見解仍然存在）之間仍然有所區別。從八地以上，雖然仍使用座上禪修和座下禪修的辭彙，但兩個狀態之間不再有所區別，不再分離。

　　最後，在達到成佛層次的過程中，你安住在本初智慧的平等捨之中，甚至連一剎那都不離這種狀態。

附錄四：關於智慧波羅密的增補論釋

摘錄自札楚·阿旺·丹增之《甘露寶瓶》第二函

沒有智慧，慈悲的善巧方便無法帶你渡至涅槃；你將停留在輪迴的極端之中。沒有慈悲的善巧方便，智慧將使你停留在涅槃的極端之中。智慧與慈悲必須雙運。

智慧有三種層次：

1) 普通的、世俗的智慧：基本上，這種智慧是由四種傳統科學所構成，它們分別是醫療、邏輯、語言和工藝。

2) 超越世俗的究竟智慧：這是「內在的科學」或哲學，以聲聞和緣覺佛的教法為基礎，進而認清五蘊是不清淨的，必定牽涉了痛苦，並且短暫無常，缺乏本俱之存在。

3) 了悟的智慧：這種智慧是以大乘佛教的教法為基礎，進而徹底了悟現象之空性本質，即現象是無生、無基礎、無有起源的。

這三種智慧必須逐漸透過聞、思來修持，並透過實修加以吸收理解。

簡而言之，智慧波羅密是了知現象缺乏任何本俱之存在。在涅槃之中，對於現象是堅實存在的執著，以及對於現象是不存在的執著，都消失了。證得涅槃是在智慧明覺的範圍之內，而不是在一般智識的、散漫的心的範圍之內。

為了了悟現象缺乏實質的存在、超越任何的概念，你需要禪修。雖然黃金存在於礦石之中，但它必須從礦石中取出，加以提煉。同樣的，雖然現象本來是空虛的，離於所有有限的造作，但如果不透過持續禪修了悟這一點，你將永遠無法脫離輪迴的痛苦。

寂天大師說：

所有無法了知洞察這個心的秘密
——佛法之顛峰——的人，
雖然希望獲得喜樂，了無悲傷，
但他們仍然將無用地在痛苦中流浪。

《大解脫經》（*Sutra of the Increase Towards Great Liberation*）說道：

數千年的黑暗，
一盞燈便能立即驅散；
一千劫的惡業，
了悟心性便能立即清淨。

帝洛巴也說：

心之本質是超越念頭的虛空。

因此，所有其他的佛法修行，都濃縮在了悟心之本質的修行之中。觀修智慧和了悟心之本質的結果是，你將自然而然地想要從事具有利益的善行，你的煩惱將會減少，慈悲將會增長，最後獲得無上證悟。

由明雅・昆桑・蘇南（Minyak Kunzang Sönam）所著的另一部論釋《甘露寶瓶》第一函補充道：

智慧有另外三個面向：

(1) 了悟世俗諦的智慧，對整個現象世界及其展現之方式的圓滿知識。

(2) 了悟勝義諦的智慧，了知一切現象之空性本質的智慧。

(3) 無誤地成就眾生之利益的智慧。

附錄五：修心祈願文

菩提心之洋的入口

蔣貢・康楚・羅卓・泰耶之修心祈願文

透過由無上之觀世音和一切諸佛菩薩
生起之究竟證悟心之真諦，
願無上菩提心誕生在
虛空下的我及一切眾生的心中。

願痛苦之因，一切眾生之瞋恨，
以及瞋恨之果——地獄道之炎熱與酷寒，
都降臨於我！融攝於我！
我把我慈愛的一切功德，
以及離於瞋恨的閒暇，
都佈施給虛空下的一切眾生。

因此，願瞋恨之界——地獄道，
都被淨空。
願地獄道的一切眾生，

都成為金剛部的觀世音，
了悟無上之大圓鏡智。

願痛苦之因，一切眾生之貪執，
以及貪執之果——餓鬼道之饑渴，
都降臨於我！融攝於我！
我把我慷慨佈施的一切功德，
以及離於執著的閒暇，
都佈施給虛空下的一切眾生。

因此，願餓鬼道都被淨空。
願餓鬼道的一切眾生，
都成為蓮花部的觀世音，
了悟無上之妙觀察智。

願痛苦之因，一切眾生之愚癡，
以及愚癡之果——野獸之呆笨遲鈍，
都降臨於我！融攝於我！
我把我生起內觀的一切功德，
以及離於無明的閒暇，
都佈施給虛空下的一切眾生。

因此，願畜生道都被淨空。
願所有畜生，
都成為佛部的觀世音，
了悟無上之法界體性智。

願痛苦之因，侵蝕一切眾生之心的妒忌，
以及忌妒之果——阿修羅的交戰，
都降臨於我！融攝於我！
我把我展現於身、語、意之忍辱
的一切功德，
以及離於忌妒的閒暇，
都佈施給虛空下的一切眾生。

因此，願阿修羅道都被淨空。
願阿修羅道的一切眾生，
都成為事業部的觀世音，
了悟無上之成所作智。

願痛苦之因，眾生之驕慢，
以及驕慢之果——天道眾生最後墮入惡趣，
都降臨於我！融攝於我！

我把我精進的一切功德，
以及離於驕慢的閒暇，
都佈施給虛空下的一切眾生。

因此，願天道都被淨空。
願天道的一切眾生，
都成為寶部的觀世音，
了悟無上之平等智慧。

願眾生的痛苦之因，
自無始以來的惡業與障蔽，
以及惡業與障蔽之果——
生、老、病、死之痛苦，
都降臨於我！融攝於我！
我把我自無始以來，
用身、語、意積聚的一切功德，
都佈施給虛空下的一切眾生。

因此，願人道都被淨空。
願一切眾生都成為無染法身之觀世音，
了悟無上之自生智慧。

願一切眾生所犯下違逆別解脫戒、
菩薩戒和秘密密咒乘之誓戒的過失，
都降臨於我！融攝於我！
我把我持守三種誓戒的功德
佈施給虛空下的一切眾生。

願眾生的誓戒變得全然清淨，
不受到絲毫墮落的染污。
願一切眾生都證得金剛薩埵——
所有佛部之化現——的果位。

願惡業、障蔽，以及殺生、毀壞法器
等行為所造成的短命，
都降臨於我！融攝於我！
我把我護生和製作法器的功德
佈施給虛空下的一切眾生。

願早逝成為一個從未聽聞的辭彙，
願一切眾生達成金剛長壽佛（Vajra
Amitayus）的果位。

願一切眾生因為風息、膽汁、黏液
及其他元素失衡所引起的疾病，
都降臨於我！融攝於我！
我把我棄絕任何一種暴力、
提供醫藥及其他有益事物的功德
佈施給虛空下的一切眾生。
我把我自己的健康安泰佈施給一切眾生。

願一切眾生達到藥師佛的果位，
其琉璃光身驅除三毒之苦惱禍害。

願偷盜、用武力奪取他人之物
所引起的饑渴貧困，
都降臨於我！融攝於我！
我把佛法、財富和佈施之果
佈施給虛空下的一切眾生。

願一切眾生享用這天藏（sky-treasure）：
毫不費力、自然而然地實現一切需求。

願不斷從事有害的行為

而投生不淨地域的惡業和障蔽，
都降臨於我！融攝於我！
我把我生起之菩提心和十種轉化，
回向給虛空下的一切眾生。

願他們投生淨喜、極樂等清淨佛土。

願不斷懷有觸怒三寶之邪見
所引起之惡業與障蔽，
都降臨於我！融攝於我！
我把生起三種信心之功德，
佈施給虛空下的一切眾生。

願他們對因果業報之無謬法則
生起全然的信心，用善行來取代惡行。

願不斷專注於自我所生起的執著瞋恨
——這種執著瞋恨把每一件事物視為威脅，
都降臨於我！融攝於我！
我把懷有四無量之念的所有功德，
佈施給虛空下的一切眾生。

願他們的心充滿慈、悲、喜、捨。

願所有痛苦之根源
——把虛幻視為真實的迷妄心，
都降臨於我！融攝於我！
我把對無我空性的了悟，
佈施給虛空下的一切眾生。

願甚深之空性在他們心中生起，
願他們圓滿成佛。

簡而言之，
我承擔所有變動無常所帶來的痛苦：
事與願違所帶來的痛苦
——恐懼的十六種來源等等；
與所愛之人事物分別所帶來的痛苦
——與親人、朋友、處所、食物和財富分別；
無法保有所擁有之事物所帶來的痛苦
——保護親屬、擊敗對手、辛勤從事農務和
貿易所得到的事物；
無法得到所希冀的事物所帶來的痛苦

——權勢、財產和名聲；
受到突如其來的災禍和邪惡勢力的打擊
所帶來的痛苦。

我承擔我自己的我執和所有這些痛苦，
同時，我毫不保留地把過去、現在、未來
三世的所有功德佈施給一切眾生；
我把我的影響力、權勢、
我的身體、我的生命，
佈施給一切眾生。
願一切眾生享受安樂，
從事菩薩的行為。

願與我結下善緣或惡緣的一切眾生
——透過我教導他們佛法，鼓勵他們行善
所結下之緣；
或透過我吃他們的肉、飲他們的乳汁
或騎乘在他們身上所結下之緣；
或透過信賴、敬重我，
供養我食物和財富所結下之緣；
或透過批評我、懷疑我、厭惡我、劫掠我、

毆打我、傷害我所結下之緣。

簡而言之，任何曾經見過我、
聽過我的名號、想到我善或不善的品質，
甚或曾經被從我這個方向吹過的風
碰觸到的一切眾生。

願他們自無始以來所累積的惡業
和障蔽有所終止。
願他們前往大慈大悲無上千手觀音的
極樂淨土。

願我能夠透過身、語、意來利益眾生，
甚至能夠透過我的影子來利益眾生。

願所有心懷惡意、想要傷害我的身體
和我的生命的一切眾生——
包括人和非人的一切眾生，
成為首批獲致證悟的眾生。

願即使是最微小的傷害，

也不要因為我的緣故而降臨。

當我們檢視現象，
我們發現沒有什麼現象具有
任何真實的存在。
一切事物如夢，如海市蜃樓，
如倒影，如水中之月。
然而，每一個人卻愚蠢地把事物視為真實。

在勝義諦之中，
我和所有其他在虛空底下的眾生，
即使是非人、邪靈和障礙製造者，
在空性的領域中，都是平等的。
然而，把空虛視為真實，
我們全都陷入迷妄。

在世俗諦之中，
沒有一個眾生不曾是
每一個其他眾生的父母。
在整個世界之中，
有誰比一個父親或一個母親更加慈愛？

一個母親希望去傷害自己的孩子，
這是什麼樣的迷妄！

這是為什麼，我們要沒有偏袒地
憶念所有這些母眾的仁慈，
我應該把得與利獻給他們，
把失與衰由自己承擔。

透過我清淨發心的力量，
願一切眾生清淨他們的惡業，
圓滿地積聚資糧，
毫不造作地生起無上菩提心，
此乃充滿慈悲之空性，
勝者之無謬道路，
並且迅速證得遍知成佛。

為了生起修心之願，蔣貢・康楚・羅卓・泰耶在僻靜山間的隱居所，造了此一真誠的祈願文。願它充滿利益，願一切吉祥。

〔藏中偈頌〕

《菩薩三十七種修行之道》

嘉瑟．戊初．東美　著

༄༅། །རྒྱལ་སྲས་ཐོགས་མེད་ཀྱིས་མཛད་པའི་ལག་ལེན་སོ་
བདུན་མ་བཞུགས་སོ།། །།
ན་མོ་ལོ་ཀེ་ཤྭ་ར་ཡ། གང་གིས་ཆོས་ཀུན་འགྲོ་འོང་མེད་གཟིགས་
ཀྱང་། །འགྲོ་བའི་དོན་ལ་གཅིག་ཏུ་བརྩོན་མཛད་པའི། །བླ་མ་མཆོག་
དང་སྤྱན་རས་གཟིགས་མགོན་ལ། །རྟག་ཏུ་སྒོ་གསུམ་གུས་པས་ཕྱག་
འཚལ་ལོ། །ཕན་བདེའི་འབྱུང་གནས་རྫོགས་པའི་སངས་རྒྱས་
རྣམས། །དམ་ཆོས་བསྒྲུབས་ལས་བྱུང་སྟེ་དེ་ཡང་ནི། །དེ་ཡི་ལག་ལེན་
ཤེས་ལ་རག་ལས་པས། །རྒྱལ་སྲས་རྣམས་ཀྱི་ལག་ལེན་བཤད་པར་བྱ།
༡ དལ་འབྱོར་གྲུ་ཆེན་རྙེད་དཀའ་ཐོབ་དུས་འདིར། །བདག་གཞན་
འཁོར་བའི་མཚོ་ལས་བསྒྲལ་བྱའི་ཕྱིར། །ཉིན་དང་མཚན་དུ་དབྱེར་བ་མེད་
པར་ནི། །ཉན་སེམས་སྒོམ་པ་རྒྱལ་སྲས་ལག་ལེན་ཡིན། ༢
གཉེན་གྱི་ཕྱོགས་ལ་འདོད་ཆགས་ཆུ་ལྟར་གཡོ། །དགྲ་ཡི་ཕྱོགས་ལ་ཞེ་
སྡང་མེ་ལྟར་འབར། །བླང་དོར་བརྗེད་པའི་གཏི་མུག་མུན་ནག་ཅན། །ཕ་
ཡུལ་སྤོང་བ་རྒྱལ་སྲས་ལག་ལེན་ཡིན། ༣ ཡུལ་ངན་སྤངས་པས་
ཉོན་མོངས་རིམ་གྱིས་འགྲིབ། །རྣམ་གཡེང་མེད་པས་དགེ་སྦྱོར་ངང་གིས་
འཕེལ། །རིག་པ་དྭངས་པས་ཆོས་ལ་ངེས་ཤེས་སྐྱེ། །དབེན་པ་བསྟེན་

པ་རྒྱལ་སྲས་ལག་ལེན་ཡིན། ༤ ཡུན་རིང་འགྲོགས་པའི་མཛའ་
བཤེས་སོ་སོར་འབྲལ། །འབད་པས་བསྒྲུབས་པའི་ནོར་རྫས་ཤུལ་དུ་
ལུས༔ །ལུས་ཀྱི་འགྲོན་ཁང་རྣམ་ཤེས་འགྲོན་པོས་འབོར། །ཚེ་འདི་
བློས་བཏང་རྒྱལ་སྲས་ལག་ལེན་ཡིན། ༥ གང་དང་འགྲོགས་ན་
དུག་གསུམ་འཕེལ་འགྱུར་ཞིང་། །ཐོས་བསམ་བསྒོམ་པའི་བྱ་བ་ཉམས་
འགྱུར་ལ། །བྱམས་དང་སྙིང་རྗེ་མེད་པར་བསྒྱུར་བྱེད་པའི། །གྲོགས་
ངན་སྤོང་བ་རྒྱལ་སྲས་ལག་ལེན་ཡིན། ༦ གང་ཞིག་བསྟེན་ན་
ཉེས་པ་ཟད་འགྱུར་ཞིང་། །ཡོན་ཏན་ཡར་ངོའི་ཟླ་ལྟར་འཕེལ་འགྱུར་
བའི༔ །བཤེས་གཉེན་དམ་པ་རང་གི་ལུས་བས་ཀྱང་། །གཅེས་པར་
འཛིན་པ་རྒྱལ་སྲས་ལག་ལེན་ཡིན། ༧ རང་ཡང་འཁོར་བའི་
བཙོན་རར་བཅིངས་པ་ཡི། །འཇིག་རྟེན་ལྷ་ཡིས་སུ་ཞིག་སྐྱོབ་པར་
ནུས༔ །དེ་ཕྱིར་གང་ལ་སྐྱབས་ན་མི་བསླུ་བའི། །དཀོན་མཆོག་སྐྱབས་
འགྲོ་རྒྱལ་སྲས་ལག་ལེན་ཡིན། ༨ ཤིན་ཏུ་བཟོད་དཀའི་ངན་སོང་
སྡུག་བསྔལ་རྣམས། །སྡིག་པའི་ལས་ཀྱི་འབྲས་བུར་ཐུབ་པས་
གསུངས༔ །དེ་ཕྱིར་སྲོག་ལ་འབབ་ཀྱང་སྡིག་པའི་ལས། །ནམ་ཡང་མི་
བྱེད་རྒྱལ་སྲས་ལག་ལེན་ཡིན། ༩ སྲིད་གསུམ་བདེ་བ་རྩྭ་རྩེའི་

ཟིལ་པ་བཞིན། །ཡུད་ཙམ་ཞིག་གིས་འཇིག་པའི་ཆོས་ཅན་ཡིན། །ནམ་
ཡང་མི་འགྱུར་ཐར་པའི་གོ་འཕང་མཆོག །དོན་དུ་གཉེར་བ་རྒྱལ་སྲས་
ལག་ལེན་ཡིན། ༡༠ ཐོག་མེད་དུས་ནས་བདག་ལ་བརྩེ་བ་
ཅན༑ །མ་རྣམས་སྡུག་ན་རང་བདེས་ཅི་ཞིག་བྱ། །དེ་ཕྱིར་མཐའ་ཡས་
སེམས་ཅན་བསྒྲལ་བྱའི་ཕྱིར། །བྱང་ཆུབ་སེམས་བསྐྱེད་རྒྱལ་སྲས་ལག་
ལེན་ཡིན། ༡༡ སྡུག་བསྔལ་མ་ལུས་བདག་བདེ་འདོད་ལས་
བྱུང༌། །རྫོགས་པའི་སངས་རྒྱས་གཞན་ཕན་སེམས་ལས་འཁྲུངས། །དེ་
ཕྱིར་བདག་བདེ་གཞན་གྱི་སྡུག་བསྔལ་དག །ཡང་དག་བརྗེ་བ་རྒྱལ་སྲས་
ལག་ལེན་ཡིན། ༡༢ སུ་དག་འདོད་ཆེན་དབང་གིས་བདག་གི་
ནོར༑ །ཐམས་ཅད་འཕྲོག་གམ་འཕྲོག་ཏུ་འཇུག་ན་ཡང་། །ལུས་དང་
ལོངས་སྤྱོད་དུས་གསུམ་དགེ་བ་རྣམས། །དེ་ལ་བསྔོ་བ་རྒྱལ་སྲས་ལག་
ལེན་ཡིན། ༡༣ བདག་ལ་ཉེས་པ་ཅུང་ཟད་མེད་བཞིན་དུ། །
གང་དག་བདག་གི་མགོ་བོ་གཅོད་བྱེད་ནའང་། །སྙིང་རྗེའི་དབང་གིས་དེ་
ཡི་སྡིག་པ་རྣམས། །བདག་ལ་ལེན་པ་རྒྱལ་སྲས་ལག་ལེན་ཡིན།
༡༤ འགའ་ཞིག་བདག་ལ་མི་སྙན་སྣ་ཚོགས་པ། །སྟོང་གསུམ་ཁྱབ་
པར་སྒྲོག་པར་བྱེད་ན་ཡང་། །བྱམས་པའི་སེམས་ཀྱིས་སླར་ཡང་དེ་ཉིད་

ཀྱི༔ །ཡོན་ཏན་བརྗོད་པ་རྒྱལ་སྲས་ལག་ལེན་ཡིན། ༡༥ འགྲོ་
མང་འདུས་པའི་དབུས་སུ་འགའ་ཞིག་གིས། །མཚང་ནས་འབྲུས་ཤིང་
ཚིག་ངན་སྨྲ་ན་ཡང་། །དེ་ལ་དགེ་བའི་བཤེས་ཀྱི་འདུ་ཤེས་ཀྱིས། །
གུས་པར་འདུད་པ་རྒྱལ་སྲས་ལག་ལེན་ཡིན། ༡༦ བདག་གི་བུ་
བཞིན་གཅེས་པར་བསྐྱངས་པའི་མིས། །བདག་ལ་དགྲ་བཞིན་བལྟ་བར་
བྱེད་ན་ཡང་། །ནད་ཀྱིས་བཏབ་པའི་བུ་ལ་མ་བཞིན་དུ། །ལྷག་པར་བརྩེ་
བ་རྒྱལ་སྲས་ལག་ལེན་ཡིན། ༡༧ རང་དང་མཉམ་པའམ་དམན་
པའི་སྐྱེ་བོ་ཡིས། །ང་རྒྱལ་དབང་གིས་བརྙས་ཐབས་བྱེད་ན་ཡང་། །བླ་
མ་བཞིན་དུ་གུས་པས་བདག་ཉིད་ཀྱི། །སྤྱི་བོར་ལེན་པ་རྒྱལ་སྲས་ལག་
ལེན་ཡིན། ༡༨ འཚོ་བས་འཕོངས་ཤིང་རྟག་ཏུ་མི་ཡིས་
བརྙས༔ །ཚབས་ཆེན་ནད་དང་གདོན་གྱིས་བཏབ་ཀྱང་སླར། །འགྲོ་ཀུན་
སྡིག་སྡུག་བདག་ལ་ལེན་བྱེད་ཅིང་། །ཞུམ་པ་མེད་པ་རྒྱལ་སྲས་ལག་ལེན་
ཡིན༔ ༡༩ སྙན་པར་གྲགས་ཤིང་འགྲོ་མང་སྤྱི་བོས་བཏུད། །
རྣམ་ཐོས་བུ་ཡི་ནོར་འདྲ་ཐོབ་གྱུར་ཀྱང་། །སྲིད་པའི་དཔལ་འབྱོར་སྙིང་པོ་
མེད་གཟིགས་ནས། །ཁེངས་པ་མེད་པ་རྒྱལ་སྲས་ལག་ལེན་ཡིན། །
༢༠ རང་གི་ཞེ་སྡང་དགྲ་བོ་མ་ཐུལ་ན། །ཕྱི་རོལ་དགྲ་བོ་བཏུལ་ཞིང་

འཕེལ་བར་འགྱུར། །དེ་ཕྱིར་བྱམས་དང་སྙིང་རྗེའི་དམག་དཔུང་
གིས། །རང་རྒྱུད་འདུལ་བ་རྒྱལ་སྲས་ལག་ལེན་ཡིན། ༢༡
འདོད་པའི་ཡོན་ཏན་ལན་ཚྭའི་ཆུ་དང་འདྲ། །ཇི་ཙམ་སྤྱད་ཀྱང་སྲེད་པ་
འཕེལ་བར་འགྱུར། །གང་ལ་ཞེན་ཆགས་སྐྱེ་བའི་དངོས་པོ་རྣམས། །
འཕྲལ་ལ་སྤོང་བ་རྒྱལ་སྲས་ལག་ལེན་ཡིན། ༢༢ ཇི་ལྟར་སྣང་བ་
འདི་དག་རང་གི་སེམས། །སེམས་ཉིད་གདོད་ནས་སྤྲོས་པའི་མཐའ་དང་
བྲལ། །དེ་ཉིད་ཤེས་ནས་གཟུང་འཛིན་མཚན་མ་རྣམས། །ཡིད་ལ་མི་
བྱེད་རྒྱལ་སྲས་ལག་ལེན་ཡིན། ༢༣ ཡིད་དུ་འོང་བའི་ཡུལ་དང་
འཕྲད་པ་ན། །དབྱར་གྱི་དུས་ཀྱི་འཇའ་ཚོན་ཇི་བཞིན་དུ། །མཛེས་པར་
སྣང་ཡང་བདེན་པར་མི་ལྟ་ཞིང་། །ཞེན་ཆགས་སྤོང་བ་རྒྱལ་སྲས་ལག་ལེན་
ཡིན། ༢༤ སྡུག་བསྔལ་སྣ་ཚོགས་རྨི་ལམ་བུ་ཤི་ལྟར། །
འཁྲུལ་སྣང་བདེན་པར་བཟུང་བས་ཨ་ཐང་ཆད། །དེ་ཕྱིར་མི་མཐུན་རྐྱེན་
དང་འཕྲད་པའི་ཚེ། །འཁྲུལ་པར་ལྟ་བ་རྒྱལ་སྲས་ལག་ལེན་ཡིན།
༢༥ བྱང་ཆུབ་འདོད་པས་ལུས་ཀྱང་བཏང་དགོས་ན། །ཕྱི་རོལ་དངོས་
པོ་རྣམས་ལ་སྨོས་ཅི་དགོས། །དེ་ཕྱིར་ལན་དང་རྣམ་སྨིན་མི་རེ་བའི། །
སྦྱིན་པ་གཏོང་བ་རྒྱལ་སྲས་ལག་ལེན་ཡིན། ༢༦ ཚུལ་ཁྲིམས་

མེད་པར་རང་དོན་མི་འགྲུབ་ན། །གཞན་དོན་འགྲུབ་པར་འདོད་པ་གད་མོའི་
གནས། །དེ་ཕྱིར་སྲིད་པའི་འདུན་པ་མེད་པ་ཡི། །ཚུལ་ཁྲིམས་བསྲུང་བ་
རྒྱལ་སྲས་ལག་ལེན་ཡིན། ༢༧ དགེ་བའི་ལོངས་སྤྱོད་འདོད་པའི་
རྒྱལ་སྲས་ལ། །གནོད་བྱེད་ཐམས་ཅད་རིན་ཆེན་གཏེར་དང་མཚུངས། །
དེ་ཕྱིར་ཀུན་ལ་ཞེ་འགྲས་མེད་པ་ཡི། །བཟོད་པ་སྒོམ་པ་རྒྱལ་སྲས་ལག་
ལེན་ཡིན། ༢༨ རང་དོན་འབའ་ཞིག་སྒྲུབ་པའི་ཉན་རང་ཡང་། །
མགོ་ལ་མེ་ཤོར་བཟློག་ལྟར་བརྩོན་མཐོང་ན། །འགྲོ་ཀུན་དོན་དུ་ཡོན་ཏན་
འབྱུང་གནས་ཀྱི། །བརྩོན་འགྲུས་རྩོམ་པ་རྒྱལ་སྲས་ལག་ལེན་ཡིན།
༢༩ ཞི་གནས་རབ་ཏུ་ལྡན་པའི་ལྷག་མཐོང་གིས། །ཉོན་མོངས་རྣམ་
པར་འཇོམས་པར་ཤེས་བྱས་ནས། །གཟུགས་མེད་བཞི་ལས་ཡང་དག་
འདས་པ་ཡི། །བསམ་གཏན་སྒོམ་པ་རྒྱལ་སྲས་ལག་ལེན་ཡིན།
༣༠ ཤེས་རབ་མེད་ན་ཕ་རོལ་ཕྱིན་ལྔ་ཡིས། །རྫོགས་པའི་བྱང་ཆུབ་ཐོབ་
པར་མི་ནུས་པས། །ཐབས་དང་ལྡན་ཞིང་འཁོར་གསུམ་མི་རྟོག་པའི། །
ཤེས་རབ་སྒོམ་པ་རྒྱལ་སྲས་ལག་ལེན་ཡིན། ༣༡ རང་
གི་འཁྲུལ་པ་རང་གིས་མ་བརྟགས་ན། །ཆོས་པའི་གཟུགས་ཀྱིས་ཆོས་མིན་
བྱེད་སྲིད་པས། །དེ་ཕྱིར་རྒྱུན་དུ་རང་གི་འཁྲུལ་པ་ལ། །བརྟགས་ནས་

སྤྱོང་བ་རྒྱལ་སྲས་ལག་ལེན་ཡིན། ༣༢ ཉོན་མོངས་དབང་གིས་
རྒྱལ་སྲས་གཞན་དག་གི །ཉེས་པ་བསྒྲགས་ན་བདག་ཉིད་ཉམས་འགྱུར་
བས། །ཐེག་པ་ཆེ་ལ་ཞུགས་པའི་གང་ཟག་གི །ཉེས་པ་མི་སྨྲ་རྒྱལ་སྲས་
ལག་ལེན་ཡིན། ༣༣ རྙེད་བཀུར་དབང་གིས་ཕན་ཚུན་རྩོད་འགྱུར་
ཞིང་། །ཐོས་བསམ་སྒོམ་པའི་བྱ་བ་ཉམས་འགྱུར་བས། །མཛའ་
བཤེས་ཁྱིམ་དང་སྦྱིན་བདག་ཁྱིམ་རྣམས་ལ། །ཆགས་པ་སྤྱོང་བ་རྒྱལ་
སྲས་ལག་ལེན་ཡིན། ༣༤ རྩུབ་མོའི་ཚིག་གིས་གཞན་སེམས་
འཁྲུག་འགྱུར་ཞིང་། །རྒྱལ་བའི་སྲས་ཀྱི་སྤྱོད་ཚུལ་ཉམས་འགྱུར་
བས། །དེ་ཕྱིར་གཞན་གྱི་ཡིད་དུ་མི་འོང་བའི། །ཚིག་རྩུབ་སྤྱོང་བ་རྒྱལ་
སྲས་ལག་ལེས་ཡིན། ༣༥ ཉོན་མོངས་གོམས་ན་གཉེན་པོས་
བཟློག་དཀའ་བས། །དྲན་ཤེས་སྐྱེས་བུས་གཉེན་པོའི་མཚོན་བཟུང་
ནས། །ཆགས་སོགས་ཉོན་མོངས་དང་པོ་སྐྱེས་མ་ཐག །འབུར་
འཇོམས་བྱེད་པ་རྒྱལ་སྲས་ལག་ལེན་ཡིན། ༣༦ མདོར་ན་གང་དུ་
སྤྱོད་ལམ་ཅི་བྱེད་ཀྱང་། །རང་གི་སེམས་ཀྱི་གནས་སྐབས་ཅི་འདྲ་ཞེས། །
རྒྱུན་དུ་དྲན་དང་ཤེས་བཞིན་ལྡན་པ་ཡིས། །གཞན་དོན་སྒྲུབ་པ་རྒྱལ་སྲས་
ལག་ལེན་ཡིན། ༣༧ དེ་ལྟར་བརྩོན་པས་བསྒྲུབ་པའི་དགེ་བ

རྣམས༔ །མཐའ་ཡས་འགྲོ་བའི་སྡུག་བསྔལ་བསལ་བའི་ཕྱིར། །
འཁོར་གསུམ་རྣམ་པར་དག་པའི་ཤེས་རབ་ཀྱིས། །བྱང་ཆུབ་བསྔོ་བ་རྒྱལ་
སྲས་ལག་ལེན་ཡིན། ༄ མདོ་རྒྱུད་བསྟན་བཅོས་རྣམས་ལས་
གསུངས་པའི་དོན། །དམ་པ་རྣམས་ཀྱི་གསུང་གི་རྗེས་འབྲངས་ནས། །
རྒྱལ་སྲས་རྣམས་ཀྱི་ལག་ལེན་སུམ་ཅུ་བདུན། །རྒྱལ་སྲས་ལམ་ལ་སློབ་
འདོད་དོན་དུ་བཀོད། །བློ་གྲོས་དམན་ཞིང་སྦྱངས་པ་ཆུང་བའི་ཕྱིར། །
མཁས་པ་དགྱེས་པའི་སྡེབ་སྦྱོར་མ་མཆིས་ཏེ། །མདོ་དང་དམ་པའི་གསུང་
ལ་བརྟེན་པའི་ཕྱིར། །རྒྱལ་སྲས་ལག་ལེན་འཁྲུལ་མེད་ལེགས་པར་
སེམས༔ །འོན་ཀྱང་རྒྱལ་སྲས་སྤྱོད་པ་རླབས་ཆེན་རྣམས། །བློ་དམན་
བདག་འདྲས་གཏིང་དཔག་དཀའ་བའི་ཕྱིར། །འགལ་དང་མ་འབྲེལ་ལ་
སོགས་ཉེས་པའི་ཚོགས། །དམ་པ་རྣམས་ཀྱིས་བཟོད་པ་མཛད་དུ་
གསོལ༔ །དེ་ལས་བྱུང་བའི་དགེ་བས་འགྲོ་བ་ཀུན། །དོན་དམ་ཀུན་
རྫོབ་བྱང་ཆུབ་སེམས་མཆོག་གིས། །སྲིད་དང་ཞི་བའི་མཐའ་ལ་མི་གནས་
པའི༔ །སྤྱན་རས་གཟིགས་མགོན་དེ་དང་མཚུངས་པར་ཤོག ཅེས་པ་
འདི་རང་གཞན་ལ་ཕན་པའི་དོན་དུ་ལུང་དང་རིགས་པ་སྨྲ་བའི་བཙུན་པ་ཐོགས་མེད་ཀྱིས་དངུལ་
ཆུའི་རིན་ཆེན་ཕུག་ཏུ་སྦྱར་བའོ།། །།

菩薩三十七種修行之道本續（文言版）

南無觀世音菩薩

雖見諸法無來去，唯一勤行利眾生，
上師觀自在尊前，恆以三業恭敬禮。

正等覺佛利樂源，從修正法而出生，
修法復依明行要，故當宣說佛子行。

1.
此生幸得暇滿船，自他須度生死海，
故於晝夜不空過，聞思修是佛子行。

2.
貪愛親方如水動，瞋憎怨方似火燃，
癡昧取捨猶黑暗，離家鄉是佛子行。

3.
遠惡境故惑漸減，離散亂故善自增，
心澄於法起定見，依靜處是佛子行。

4.
常伴親友還離別，勤聚財物終棄捐，
識客且遺身舍去，捨現世心佛子行。

5.
伴彼若使三毒長，並壞聞思修作業，
能轉慈悲令喪失，遠惡友是佛子行。

6.
依彼若令惡漸盡，功德猶如初月增，
則較自身尤愛重，依善知識佛子行。

7.
自身仍陷生死獄，世間神等能救誰，
故於依止不虛者，皈依三寶佛子行。

8.
諸極難忍惡趣苦，能仁說為趣業果，
故雖遭遇命難緣，終不造罪佛子行。

9.
三有樂如草頭露，是須臾頃壞滅法，
故於無轉解脫道，起希求是佛子行。

10.
無始時來憫我者，母等若苦我何樂，
為度無邊有情故，發菩提心佛子行。

11.
諸苦由貪自樂起，佛從利他心所生，
故於自樂他諸苦，修正換是佛子行。

12.
彼縱因貪親盜取，或令他奪一切財，
猶將身財三時善，回向於彼佛子行。

13.
吾身雖無少過咎，他人竟來斷吾頭，
於彼還生難忍悲，代受罪是佛子行。

14.
縱人百般中傷我，醜聞謠傳遍三千，
吾猶深懷悲憫心，讚他德是佛子行。

15.
縱人於眾集會中，攻吾隱私出惡言，
於彼還生益友想，倍恭敬是佛子行。

16.
我以如子愛護人，彼若視我如寇仇，
猶如母對重病兒，倍悲憫是佛子行。

17.
同等或諸寒微士，雖懷傲慢屢欺凌，
吾亦敬彼如上師，恆頂戴是佛子行。

18.
雖乏資財為人賤，復遭重病及魔侵，
眾生罪苦仍取受，無怯弱是佛子行。

19.
雖富盛名眾人敬，財富量齊多聞天，
猶觀榮華無實義，離驕慢是佛子行。

20.
倘若未伏內瞋敵，外敵雖伏旋增盛，
故應速興慈悲軍，降伏自心佛子行。

21.

五欲品質如鹽滷，任幾受用渴轉增，
於諸能生貪著物，頓時捨是佛子行。

22.

諸所顯現唯自心，心體本離戲論邊，
知已當於二取相，不著意是佛子行。

23.

設若會遇悅意境，應觀猶如夏時虹，
雖現美麗然無實，離貪著是佛子行。

24.

諸苦猶如夢子死，妄執實有起憂惱，
故於違緣會遇時，觀為虛妄佛子行。

25.

求覺尚需捨自身，何況一切身外物，
故於身財盡捨卻，不望報是佛子行。

26.

無戒自利尚不成，欲成他利豈可能，
故於三有不希求，勤護戒是佛子行。

27.

欲享福善諸佛子，應觀怨家如寶藏，
於諸眾生捨怨心，修安忍是佛子行。

28.

唯求自利二乘人，猶見勤如救頭燃，
為利眾生啟德源，發精進是佛子行。

29.
甚深禪定生慧觀，能盡除滅諸煩惱，
知已應離四無色，修靜慮是佛子行。

30.
無慧善導前五度，正等覺佛不能成，
故具方便離三輪，修智慧是佛子行。

31.
若不細察己過失，道貌岸然行非法，
故當相續恆觀察，斷己過是佛子行。

32.
因惑說他佛子過，徒然減損自功德，
故於大乘諸行者，不道彼過佛子行。

33.
貪圖利敬互爭執，聞思修業將退失，
故於親友施主家，離貪著是佛子行。

34.
粗言惡語惱人心，復傷佛子諸行儀，
故於他人所不悅，絕惡言是佛子行。

35.
煩惱串習則難治，勇士明持正念器，
貪等煩惱初生時，即摧壞是佛子行。

36.
隨於何時行何事，應觀自心何相狀，
恆繫正念與正知，修利他是佛子行。

37.
為除眾生無邊苦，勤修諸行所生善，
咸以三輪清淨慧，回向菩提佛子行。

我依經續諸論典，及眾聖賢所說義，
為欲修學佛道者，撰佛子行三七頌。

才淺學疏文不精，碩學閱之難生喜，
然依經教聖者故，佛子行頌應無誤。

然佛子行諸巨浪，愚鈍如我難盡測，
故祈智者慈寬恕，違理無關諸過失。

吾以此善願眾生，皆發真俗菩提心，
不住有寂得自在，咸成怙主觀世音。

譯按：這是常見的「菩薩三十七種修行之道」文言版本，供讀者做為參考。為了忠於本書英文版的翻譯，譯者決定以白話的方式來翻譯本續，才不至於因為簡化為文言而有所遺漏。

參考書目

I. 本書引用的書籍

經典（佛經）

· 大方廣佛華嚴經，Great Compendium Sutra，Avatamsaka-sutra，phal po che'i mdo。

· 普賢菩薩行願讚，King of Aspirations for Excellent Conduct，Bhadracarya pranidhana raja，bzang po spyod pa' i smon lam gyi rgyal po。大方廣佛華嚴經的一部分。.

· 三摩地王經，King of Concentrations Sutra，Samadhiraja-sutra，ting 'dzin rgyal po' i mdo。

· 華嚴經入法界品，Sutra Arranged as a Tree，Gandavyuha sutra，sdong po bkod pa' i mdo。

· 寶篋經，Sutra Designed as a Jewel Chest，Ratnakaranda sutra，za ma tog bkod pa' i mdo.

· 大解脫經，Sutra of the Increase Towards Great Liberation，Ghanaja-mahabhricaphulakarma sutra，thar pa chen po phyogs su rgyas pa'i mdo。

· 寶積經，Sutra of the Jewel Mound，Ratnakuta sutra，dkon mchog brtsegs pa'mdo。

· 父子相見經，Sutra of the Meeting of Father and Son，Pitaputra-samagamana-sutra,，yab sras mjal ba'i mdo。

· 正法念處經，Sutra of the Supreme Dharma of Clear Recollection，Saddharmanusmrtyupastana sutra，dam pa'i chos dran pa nye bar gzhag pa' mdo.

· 勝菩提心增益經，Sutra Which Encourages Noble Superior Intention，Arya-adhyashayasañcodana sutra，'phags pa lhag pa' i bsam pa bskul ba'i mdo，(T69)，由佛陀授予彌勒菩薩和其他人關於菩薩行為的教法，屬於寶積經的一部分。

· 悲華經，White Lotus of Compassion Sutra，Karunapundarika sutra，snying rje pad ma dkar po'i mdo。

密續

· 金剛頂密續，Vajra Peak Tantra，Vajrashekhara mahaguhya yoga tantra，rdo rje tse mo'i rgyud。

印度論著

· 百頌，Hundred Verses，Shatagatha，tshig bcad brgya pa。

· 入中論，Introduction to the Middle Way，Madhyamaka-avatara，dbu ma la' jug pa，月稱著 。

· 致親友書，Letter to a Friend，Suhrlleka, bshes springs，龍樹著。

· 瑜伽師地論，Levels of the Bodhisattvas，(Yogacary -

bh mau)，Bodhisattva-bh mi，rnal 'byor spyod pa' i sa las byang chub sems dpa' i sa, or byang sa，無著著。

· 大乘莊嚴經論，Ornament of the Mahayana Sutras，Mahayana-sutralamkara，theg pa chen po'i mdo sde'i rgyan，彌勒、無著著。

· 現觀莊嚴論，Ornament of True Realization，Abhisamayalamkara，mngon rtogs rgyan，彌勒、無著著。

· 寶性論或大乘最上密義論，Supreme Continuity，Mahayanottaratantra-shastra，theg pa chen po rgyud bla ma' i bstan bcos，彌勒、無著著。

· 入菩薩行論，Way of the Bodhisattva，Bodhicaryavatara, byang chub sems dpa'i spyod pa la 'jug pa，寂天著。

西藏論著

· 直指成佛道 Direct Path to Enlightenment，theg pa chen po blo sbyong don bdun ma' i khrid yig blo dman 'jug bder bkod pa byang chub gzhung lam，蔣貢・康楚・羅卓・泰耶所著之《教誡藏》〈gDams ngag mdzod ，Treasury of Spiritual Instructions〉第四函，頁二四三—二七五，英文版書名為《直指成佛道》〈The Direct Path to Enlightenment〉，由 K. McLeod 翻譯，香巴拉〈Shambhala〉出版社出版。

・解脫莊嚴寶論，Precious Ornament of Liberation，dam chos yid bzhin nor bu thar pa rin po che'i rgyan, usually known as dwags po thar rgyan，岡波巴著。

・七十支法語，Seventy Pieces of Advice，ang yig bdun bcu pa，卡拉・貢秋著。

伏藏

・龍欽心髓，Longchen Nyingthig ，Heart Essence of the Vast Expanse，klong chen snying gi thi gle，吉美・林巴。

II. 參考文獻

嘉瑟・東美的著作

・rGyal sras lag len ，菩薩三十七種修行之道，The Thirty-Sevenfold Practice of a Bodhisattva，Zhang kang: zhang kang then mA dpe skrun khang，2004。

・rGyal sras lag len so bdun ma dang de yi mchan 'grel yid kyi mun sel ，驅散黑暗，Dispelling the Darkness，一部針對菩薩三十七種修行之道的論釋。Karnataka: Namdroling Monastic Jr. High School，2000。

・Byang chub sems dpa'i spyod pa la 'jug pa'i 'grel pa legs par bshas pa'i rgya mtsho ，殊勝語之汪洋，The Ocean of Noble Speech，一部針對入菩薩行論所做的論著。不丹，昆桑・托耶〈Kunsang Topgye〉。

・rGyal sras thogs med kyi gsung thor bu， 教導總匯，Miscellaneous Writings of Gyalse Thogme，聽布〈Thimphu〉，不丹國家圖書館〈 National Library of Bhutan〉，1985。

・rGyal ba'i sras po thogs med bzang po dpal gyi mdzad pa'i blo sbyong don bdun ma'i khrid yig ，針對修心七要所做的論釋。

・bLo sbyong bla ma brgyud pa'i gsol' debs，修心傳承上師祈願文。

・bLo sbyong don bdun ma' i sngon 'gro'i zur 'debs ，修心七要前行之增補。

・bLo sbyong gi bla ma'i rnal 'byor ，修心之上師相應法。

・Theg pa chen po mdo sde'i rgyan gyi 'grel pa rin po che' i phreng ba，寶鬘論，針對無著的大乘莊嚴經論所做之論釋。

・rGyud bla ma'i TI ka，針對無著之寶性論所做之論釋。

・rTen 'brel gyi khrid yig ，針對「緣起」所做之詳細闡釋。

・sMyung gnas kyi cho ga，齋戒儀軌。

・Thugs chen la phyag 'tshal ba'i tshigs su bcad pa，大悲觀世音禮敬頌。

針對菩薩三十七種修行之道所做之論釋

・rGyal sras lag len gyi 'grel pa gzhung dang gdams ngag zung 'jug bdud rtsi'i bum bzang ，甘露寶瓶〈The Vase of Amrita〉第一函 ，明雅・昆桑・蘇南。

・rGyal sras lag len so bdun ma'i 'grel pa gzhung dang gdams ngag zung 'jug bdud rtsi'i bum bzang，甘露寶瓶第二函，札楚仁波切。

嘉瑟・東美傳記

・rGyal sras rin po che thogs med pa'i rnam thar bdud rtsi'i thigs pa，點滴甘露，殊勝菩薩東美之生平，The Drop of Ambrosia, the Perfect Liberation of the Precious Bodhisattva Thogme)，帕登・耶喜。

其他參考著作 Other Reference Works

・gDams ngag mdzod，Treasury of Spiritual Instructions，教誡藏，蔣貢・康楚・羅卓・泰耶彙編。

・Byang chub lam gyi rim pa la blo sbyong ba thog mar blo sbyong chos kyi sgo byed，初啟修心之門，The Initial Opening of the Door to the Dharma of Mind Training, Training the Mind on the Stages of the Path to Enlightenment，羅卓・嘉岑〈Lodrö

Gyaltsen〉。

・Theg pa chen po'i blo sbyong don bdun gyi khrid yig ，論大乘之修心七要，Explanations on the Seven Point Mind Training of the great Vehicle，塔拉納達〈Jetsun Taranatha〉。

・rGyal ba'i bstan pa la 'jug pa'i rim pa skyes bu gsum gyi man ngag gi khrid yig bdud rtsi'i nying khu，甘露精華，The Quintessense of Amrita, Explanations of the Instructions for the Three Kinds of Beings on the Stages for Entering the Buddha's Teaching，塔拉納達。

・Theg pa chen po'i blo sbyong gi man ngag zab don sbrang rtsi'i bum bzang，蜜寶瓶，大乘修心之訣竅，The Honey Vase, Pith Instructions on the Mind Training of the Great Vehicle，雪謙・嘉察。

・rDo rje theg pa'i thun mong gi sngon 'gro spyi la spyor chog pa' i khrid yig kun mkhyen zhal lung rnam grol shin rta， 遍知者口傳，The Oral Transmission of the All-knowing Ones, Instructions Applicable to All Preliminary Practices of the Adamantine Vehicle，雪謙・嘉察。

・Byams khrid and Byams snying rje'i khrid yig zhal gdams，慈悲之教導，Advice and Instructions on Love and Compassion，果藏巴。

III. 英文參考書目

· Thirty-Seven Practices of All Buddhas'Sons，達蘭沙拉。

· Commentary on the Thirty-Seven Practices of a Bodhisattva，第十四世達賴喇嘛，達蘭沙拉。

· Uniting Wisdom and Compassion: Illuminating the Thirty-Seven Practices of a Bodhisattva，卻吉・札巴〈Chokyi Dragpa〉，波士頓智慧出版社〈Wisdom〉。

· Transforming Adversity into Joy and Courage: An Explanation of the Thirty-Seven Practices of Bodhisattvas，格西蔣巴・德卻〈Geshe Jampa Tegchok〉，雪獅出版社〈Snow Lion〉。

· The Thirty-Seven Practices of Bodhisattvas，格西蘇南・仁千〈Geshe Sönam Rinchen〉，雪獅出版社。.

· Atisha and Buddhism in Tibet，多布祖古〈Doboom Tulku〉、格林・穆林〈Glenn H. Mullin〉匯整翻譯。

· Sutra of the Wise and The Foolish，Mdo mdzangs blun，The Ocean of Narratives，賢愚經，史丹利・弗瑞譯自蒙古文，達蘭沙拉。

· Songs of Spiritual Change，第七世達賴喇嘛，格林・穆林譯，雪獅出版社。

· The Wheel of Sharp Weapons，法護，達蘭沙拉。

響應頂果欽哲法王慈悲心髓的遺願

完成佛陀八相成道地點興建和平佛塔計畫

一.緣起

根據顯教經典記載，判定一個人是否成佛，是以有無經歷「八相成道」來做為依據。這「八相成道」依大乘說法，其過程分別是：從兜率天降、入胎、住胎、出胎、出家、成道、轉法輪、入涅槃。我佛世尊當年從兜率天降神母胎，於尼泊爾的藍毗尼誕生之後，就展開了他一生出家學道、降伏魔軍、證悟成佛、大轉法輪及至入於涅槃傳法度生的佛行事業。而這期間所展現的八個重要階段與神跡示現，就被稱為「八相成道」。八相成道的地點分布在尼泊爾及印度等地，如今有些地方早已荒煙漫草、罕無人跡。

二．發起及建造

這個在八大聖地興建佛塔的創舉，是由前藏傳佛教寧瑪巴（紅教）領袖頂果法王所發起的。蔣揚欽哲卻吉羅卓仁波切和頂果欽哲法王，過去到印度朝聖時，都見到許多的景象和許多的授記，一致認為必須在佛陀的八大聖地蓋塔，如果能在這「八相成道」地點蓋佛塔及興建佛堂、會館，以供遠道朝聖者參拜、經行及供養，其功德利益將會是廣大深遠，無量無邊。

法王更說過：「為了世界的和平及佛教的興盛，必須在八大聖地蓋塔。」

在頂果法王圓寂前只蓋了其中一座，其餘七座係由他是法嗣兼外孫——雪謙冉江仁波切來接手興建。 尊貴的冉江仁波切曾說：「因為頂果欽哲法王是現在的蓮師，所以以他的神通智慧眼照見所行的利生事業，若是能有機會參與奉獻，絕對是與一般的建塔造寺所供養的功德更為殊勝，希望各位大德能隨喜共襄盛舉。」在八大聖地興建佛塔是一件很有意義的事，讓我們同心協力，共同來完成頂果法王所推行的這項佛行事業，並以此功德迴向給我們受苦受難的法界父母眾生，願他們都能夠離苦得樂，盡此一報身，皆共成佛道。

三．建塔意義

佛塔是證悟者之心的建築表現，並且象徵成佛的不同特質。他的外觀象徵帶上冠冕的佛陀，以禪定之姿安坐在獅座之上，所以佛弟子常將佛塔視為佛陀的身體，是佛陀之色身和大慈悲之所依，具有無上加持及功德。興建佛塔讓人朝聖頂禮 ，不僅可以利益他人，亦是供佛的最佳方式，可為自己迅速累積無量福德資糧，當知其功德不可思議，果報亦不可思議。

四．建塔功德

佛陀曾說：「任何看見佛塔的人，或在周圍聽到鈴聲及受到微風吹拂的人，都將獲得解脫。」在佛陀的三身（法身、報身、化身）之中，佛塔是代表法身佛，是屬於意的功德。頂禮和繞塔即是禮敬佛陀，也是累積福德資糧的方便法門。

佛經中有一記載：一隻蒼蠅為追逐糞便的臭味，無意中飛行繞了佛塔一周，因為這無心中造下的繞塔善行，它在後來生中轉生人間，更成為佛陀的弟子！在往昔更有一隻被狗追逐的豬無意中跑到舍利塔，在躲避的過程中身體不小心擦到佛塔，以此因緣讓這隻豬來世投生為一個國王。由此可見，佛塔是一種具甚廣利益的聖物。

佛經中云：造塔、繞塔、頂禮佛、塔甚至只是見到佛塔或被其影子觸及身體的眾生，都能得十八種很大的利益。

何謂十八種利益？此人將會投生並擁有如下功德相狀：

1. 生為帝王之子（現代語：具財權者之子）
2. 擁有高貴身軀
3. 具有美麗及莊嚴的相貌
4. 有敏銳的觸覺／諸根
5. 擁有權力及名聲
6. 有眾多僕人侍從
7. 能統領大眾
8. 為眾生之棟梁
9. 名聲遠播十方
10. 善於詞令及詩句
11. 受人天供養
12. 擁有豐裕財富

13. 能擁有轉輪聖王之國土
14. 得享長壽
15. 能得金剛不壞之身
16. 身具佛陀之相好莊嚴
17. 將投生於上三道
18. 速證圓滿涅槃

《佛說八大靈塔名號經》中云：「……如是八大靈塔，若有婆羅門及善男子、善女人等，發大信心，修建塔廟，承事供養，是人得大利益，獲大果報，具大稱讚，名聞普遍，甚深廣大……」

五、八大佛塔簡介

證悟佛塔：位於印度菩提迦耶，佛陀 35 歲的時候，在此地的菩提樹下證悟成佛。目前雪謙寺在此擁有自己的寺院及客房，朝聖者可來寺院參拜掛單。（已完成）

合僧佛塔：位於印度拉佳里哈（靈鷲山），佛陀在此重新聚合被提婆達多分裂的僧團。（可供住宿，已完成）

勝者佛塔：位於印度瓦沙利（吠舍離），佛陀在此宣布，他將離世，進入涅槃，但經過一位虔誠的在家眾懇求之後，佛陀把住世的時間再延長三個月。目前建有佛堂可供參拜及供住宿。（已完成）

轉法輪佛塔：位於印度瓦拉納西（鹿野苑），佛陀成道後 49 天在此初轉法輪。（可供住宿，已完成）

奇蹟佛塔：位於印度斯拉瓦斯蒂（舍衛國），佛陀 50 歲時，在此展現不可思議的奇蹟。他也在此地從事三十年的結夏安居。（土地已購得正興建中，預計建造客房供休憩）

降世佛塔：位於印度香卡斯亞（曲女城），佛陀在57歲時至天界，並於藏曆9月22日從天界降至世間，來報答母親的恩德。（目前在此興建寺廟及客房以供參拜及住宿）

蓮花佛塔：位於尼泊爾的藍毘尼，是佛陀的誕生地。（土地尚未購得）

般涅佛塔：位於印度庫希納迦（拘尸那羅），佛陀八十一歲時，在此圓寂。（土地尚未購得）

六．踴躍捐輸、共成佛道

佛陀曾說：「身為我的弟子，如果想要了解我是如何修行成佛，那麼就應該到有關我一生的四大聖地去朝聖一次，這四大聖地是出生地點、證悟成佛、轉法輪、入般涅槃。」因此，做為佛教弟子，一生至少要到四大聖地朝聖膜拜一次。如果你有其他因素不克前往，那麼用善款幫助建塔，或以歡喜心隨喜讚嘆他人善行義舉，都可以使我們在冥冥之中獲得諸佛菩薩的加持，累積無量功德福報。

捐款方式

目前台灣共捐贈新台幣390萬，加上海外善心人士的捐款，已完成四座佛塔，其餘四座佛塔中已有一座正在興建當中，與另三座尚未動工的佛塔建設費用共需約新台幣600萬元。如果你願意資助頂果欽哲法王致力促進世界和平之心靈工程佛塔，請聯絡高雄中心祕書張滇恩師兄（0919-613-802），或捐款至下列帳號：　郵局劃撥帳號：42229736　戶名：高雄市顯密寧瑪巴雪謙佛學會

台灣雪謙貝瑪卻林佛學會

高雄中心：高雄市中華二路 363 號 9F 之 3

電話：07-3132823　Fax：07-3132830

台北中心：台北市錦西街 59 巷 4 號

電話：02-25491011　Fax：02-25490266

郵局劃撥帳號：42229736

戶名：高雄市顯密寧瑪巴雪謙佛學會

聯絡人：張滇恩師兄　0919-613-802

Web:www.shechen.org.tw

E-mail:shechen.ks@msa.hinet.net

雪謙寺介紹：

康區雪謙寺

東藏康區的雪謙寺，是寧瑪派六大主寺之一，1695 年由冉江天佩嘉增建立。成立至今培養出許多偉大的上師，包括：雪謙嘉察、雪謙康楚、米滂仁波切、頂果欽哲仁波切、秋揚創巴仁波切，以及其他許多二十世紀重要的上師，都曾在此領受法教或駐錫在此。雪謙寺一直以來以其諸多上師和隱士們的心靈成就、佛學院的教學品質、正統的宗教藝術（儀式、唱誦、音樂和舞蹈）等聞名於世。

不幸的是，1957 年中共入藏後，雪謙寺及其 110 座分寺被夷為平地。1985 年，頂果欽哲仁波切在流亡 25 年後回到西藏，於原址重建寺院，如今雪謙寺已重建起來，同時也恢復了部分的寺院活動，此外，也重建了佛學院。

尼泊爾雪謙寺、佛學院和閉關中心

尼泊爾雪謙寺是頂果欽哲法王離開西藏後，在尼泊爾波達納斯大佛塔旁所興建的分寺，以期延續西藏雪謙寺祖寺的佛教哲學、實修和藝術的傳統。尼泊爾雪謙寺的現任住持是第七世　雪謙冉江仁波切，冉江仁波切是頂果欽哲法王的孫子，也是心靈上的傳人，法王圓寂後，接下寺院及僧尼教育的所有重擔及責任，目前有 500 多名僧侶居住在此，並在此學習佛教哲學、音樂、舞蹈和繪畫等多方面課程。

仁波切也在此建立雪謙佛學院和雪謙閉關中心（南摩布達旁僻靜處），來擴展寺院的佛行事業。此外，為了延續唐卡繪畫的傳統，也建立了慈仁藝術學院，提供僧眾及海外弟子學習唐卡繪畫，延續珍貴的傳統藝術。

冉江仁波切在僧團內創立了一個完善的行政體系和組織，成為佛法教育、寺院紀律、佛行事業、正統修法儀式和實修佛法的典範。

印度菩提迦耶的雪謙寺和佛學中心

1996 年　冉江仁波切承續　頂果欽哲仁波切志業，在菩提迦耶建立了菩提迦耶雪謙寺。寺廟距離正覺佛塔只有幾分鐘的步行路程。除了寺院主殿外，還有設置僧房、客房、圖書室、國際佛學研究中心及佛塔等。此外，也成立了流動診所和藏醫診所，服務當地的居民。

承襲頂果欽哲法王志業，冉江仁波切也在印度八大聖地興建佛塔，除了菩提迦耶的國際佛學中心外，在舍衛國等幾處聖地亦設有佛學中心。雪謙佛學研究中心定期提供深度研習佛教哲學和實修的課程，開放給來自世界各地的學生。另外，也陸續邀請寧瑪派及其他傳承的上師前來闡釋佛教經典，並且給予口傳。

不丹雪謙比丘尼寺

除了僧眾教育外，雪謙傳承也著力在復興比丘尼的佛學教育，頂果法王離開西藏後，在不丹雪謙烏金卻宗設立1座比丘尼寺，並在此傳授了許多重要的法教。目前，比丘尼寺內有100多名比丘尼，由2位雪謙佛學院的堪布在此教授讀寫、禪修等密集課程，完成基礎課程後，也同男僧般給予尼師們9年的佛學院課程。目前寺院內已有尼師們即將圓滿9年的佛學院課程，並且有2批尼師們圓滿了3年3個月的閉關實修課程。這些虔心向法的女性人數日益增加，冉江仁波切也規劃在此設立1處尼眾的閉關中心。

雪謙傳承上師介紹：

頂果欽哲仁波切

頂果欽哲仁波切是在西藏完成教育和訓練、碩果僅存的幾個有成就的上師之一，被公認為最偉大的大圓滿上師之一，也是許多重要喇嘛的上師，包括達賴喇嘛尊者、秋揚創巴仁波以及其他來自西藏佛教四大宗派的上師。頂果欽哲仁波切在不同領域都有所成就，而對一般人而言，這每一種成就似乎都要投入一輩子的時間才可能達成。仁波切曾經花了二十年的時間從事閉關，撰寫二十五卷以上的佛教哲理和實修法門，出版並保存了無數的佛教經典，以及發起無數的計畫來延續和傳播佛教思想、傳統和文化。然而，他認為最重要的一件事是，他自身所了悟和傳授的法教，能夠被其他人付諸實修。頂果欽哲仁波切深深觸動了東西方的弟子的心靈；他生生不息的法教和慈悲行止，正透過仁波切海內外的弟子努力延續下去。

頂果欽哲揚希仁波切

頂果欽哲揚希仁波切是頂果欽哲仁波切的轉世，1993年6月30日出生於尼泊爾。由頂果欽哲仁波切最資深、最具證量的弟子楚西仁波切尋找認證。在尋找的過程中，楚西仁波切擁有許多夢境和淨見，清楚地指出轉世靈童的身分。揚希仁波切的父親是錫給丘林仁波切明久德瓦多傑，第三世秋吉德謙林巴的化身，祖古烏金仁波切的子嗣；母親是德謙帕燈；仁波切出生 於藏曆雞年五月十日蓮師誕辰的那一天，並由尊貴的達賴喇嘛尊者証實是「札西帕久（頂果欽哲仁波切的名諱之一）正確無誤的轉世」。

1995 年 12 月，楚西仁波切在尼泊爾的瑪拉蒂卡聖穴為欽哲揚希仁波切舉行典禮，賜名為烏金天津吉美朗竹。1996 年 12 月在尼泊爾雪謙寺，正式為欽哲揚希仁波切舉行座床大典，有數千位從世界各地前來的弟子參加典禮者。

目前欽哲揚希仁波切已完成相關佛學及實修課程，並從前世弟子，如：楚西仁波切、揚唐仁波切等具德上師處領受過去傳授給這些弟子的法教、灌頂及口傳，並於 2010 年向全世界正式開展其佛行事業。2013 年起，因冉江仁波切開始進行 3 年閉關，年輕的欽哲揚希仁波切也肩負起雪謙傳承相關佛行事業的重責大任，領導所有的僧團並授予法教。

雪謙冉江仁波切

雪謙冉江仁波切出生於 1966 年，是頂果欽哲仁波切的孫子和法嗣，由頂果欽哲仁波切一手帶大。從 3 歲起，冉江仁波切開始領受祖父頂果欽哲仁波切所傳的法教，直至今日，仁波切是這個從未間斷的傳承的持明者。　冉江仁波切幾乎參與頂果欽哲仁波切在二十五年間所主持的每一個傳法開示、竹千大法會和灌頂。並隨同頂果欽哲仁波切遊歷世界各地。

自從祖父頂果欽哲仁波切圓寂之後，冉江仁波切擔負起傳佈頂果欽哲仁波切法教的重責大任。包括承接了康區雪謙寺祖寺、尼泊爾雪謙寺、印度菩提迦耶雪謙寺、雪謙佛學院、雪謙閉關中心、八大聖地佛學中心及不丹比丘尼寺等龐大的僧團及佛學教育體系。另外，也在世界各地設置雪謙佛學中心，以弘揚雪謙傳承的教法，包括：法國、英國、墨西哥、香港、台灣等地，皆有由仁波切直接指派堪布在各地雪謙佛學中心給予海外弟子授課及傳法。

除了在尼泊爾、不丹及海外的佛學教育及文化保存工作，冉江仁波切也透過頂果欽哲基金會，回到藏地從事人道關懷及公益工作。2001 年以來頂果欽哲基金會在西藏各個地區〈康區、安多和西藏中部〉發起並監督多種人道計畫。內容包括：偏遠藏區的基礎建設（如：橋樑等）、醫療、學校及佛學院的興建、資助比丘尼、老人、孤兒及學生的援助等人道關懷。由於冉江仁波切的慈悲及努力不懈，也實現了頂果欽哲仁波切保存延續西藏佛教法教和文化的願景。

台灣雪謙寺的法脈傳承，歡迎您的加入與支持

雪謙法脈在台灣的佛學教育主要由堪布負責，堪布即為佛學博士，須在　雪謙冉江仁波切座下接受嚴格指導和正統佛學教育，並完成研習佛教經典、歷史以及辯經的九年佛學課程，對顯教密咒乘的典籍，都有妥善的聽聞學習完畢，其法教傳承實為珍貴難得。

目前尊貴的　雪謙冉江仁波切分別指派堪布　烏金徹林及堪布　耶謝沃竹來擔任高雄及台北佛學中心之常駐，負責中心的發展。

二處佛學中心所要傳遞給世人的是源自諸佛菩薩、蓮花生大士乃至頂果欽哲仁波切以來，極為清淨之雪謙傳承教法，而本教法的精神所在，也在教導世人如何學習並俱足真正的慈悲與智慧。秉持著這樣殊勝的傳承精神，佛學中心在二位堪布的帶領下，以多元的方式來傳遞佛陀的教法，期盼由此可以讓諸佛菩薩無盡的慈悲與智慧深植人心，帶領一切有情眾生脫離輪迴苦海。

台灣雪謙佛學中心是所有對　頂果欽哲法王及　雪謙冉江仁波切有信心的法友們的家，對於初次接觸藏傳佛教的信眾，不論任何教派，也非常樂意提供諮詢建議，期許所有入門者皆可建立起正知見及正確的修行次第。二位常駐堪布規劃一系列佛法教育及實修課程，由此進一步開展雪謙傳承教法予台灣的信眾們，讓所有人都有機會親近及學習頂果法王的教法。

目前台北及高雄固定的共修活動有：前行法教授、文殊修法、綠度母共修、蓮師薈供、空行母薈供、………，也不定期舉辦煙供、火供、除障、超度…等法會。

我們竭誠歡迎佛弟子們隨時回來禮佛並參與共修及各項活動。

【頂果欽哲法王文選】 頂果欽哲法王 Dilgo Khyentse Rinpoche 著

修行百頌
項慧齡 譯
定價：400 元

《修行百頌》是十一世紀的偉大學者帕當巴．桑傑的心靈證言，由頂果欽哲法王加以論釋，意義深奧又簡明易懂。

你可以更慈悲
項慧齡 譯
定價：500 元

本書是法王頂果．欽哲仁波切針對藏傳佛教最受尊崇的法典「菩薩三十七種修行之道」所做的論釋。

證悟者的心要寶藏
（唵嘛呢唄美吽）
劉婉俐 譯
定價：500 元

在本書中以特別易懂、易修的方式，陳述了完整的學佛之道：從最基礎的發心開始，臻至超越了心智概念所及對究竟真理的直接體悟。

覺醒的勇氣
賴聲川 譯
定價：220 元

本書是頂果欽哲法王針對「修心七要」所做的論著。「修心七要」是西藏佛教所有修持法門的核心。

如意寶
丁乃竺 譯
定價：400 元

依著第十八世紀聖者持明吉美林巴所撰述的上師相應法之修持教義，頂果欽哲法王在本書中，著重於傳授上師相應法的虔誠心修行，也就是與上師的覺醒心合而為一。

成佛之道
楊書婷 譯
定價：250 元

本書是頂果欽哲法王針對蔣揚．欽哲．旺波上師所撰的金剛乘前行法之重要修持加以闡述，明示了金剛乘修持的心要。

明月：頂果欽哲法王自傳與訪談錄
劉婉俐 譯
定價：850 元

本書分為兩大部分：第一篇是頂果．欽哲仁波切親自撰寫的自傳，第二篇為仁波切的主要弟子的訪談記事。是深入了解頂果法王生平、修學過程與偉大佛行事業的重要文獻與第一手資料，值得大家珍藏、典閱與研學。

明示甚深道：《自生蓮花心髓》前行釋論
劉婉俐 譯
定價：500 元

本書是頂果欽哲仁波切主要的心意伏藏之一，從前行法直到最高階修法的大圓滿，此書是前行的珍貴講解。

【雪謙精選大師系列】

遇見．巴楚仁波切
巴楚仁波切 Patrul Rinpoche 著
定價：200 元

本書以一位年輕人和一位老人之間的對話形式來撰寫。充滿智慧的老者讓年輕人狂野的心平靜下來，並帶領著年輕人進入道德倫常的優美境界之中。

大藥：戰勝視一切為真的處方
雪謙．冉江仁波切
Shechen Rabjam Rinpoche 著
定價：250 元

本書探索菩提心的根基、慈悲的內在運作、空性的見地，以及實際將這些了解應用於修道的方法。

西藏精神—
頂果欽哲法王傳 （精裝版）
馬修．李卡德 著 賴聲川 編譯
定價：650 元

頂果欽哲法王是一位眾所周知的大成就者，與其接觸者無不為其慈悲和智慧所攝受，隨著法王的心進去了佛心。

【西藏系列】

西藏精神—頂果欽哲法王傳（DVD）
定價：380 元

第一單元由賴聲川 中文口述
第二單元由李察基爾 英文口述

揚希—轉世只是開始（DVD）
定價：500 元

甫一出生，我就繼承欽哲仁波切的法炬；
現在，該是我延續傳燈的時候了。

明月：瞥見頂果．欽哲仁波切（DVD）
定價：380 元

導演 涅瓊．秋寧仁波切

祈請：頂果欽法王祈請文（CD）
定價：300 元

此為 頂果欽哲法王祈請文，
由寧瑪巴雪謙傳承上師— 雪謙冉江仁波切 唱頌

憶念：頂果仁波切（CD）
定價：300 元

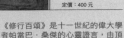

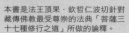

在 2010 年 頂果欽哲法王百歲冥誕， 雪謙冉江仁波切為憶念法王，所填寫的詞，由阿尼雀韻卓瑪等唱頌，在這虔誠的歌曲聲中，再再融入法王遍在的慈悲和智慧。（內附音譯、中藏文歌詞）

轉世只是開始

前世的悲願

今生的奉獻

圓滿

菩提之心　成就之路

DVD 現正發行中

尊貴的　頂果欽哲揚希仁波切本名為鄔金・天津・吉美・倫珠，他是藏傳佛教備受尊崇之偉大上師的轉世。仁波切從四歲開始接受訓練，以承續這個傳承。即使擁有多位上師以及家人的慈愛與扶助，前方之路依舊充滿了挑戰：其中包括攸關其傳承在現代社會所扮演的角色，和他自身的才能等問題，仍會一一浮現、考驗著這位轉世。

本片花了十四年的時間走訪了不丹、尼泊爾、印度、法國、美國等地拍攝，完整紀錄揚希仁波切的成長歷程，並由仁波切以自述方式帶領我們進入藏傳佛教平易近人的生活樣貌，揭顯了這位重要轉世者不凡的精神層面。

片中收錄了達賴喇嘛、頂果欽哲揚希仁波切、宗薩欽哲仁波切、日噶康楚仁波切、吉美欽哲仁波切、雪謙冉江仁波切、措尼仁波切、馬修李卡德等多位當代著名上師的重量級訪談，精彩罕見、不容錯過。

另附精彩花絮：2008 年雪謙寺藏曆新年慶典—雪謙寺金剛舞、2010 年頂果法王百歲冥誕紀念法會、2010 年揚希仁波切首度世界巡訪（包括歐洲之行、亞洲之行）及不丹本塘之旅等。

國家圖書館出版品預行編目資料

你可以更慈悲：頂果欽哲法王說明 << 菩薩 37 種修行之道 >> / 頂果欽哲法王 (Dilgo Khyentse Rinpoche) 作；項慧齡譯 .-- 二版 .-- 高雄市：雪謙文化出版社，2023.07
面；　公分 . -（頂果欽哲法王文選；4）
譯自 :The heart of compassion.
ISBN
978-986-90066-6-8（平裝）

1.CST: 藏傳佛教 2.CST 佛教修持

226.966　　112009383

頂果欽哲法王文選 04

你可以更慈悲

頂果欽哲法王說明《菩薩 37 種修行之道》

作　　者　頂果欽哲法王（Dilgo Khyentse Rinpoche）
總 召 集　賴聲川
顧　　問　堪布烏金・徹林（Khenpo Ugyen Tshering）
審　　定　蓮師中文翻譯小組
譯　　者　項慧齡
校　　對　楊書婷
文字編輯　吳若寧
封面設計　陳光震
發 行 人　張滇恩、葉勇瀅
出　　版　雪謙文化出版社
戶　　名：雪謙文化出版社
銀行帳號：兆豐國際商業銀行　三民分行（代碼 017）040-090-20458
劃撥帳號：4230596
http://www.shechen.org.tw　e-mail：shechen.ks@msa.hinet.net
手　　機：0963-912316　傳真：02-2917-6058

台灣雪謙佛學中心
高雄中心　高雄三民區建國三路 6 號 9 樓
電話：07-285-0040　傳真：07-285-0041
台北中心　台北市龍江路 352 號 4 樓
電話：02-2516-0882　傳真：02-2516-0892
行銷代理　紅螞蟻圖書有限公司
地址：台北市內湖區舊宗路 2 段 121 巷 28、32 號 4 樓
電話：02–2795-3656　傳真：02–2795-4100
印刷・製版　中原造像股份有限公司
初　　版　2007 年 11 月
二版一刷　2023 年 7 月
ISBN 978-986-90066-6-8（平裝）
定　　價　新台幣 500 元